BORDER WARS

Klaus Dodds

新しい国境 新しい地政学

クラウス・ドッズ［著］ 町田敦夫［訳］

東洋経済新報社

BORDER WARS
by Klaus Dodds

First published as BORDER WARS in 2021 by Ebury Press,
an imprint of Ebury Publishing. Ebury Publishing is part of
the Penguin Random House group of companies.
Japanese translation rights arranged with Ebury Publishing a division of
The Random House Group Limited through Japan UNI Agency, Inc., Tokyo

『新しい国境　新しい地政学』――目次

序章　「人新世」で激化する国境紛争――11

氷と鉄と竹のカーテン　13
「開かれた国境」　16
「圧迫」「拡張」「そらし」「排斥」　20
国民国家の誕生と国境の歴史――地上にて　27
一筋縄ではいかない国境管理　32
「人新世《アントロポセン》」で激化する対立　36
物理的なもの、異例のもの、斬新なもの　39

第1章　国境の問題――41

国境に対する考え方　43
「国境警備市場」は1680億ドルへ　45

係争地の譲れない魅力 49
「失われた領土」 54
「日常のナショナリズム」から「熱いナショナリズム」へ 58
恒久的な国境紛争を生んだ分割 63
分割と「移動祝祭日」にも似た国境 70
国境紛争の人的コスト 77
新たな国境と海の争奪戦 84

第2章 動く国境

91
天然の境界線 93
高地の分割 96
国境のにらみ合い 99
動く国境 106
国境の山々 110

第3章 水の国境 119
河川や湖沼の境界線 121
天然の国境をなす水域 123
天然の国境を操作する 130
共有する帯水層、河川、湖沼の管理 135
法的な人格としての河川や湖沼 141
隠された国境としての帯水層 145
海の国境 147
「水リスク」の将来 158

第4章 消えゆく国境 163
海面上昇で世界中の島々が消滅した世界 165
消えゆく国境と人新世 167
国境を脅かす海面上昇 171
海岸線と大陸棚——基線の未来 174
消えゆく国境の象徴、モルディブ 177

消えゆく国境としての湾 179
消えゆく国家とその国境 183
未来の国境紛争 189

第5章 ノーマンズランド 193

合法的なグレーゾーン 195
ノーマンズランドに「愛の不時着」 202
試練を受けるノーマンズランド 207
危機に瀕したノーマンズランド「公海」 213
意図したノーマンズランド 220
排他的主権に介入する「生物多様性」 226

第6章 承認されざる国境 229

国境承認のジレンマ 231
承認されざる国家と不安定な国境 236

承認されざる国境としての南極 244
不法占拠と承認されざる国境 249
承認されざる未来 254

第7章 スマートボーダー 261

「スマートさ」のコスト 263
スマートボーダーの定義 267
スマートウォール 270
スマートボーダーの受益者 276
スマートボーダーをハッキング 280
ブレグジットとスマートボーダーの希求 284
未来のスマートボーダー 288

第8章 宇宙空間 291

新世界の「征服」 293

最後のフロンティアへの期待 296
「混雑し、争われ、競争的」 300
宇宙の平和利用 305
国境なき管理 307
国境なき混雑 313
データの採掘から宇宙の採掘へ 316
宇宙空間の取り締まり 319
「最後のフロンティア」における国境紛争 322

第9章 ウイルスの国境

327
「ウイルス・ナショナリズム」は進行するのか 329
内外の境界線 337
分断に乗じて 342
パンデミックから学ぶ国境 347
国際協力の今後 351

終章　迫り来る「国境紛争」の4つの類型——357

地政学に欠かせない「国境の物語」 359
「開かれた国境」を求める人々 362
「国境紛争」の4つの類型 364
迫られる厳しい選択 369

謝辞 372
参考文献

序章

「人新世」で激化する国境紛争

1987年6月、ベルリンを訪問した米国のロナルド・レーガン大統領が、ブランデンブルク門を背にした演壇に立つ。両脇に居並ぶは西ドイツのヘルムート・コール首相や米国のリチャード・バート駐西独大使らだ。レーガンはこの日の演説で、ソ連と東ドイツの首脳に「(ベルリンの) 壁を壊せ」と迫った。

氷と鉄と竹のカーテン

１９８７年６月、ロナルド・レーガン米国大統領は分断された都市ベルリンを訪問した。町の象徴たるブランデンブルク門を背にした彼は、演壇で持って回った言い方はしなかった。２期目を迎えたこの俳優あがりの大統領は、ベルリンの市政７５０周年を祝う式典に臨み、ソビエト連邦の指導者、ミハイル・ゴルバチョフ共産党書記長に対し、驚嘆すべき呼びかけを行ったのだ。

ミスター・ゴルバチョフ、この門を開けたまえ。ミスター・ゴルバチョフ、この壁を壊したまえ！

テレビでも放送されたこの演説は、むしろベルリンの壁の向こう側に、より大きな波紋を広げたとも言える。東ドイツ（ドイツ民主共和国）とソ連のメディアは、ベルリンの壁の破壊を要求するなどあまりに扇動的だと主張した。しかしレーガンの熱烈な呼びかけが世間一般のムードに変化をもたらすだろうというヘルムート・コール西ドイツ首相の見立てに疑問の余地はなかった。１９８９年11月、東ドイツの国境警備隊は、ブランデンブルク門を開こうとする群衆の阻止に失敗する。１９６０年代初めに建設された象徴的なベルリンの壁は、ハンマーとつるはしで武装した群衆によって破壊され、突き崩された。その壁の一片が今、私のデスクに乗っている。同じことをしているのは、もちろん私だけではない。それは歴史に残る一時期だった。直接、あるいはテレビやラジオを通じてこれらの出来事を経験した我が世代の大半が、門を開け、壁を突き崩し、西ドイツと東ドイツの間の形式的な国境を破壊したいという欲望に心を動かされたものだ。氷と鉄と竹のカーテンが、北極圏で、中欧や東欧で、そして東アジアや東南アジアで、40年間にわたって資本主義世界と共産主義世界を隔てていた。その障壁を越えることができたのは比較的わずかな人数にとどまったが、脱出者の中には北米や欧州ですっかり有名になった人々もいた。

たとえばチェコスロバキア出身のテニス選手のマルチナ・ナブラチロワは、ニューヨーク市で開催された１９７５年の全米オープン参加後に亡命し、81年に自ら選んだ第二の祖国、米国の市民権を得た。このことはレーガンの米国にとってプロパガンダ的な勝利だったと言える。彼女はチェコスロバキアの政権並びに同国のテニス連盟から課された制約を、かねて公然と拒否していたのだ。その後のことは歴史（と地理）が証明するとおり。ナブラチロワは世界中を旅してグランドスラム大会を何度も制し、獲得賞金を積みあげた。現在はスポーツ解説者として、またＬＧＢＴの権利向上に尽力する政治活動家として、尊敬を集めている。

共産主義の壁や「赤い柵」が打ち壊され、それらの国境や障壁が開放されたことには、自由で民主的な西側諸国こそが正しくて強靱なのだとするポスト冷戦期の楽観主義が反映されていた。「歴史の終焉」と「地理学の終焉」が目前に迫り、資本主義世界と共産主義世界とを隔てる厳然たる境界線が遠からず消えると見られた。有害な地政学的障壁から解放され、グローバルな移動と貿易が進展するはずだった。1980年代後半から2000年代前半にかけての主潮をなしていたのは、すべてが自由に流れる「我々の」グローバル化が進み、「我々の」地経学が台頭するだろうという論議だ。すなわち、金融面の移動性が高まり、国境を越えた貿易や投資が行われ、自由主義が世界的に広まると見られたのである。

冷戦期の軍事技術の1つだったインターネットは、90年代に入ると、ほぼ瞬時のコミュニケーションや仮想取引、データ伝送を可能にし始めた。すべてを善と悪との闘争に還元する二元論的な地政学は死んだと語られつつあったし、民主主義的な規範と自由主義的な価値観が世界的に共有されるに連れ、そこから力を得たオンライン・コミュニティが、権威主義的な政府の責任を問うようになるだろうとする論説も数多く目に触れた。

欧州連合（EU）は新たな加盟国の拡大期に入り、北米では米国政府がメキシコ、カナダと北米自由貿易協定（NAFTA）を結んだ。南米では90年代前半に南米南部共同市場（メルコスール）と呼ばれる新たな貿易圏が発足し、かつての権威主義的で軍事的な政権が、国境地帯や資源をめぐって争うのではなく、共通の経済的未来のために交渉する用意があることを示したものと受け取られた。欧州のケースではしかし、ソ連崩壊後のロシアへの懸念が根強く残っていたため、エストニアやポーランドなどの東欧諸国はさらなる安全保障上の安心感を得ようと、北大西洋条約機構（NATO）への加盟をも望んだ。かくしてポーランドは1999年にNATOに、次いで2004年にEUに加盟している。1949年に結ばれた北大西洋条約の第5条には、NATOに加盟するどの1カ国への攻撃も、全加盟国に対する攻撃と見なすとある。

ハリウッドがエイリアンの侵略という形で新たな危機を映像化する場合でも、90年代のムードは明らかに楽観的だった。たとえエイリアンが襲ってきたところで、米国のリーダーシップの下、人類は打ち勝つのだ。たとえば『ターミネーター2』（1991年）ではタフな母親が人類を滅亡から救い、『インデペンデンス・デイ』（1996年）では先見の明のある大統領に率いられた米国が、侵略してきた宇宙人から地球を守った。

90年代には、フィクションにおいても現実においても、国境は依然として規制障壁として機能していた。しかし主流になっていたのは、製品や専門的なサービス、そして高度なスキルを持った移民の流れを促進しようとする動きだった。「閉ざされた国境」は消滅に向かうというのが、この楽観主義の時代の指針だったのだ。中には『トラフィック』（2000年）などのように、「自由貿易」と「開かれた国境」は麻薬カルテルや犯罪者が大儲けする機会を豊富に提供するだろうと警告する映画もあったが、それは少数派だった。

「開かれた国境」

米国を襲った9・11同時多発テロは、開かれた国境をめぐる感情を、そして行動を決定的に変えた。国境は新たなイデオロギーに基づく偏見や心理的なニーズに合わせて、目的を与え直された。ハリウッドも同様に変化し、各映画会社はこの新しく、より陰鬱な地政学的ムードをとらえることに懸命に取り組んだ。

その2001年9月11日の朝、国境を越えた移動の象徴であるジェット機が大量破壊兵器に変えられてしまったのだ。ジョージ・W・ブッシュ政権は直後にメキシコとの南部国境を閉鎖したが、カナダとの国境はとりたてて閉ざさなかった。南方が警戒されたのは偶然ではない。米国の独立後、歴史の大半の期間を通じ、南部と西部は辺境の地として機能してきた。そこで語られるのは、白人女性を拉致したり、混乱を広めたりする意図を抱えた、強欲な盗賊の物語ばかりだった。時代が下ってからは、麻薬カルテルや不法移民が、様々な場面で、横行する無法状態や蔓延する暴力の責任を問われてきた。

友人や敵やよそ者の居場所を脳内に描いた「メンタルマップ」は、短期間に書き換わる。しかし最も特権的な人々は、現実から逃避するという贅沢が許された。2000年代に最も収益を上げた映画は、『パイレーツ・オブ・カリビアン』『ハリー・ポッター』『ロード・オブ・ザ・リング』といった半歴史的なファンタジーのシリーズだった。

それ以外の観客には、9・11テロや対テロ戦争の背後に隠された――明るみに出すに値する――数々の醜悪な真実が伝えられた。扇動的な映画作家のマイケル・ムーアは、監督作『華氏911』（2004年）で、米国の国家安全保障に対する態度が緩みきっていたことを国民の前に突きつけている。フロリダ州のパイロット養成校に通う外国人や、自家用ジェット機を使うサウジアラビアの王族の出入国が監視されていなかったことは、その一例だ。

9・11テロの遺産は現代の地政学に浸透し、世界各国に影響を与え続けている。米国のブラウン大学が実施した「戦争の費用」プロジェクトでは、米国の対テロ戦争（2001〜19年）への支出が6兆4000億ドルに達したと試算された。同プロジェクトはまた、アフガニスタン、イエメン、イラクなどに住む80万人以上の人々が、この戦争に直結した暴力によって死亡したと算定している。国内外への避難を余儀なくされた人々は2000万人以上にのぼる。上記の3カ国では、社会的、政治的、経済的な余波が今も収まっていない。紛争では日常的に国境が侵され、パキスタンを攻撃した米国のドローンは甚大な人的被害と憤りをもたらした。

一方、ロシアのように、チェチェン共和国に侵攻したり、クリミア半島を併合したり、ジョージアの領土を占領したりした国もある。対テロ戦争の最中に多くの国々が行ったのは、テロや他国からの攻撃の脅威を都合よく利用することで、積年の地政学的な遺恨を解決したり、手中の軍事的・戦略的優位性を存分に行使したりすることだった。国境は、ある場所では安全保障化（訳注：従前は安全保障上の問題として扱われていなかった事柄が、安全保障上の問題として扱われるようになること。「安全保障問題化」とも）され、別の場所では侵犯された。

「開かれた国境」は安全保障上の脅威と見られるようになった。1990〜2000年代に民主化に向けた流れに抗してきたロシアと中国は、国境についての見解を米国とは異にしていた。中国の場合、土着のイスラム系少数民族の多くが、過激主義と分離主義を扇動していると政府に非難され、拘留されたり、厳しい監視を受けたりしている。約1100万人のウイグル族が暮らす中国最西端の新疆ウイグル自治区が、資源に恵まれ、かつ中央アジアの各共和国とモンゴルに挟まれた戦略的な位置を占めていることは注目に値しよう。中国政府は分離共和国創建のいかなる試みをも断固阻止する構えを見せており、ウイグル族はその標的にされているのだ。ロシア政府もまた、分離主義的であると判断したチェチェンなどの地域に戦争を仕掛けてきた。これらの例では、米国の対テロ戦争に力を得た中ロ両国が、テロに対する世界共通の恐怖心を利用して、国土を〝脅かす〟少数民族集団と分離主義者グループへの統制を強めたのである。

　中ロに限らず、世界中の市民社会が、監視と警備の強化に駆られる自国政府から圧迫を受けている。欧米の企業や国家は新たな形のデジタル権威主義を生み出し、それを他国に輸出してきた。国家の自己目的を再活性化したり、移民への恐怖心を醸成したり、「国境侵犯」の構成用件を恣意的に選ぼうとしたりすることに熱心な政治指導者は、国境をそのスローガンとして利用する。「米国を再び偉大にしよう」というキャッチフレーズは、米国民に限りないフロンティア精神を持つよう訴えかけたものだった。この種の言葉づかいは、しかし他者への共感力を殺《そ》ぐことにもつながる。最も名の知れた架空のベトナム帰還兵のジョン・ランボーは、映画『ランボー　ラスト・ブラッド』（２０１９年）の中で、凶悪なメキシコのギャング団に拉致された養女を救いだそうと南を目指した。自警団的な正義感に燃えるトランプ支持者が脚本を書いたかのようなこの物語において、ランボーのＳＵＶは、アリゾナ州とメキシコの間の穴だらけの国境沿いのどこかで保安用フェンスを突破する。そこには米国当局が必要に応じて調達できるはずの監視用軍事機器は、ほとんど存在しなかった。

トランプ大統領は2018年の一般教書演説の中で、メキシコやほかの中米諸国が米国境を脅かしていると非難する一方、次のような所感を述べた。「この1年間を通じ、世界は我々が常に知っていたことを目の当たりにしてきた。すなわち、米国人ほど勇敢で、大胆で、決然たる人々は、この地球上にいないということだ。我々は山があれば登る。辺境があれば踏み越える。困難があれば克服する。チャンスがあれば、それをつかむ」。

確かにジョン・ランボーはそうした。ただ、トランプ大統領がこの演説で指摘し損ねたのは、逆もまた真なりということだ。山河や障害物を踏み越え、登り、泳ぎ、歩ききることができるのは米国人だけではない。中米からの移民や難民もまた、それぞれのチャンスをつかもうと願い、米国へと向かうのだろう。そうした精神が米国人以外の人々に共有されていても何ら不思議はない。

「圧迫」「拡張」「そらし」「排斥」

ここ15年の間に国境は新たな重要性を帯びてきた。軍備拡張主義やテロ、気候変動、移民、さらに直近のパンデミックなどによって関心が再燃したためだ。かくも国境が目につくようになった要因は4つある。すなわち、「圧迫」「拡張」「そらし」「排斥」である。

世界中の政府は、移民や難民申請者や難民を生きづらくさせる「非友好的環境」を、様々な理由に基づいて、積極的に作ってきた。それが1つ目の「圧迫」だ。よそ者に敵意が向けられるのは別に目新しいことではないが、当節特徴的なのは、国内の機関や公的な雇用者、民間人らが前例のない形でこの国境ビジネスに囲い込まれていることである（もちろん人種的な偏見や住宅市場での差別は、従前からはびこっていたわけだが）。

英国では、住まいを借りようとする〝不法移民〟のことを内務省に通報しないと、民間の家主が多額の金銭的ペナルティを科される可能性がある。大学の試験監督官は、別の大学に雇用される前に市民権を証明しなければならない。市民は国境の管理やパトロールに関して、各自の役割を果たすことが期待されている。インドでは、モディ政権が市民権改正法と国民登録簿を利用して、先住民族や非ヒンドゥー教徒に対する「国境戦争」を行っていると非難されている。市民権を取りあげることは、土地を盗んだり、社会から疎外したり、資源を収奪したりすることの代理行為ともなるわけだが、すべては「母なるインド」を守るという名目で実行された。

「圧迫」とは、そうした非友好的環境が官僚制度や法制度、日常生活の中に埋め込まれていることを意味している。就労ビザおよびそれに付随する申請書類がきちんと処理されていることを常に証明できるようにしておかなければならない立場の人々は、そのために重い負担を課されるのだ。社会学者のニラ・ユヴァル＝デイヴィスらは、この「内在化された国境」に関する先駆的な研究を行い、こうした体験や慣行が近年急増していることを私たちに気づかせた。この種の「内在化された国境」の構築はアウトソーシングされる場合もあり、一介の居住者がほかの居住者に対して「祖国に帰れ」と告げたり、ビザの不備を通報するぞと脅しをかけたりする役回りを引き受けることもある。芸術家や小説家、ジャヤーナリスト、映画作家、元国境警備隊員、移民、市民活動家らは、非友好的環境を下支えするこうした「日々の国境」に触発されて、ペンを執ったり、現実の世界の実態を記録したり、その種の経験談を収集したりしてきた。特権に恵まれた人々にとって、国境は――パンデミックや暴動、自然災害、戦争などの緊急時を除けば――概して暮らしの中で目立たず、ほとんど観察されることもないものである。

次は「拡張」だ。英国では、１９４０年代後半にエンパイア・ウィンドラッシュ号で移民してきた人々の事例などから、高齢者や弱者が予告もなく拘留されたり送還されたりするケースが明らかになった（訳注：第2次世界大戦後の労働力不足を補うために当時英領だったカリブ海地域から招かれた移民たちが、近年になって、合法的に入国した証拠がないことを問われた）。アメリア・ジェントルマンは２０１９年の著書*The Windrush Betrayal：Exposing the Hostile Environment*で、国境管理行政の拡大に見舞われた人々の悲惨な末路を報告した。彼らは人生を根底から覆され、心身の健康に深刻なダメージを被ったのだ。同年のコリン・グラントの著書*Homecoming：Voices of the Windrush Generation*は、内務省のペテンによって近年悪影響を受けた人々の多くが、それ以前から人種差別や日々の苦闘に常にさらされていたことを想起させた。国境は蛇行する川のように人々の暮らしに出入りし、時には彼らを押し流してきた。その間ずっと、移民排斥主義者や人種差別主義者、外国人嫌いの人々は、英国に移民が「氾濫」すると、繰り返し警鐘を鳴らしていた。

ＥＵ域内においては、「国境地域」とは、レベル１～３の３段階に分けられた包括的な地域分類の一部だ。レベル３の分類単位のうち、陸地の国境を有し、住民の半数以上がその国境から25キロメートル以内に住んでいるような地域がそれに当たる。このシステムは政治とは無関係なものに見える。何せEUは、同じ志を持つ国々の、国境なき圏域であることを標榜しているのだから。

ＥＵ域外の国々は、自国の国境について、それとは異なる見解を持っている。米国とメキシコ、インドとパキスタン、イスラエルとパレスチナなどの間の国境地帯では、こうした「世界を代表する国境」の物語を掘り起こし、それを利してキャリアを築こうとする人々が、たくさんの記事や創作物をものしてきた。かくも高い関心が向けられるのは、主として、国境地帯が移動の難所であるか、または地政学的な緊張感に満たされているためだ。米国―メキシコ間の地上の国境線は、一般に、２つの独立国を分かつ線としてのみならず、世界の「南北」を分かつ線と見なされている。子細に見れば、その線は一部の人々が望むほど明確なものではない。米国企業がメキシコの安価な製造工場への投資を選んだ一方、不法移民労働者は国境の北側の農業やサービス業において欠かせない役割を果たしている。移民を歓迎する向きもあれば、送還を望む向きもある。他方で、南から北に向かう移民は、国境を、越えるべき障害物として、あるいは金を稼ぐ機会として見ている。国境に対する見方は、各人の相対的な権力や出身国、人種的特権を反映する傾向があり、時として拡張、排斥、圧迫、そらしなどにも向かう。

とはいえ、現在および将来の地政学が顔をのぞかせるのは、えてしてそうした「世界を代表する国境」においてなのだ。２０２０年１月にイランと米国の間の緊張が高まった直後、イラン系の米国市民約２００人が、米国とカナダの国境で最大10時間にわたって足止めされたと訴えた。彼らは「政治的な忠誠心と見解」について質問されたと、不服を述べる。足止めされた人々にとって、その理由は明白だった。家系が理由で信用を得られない住民や市民がいるということなのだ。9・11テロの後には、多くのアラブ系米国人が同じ体験を語っていた。

文学界に目を転じれば、メキシコから米国に向かおうとする母子についての小説を書いた米国の白人女性を、メキシコ人およびメキシコ系米国人の作家やジャーナリストが、電波やソーシャルメディアを通じて批判するという出来事があった。ジャニーン・カミンズの『夕陽の道を北へゆけ(*)』は、出版界の大きな関心を集めるとともに、自身が経験したわけでもない国境越えの苦労を描くことによって、「顔のない褐色の集団」(本人談)に人格を与えようとしたことは正しかったのかと論議を呼んだ。

続いては「そらし」だ。これは国境を利用して、別の問題——たとえば農業や接客サービス、外食などの多くの産業で移民が果たしている隠れた役割——から注意をそらしたいとする願望である。政治的左派は国境の道徳的腐敗を糾弾し、政治的右派は他国から入国しようとする人々を統制するために国境は不可欠だと主張する。その双方が、国境と管理体制の合法性や道徳性、収益性について論じ立てる。欧州や北米を含む多くの国々では、移民労働者が社会のほぼすべての部門で欠かせなくなっている。欧州の多くの地域や米国では、移民が難民申請することをより一層難しくする手立てが次々と講じられてきたが、一部の政治家は移民と難民申請者と難民を区別することになどまったく関心を持っていない。

トランプ政権は中米からの難民をメキシコに留め置き、申請が認められるまで時には何カ月も待たせた。グアテマラなどの国々を「安全な第三国」と宣言したのは、それらの国に入った移民に、そこで難民申請をさせるためだ。トランプ政権はまた、米国がこれ以上の経済的圧力をかけないことと引き換えに、グアテマラ、ホンジュラス、エルサルバドルと新たな移民協定を結んだ（ホンジュラスとエルサルバドルは国境と移民絡みの緊張をめぐって、1969年に「サッカー戦争」と呼ばれる戦争に突入したことで有名）。メキシコも移民の北上を妨げるためのさらなる措置を講じるよう圧力をかけられている。

最後は「排斥」だ。世界中の国々の歴代大統領や首相は、国土の安全を確保したり、国内外の人々を監視したり、おのおのの国の対外国境に兵員を配備したりするために資金を投じてきた。何がそうした衝動をかき立てるのかを正直かつ率直に認めないまま、この「国境劇場」で、タフで果断な振りをしてきたのは彼らだけではない。そこには移民が既存の国民を圧倒することへの不安（いわゆる「置き換えの不安」）や、「普段の営み」を妨げる事物や人物に対する無条件の恐怖心がある。

感染力の高い冬のインフルエンザや、さらに厄介な新型コロナウイルス感染症でもあるかのように、世界中の政府が――自由民主主義体制であれ権威主義体制であれ――「国境の狂乱」を受け入れてきた。壁やフェンスや検問所が、デジタル監視システムや追跡システムとともに、至るところで目につくようになっている。無数のリアリティ番組や、定点カメラを使ったドキュメンタリー、ありとあらゆる映画やビデオゲームのおかげで、欧米の視聴者は事実上、国境の警備にどっぷり浸り込んできた。昨今ではオーストラリアやニュージーランドの税関職員、英国やアイルランドの空港警備チーム、米国やカナダの国境警備隊員や警察官、国土安全保障省の職員などを追った雑多な番組を見ることさえできる。

（＊）ジャニーン・カミンズ『夕陽の道を北へゆけ』宇佐川晶子訳、早川書房、2020年今や「国境警備テレビ」はリアリティ番組の1つのジャンルとして確立しており、そのことに国境の管理と警備に対する関心の再燃が見て取れるのだ。

ウェンディ・ブラウンは、著書*Walled States, Waning Sovereignty*（2010年）の中で、ある説得力に満ちた論証を行っている。上記のようなことは、国境を含む自国の領土を排他的に支配することなどもはやおとぎ話に過ぎないという事実を、政府や国民がゆっくりと渋々ながら認めつつあることの表れだというのである。ブラウンはこれを「消滅」ではなく「衰退」という言葉で語った。テレビカメラが周囲にない時でさえ、世界中の多くの国々が国境警備戦略の強化を約束し続けている。肝心なのは、国境の物理的地理と心理的地理の交差だ。

2019年8月、石油に恵まれた小国、赤道ギニアがカメルーンの怒りを買った。その原因は、赤道ギニアが両国の国境沿いに長さ200キロメートル近い防壁の建設を計画したことだった。ただ、その壁自体が緊張の唯一の原因だったわけではない。カメルーンの当局者は、壁の位置を示すために置かれた標識が、国際的に認められた両国間の境界線を越えていることを不安視した。標識は、その配置をもって挑発的だと見なされたのだ。両国の関係は歴史的に冷え切っていた。赤道ギニアは1990年代に石油輸出国となって以来、カメルーン側が、職を求めて赤道ギニアに不法入国する移民をほとんど抑止していないと非難してきた。沖合で産出する原油と天然ガスのおかげで、赤道ギニアはアフリカのエネルギー市場のビッグプレーヤーとなっており、カメルーンやガボンなどの近隣諸国と比較して中所得国に分類されている。国境の壁の計画は、赤道ギニアのテオドロ・オビアン大統領が、人権侵害や横領、はびこる汚職などで糾弾されている渦中に持ちあがった。そのためこの計画は、国内世論を盛り上げることと、支持者（その多くが社会的、経済的、文化的変化の規模や速度に危惧を抱いている）にアピールすることとを同時に狙った陽動戦術だと、広く受け止められている。

2016年2月に、当時は米国大統領候補者だったドナルド・トランプが「美しい壁を建設」し、メキシコにその費用を払わせるつもりだと語った時、大方から嘲笑された。だが彼は、米国の国境が——ひいては米国自体が——危険にさらされているという根強い恐怖心を、多くの有権者の心に植え付けた。南部の国境は、またしても侵略の幻想を生み出す肥沃な土壌となったのだ。その1世紀前には、国境の警備は4本の有刺鉄線が担っており、それは主としてはぐれた家畜を追い返すためのものだった。続く数十年の間に、中南米からの不法移民に対する不安が高まり、国境警備と管理の理論と実践が固まっていった。70年代前半にニクソン政権が始めた「麻薬戦争」は、国境の軍備強化への流れに勢いをつけた。麻薬や犯罪、時代を下ってからのテロは、米国南部とメキシコ北部の人々の心に強烈な印象を刻んでいる。中南米出身の不法移民に対する懸念の増大は、いかに国境を守り、衰えゆく主権を回復するかを案じてきた「白人の不安」に、新たな栄養分を与えているに過ぎないのだ。

国民国家の誕生と国境の歴史——地上にて

国境は政治家に利用されるものである一方、どこかに根付いてもいる。私たちが日常的に意識するのは町や都市の中の国境だろうが、地図上に引かれたその線は、砂漠や平原、山地、河川、湖沼、海、ジャングル、さらには地中の環境にまで刻まれていることを忘れるべきではない。空は国内の空域と国際的な空域に分けられており、第三者は、領土の上空はもちろん、海岸線から12海里（約22キロメートル）以内の空域に入る時には、事前に許可を得るべきものとされている。南シナ海や、シリアとその周辺などの緊張が高まっている地域では、敵対する軍同士が互いの領空侵犯を非難し合うことも珍しくない。軍用ジェット機の速度と空域の性質を考えると、そうした「侵犯」はほんの数秒のことであり、侵入機は航跡に蒸気の痕跡を残すのみだろうが。

地上においては、かねて河川や山地や砂漠が、国境を画すべき自然な機会並びに、動かしがたい仕切りを提供してきた。それでうまくいくこともあれば、うまくいかないこともあった。ピレネー山脈は長らくスペインとフランスの間の天然の国境線と考えられていたが（1659年には双方の王国によってそのことが確認された）、人や動物は山の背や谷を縦横に行き来していた。両国が分水界と山々の頂を基準に明確な国境を確定したのは、1866〜68年にバイヨンヌ条約が締結されてからのことだ。第2章で述べるとおり、山地に適用される国境のルールは、いずれ自然の変化によって損なわれる。稜線や山頂は時を経るとともに浸食されるし、氷河が退縮すれば、まず間違いなく国境再確定の機会が惹起されることになろう。

国境のインフラが、一部の人々が期待するような警備の仕事を果たすことは滅多にない。ルールが作られ、手続きが決められるものの、その後に何か別のことが起こり、それらすべての頼りなさが露呈する。2018年1月、中国とラオスの国境の検問所に近づく好奇心旺盛なゾウの姿を、監視カメラがとらえた。ゾウは平然と足を上げ、警備用の障壁を踏み越えた。夜半の採食を終えると、ゾウは2時間足らずで中国側に戻った。これを止めようとする勇気のある者は誰もいなかった。これは自然が人為的な国境に反抗した無害な実例である。

極端な気象現象を含む気候変動は、しかしリスクの度合いを高めている。地球は人間の干渉を、ただ受け止めているばかりではないのだ。環境保護活動家や被災したコミュニティは、地域の障壁が鉄砲水などの自然災害を激甚化させると、長年にわたって警告してきた。国境警備用の装備は、大小様々な動物の国境をまたいだ移動を妨げている。先住民族から構成されることの多い世界各地の国境のコミュニティは、国境の要塞化によって暮らしを根底から覆されてきた。政府は景観を改変することによって、問題を倍加させている。トンネルが掘られたり、河川の流路が変えられたり、峡谷が埋め立てられたり、丘の頂上が平らにされたりすることも珍しくはない。建設作業そのものを可能にするために、土砂を移動させたり、水流をそらしたりすることは、世界各地の国境警備プロジェクトに欠かせなくなっている。しかし、それらに多大な社会的、環境的コストが伴わないことはまれだ。

河川のような自然の地形が隣国間の論争の焦点となる状況も起こってきた。変化が誰の責任なのかや、大地そのものが形態を変えた時にどんなことが起こるのかをめぐり、続々と議論が巻き起こる。河川や湿地帯は、こうした論戦のおあつらえ向きの候補地だ。各国は河岸の所有権や河川の流路、源流、流量の変化、資源、採水、廃棄物管理、渡河、排水計画、水運、運河建設、流域の変容などをめぐって、激論を展開することになる。河川は天然の区画線のように見えるかもしれないが、勢いを増したり弱まったりもする。

ボリビアとチリはシララ川の地位をめぐって、国際司法裁判所で争った。問題となった地域は、両国間の国境が存する山岳地帯だった。チリはこの川が「国際水路」であると主張し、自国の鉱業部門のための水利権を確保したがった。ボリビアは、チリが人為的に川の流れを操作するために湧水に手を加えたと主張した。両国は共にアンデス山脈の水源に依存しており、長引く干ばつのため、その度合いはさらに高まっていた。加えて、水位の低下によって下流の水力発電にも支障が生じていた。これらの要因に、過去の国境紛争（ボリビアがチリとの戦争で太平洋へのアクセスを失ったことを含む）や氷河の退縮などが加わって、この法的論争は火に油を注がれてきたのだ。先住民族が多く住む山岳地帯のコミュニティは、この高地の国境のドラマの最前線に立たされてきた。

距離の遠さは国境紛争の妨げとはならない。国民の大多数の目に触れない地域だからといって、紛争の脅威と無縁でいられるとは限らないのだ。むしろ文字どおりの国土の片隅が、往々にして緊張の震源地になってしまう。インドとパキスタンの高地にある無人の氷河地帯では、軍事的な衝突が日常的に発生する。これまでに両国の何千人もの兵士が、国のために尽くした後に、一生健康を損ねるはめになってきた。国内で最も海抜の高い、最も人里離れた国境の巡回・監視に当たる男たちの命を、雪崩は多数奪っている。氷河の退縮は水の供給に影響を及ぼすだけではなく、敵対する国家に、領土や資源の面での優位性を確保しようという動機を与えるかもしれない。大地が露出すれば、領有権の主張と入植に向けた新たな競争が起こるだろう。これまでは氷や雪が紛争の予防薬の役割を果たしていたかもしれない。しかし温暖化によって山地や極地はより不安定になり、一方でアクセス性は向上するので、逆説的ながら他者が利を得ようとするのではないかとの懸念を招きやすくなる。

世界の多くの地域では、国境の歴史は、文明や帝国、さらには16世紀から17世紀にかけての近代的な国民国家の勃興の歴史と密接に結びついている。世界最初のパスポートを導入したのは古代ローマ人だとよく言われるが、人々の移動能力は特権と権力に基づいて制限されており、それを可能にしたのはユダヤ人をはじめとする少数民族の大量追放と、大陸をまたにかけた奴隷制度だった。国境は一般に、人々をその場に留めておくためのものだった。とはいえ欧州の内外における国境の経験は、場所によって、かなりまちまちだった。

1648年のウェストファリア条約は、国民国家（認知された国民と統治システムを備えた、確立された国境に囲まれた領域）の誕生の一里塚だったと、よく言われる。この条約は、国際的な国境や、国家主権、民族自決などの確立に向けた道を開くのに役立った。同条約は30年にわたる紛争の終結後に締結されたもので、平和の実現および複数の国々の自治や独立、領土の保証を目的としていた。これによってスイスはオーストリアから、オランダはスペインから独立し、スウェーデンなどの国々は領土を拡大した。

だが、これとは異なり、部族や共同体の境界線を侵害される経験をした人々もいた。16～19世紀には、数百万人の西アフリカ人が、奴隷労働を可能にするためだけに、欧州人の手で南北アメリカ大陸に送られている。プランテーションや各国に設けられた強制収容所は、人間の捕獲や監禁が行われた恐るべき実例だ。奴隷制度だけではない。植民地を抱えた大国は、ほかに誰を入植させるのかを熱心に管理しようとした。本国で人口が増えすぎ、食料不足になるのではないかという不安から、一部の欧州人は海外の植民地に派遣されることとなった。

19世紀になると、その同じ欧州の国々が、移民の入国を不安視し、国境管理を厳格化する。20世紀前半には、パスポートも再び導入された。奴隷制度と植民地主義が公式に終了した後になっても、世界中の先住民族やアフリカ系の人々の暮らしは、法的、政治的、経済的な障壁や規制によって制約されたままだった。18〜19世紀の米国における先住民保留地の創設は、何千という先住民や部族の強制移住（「涙の旅路」として知られている）と再定住に支えられたものだ。保留地は辺境に位置していたため、これら米国先住民の部族は、入植者や政府が最低限の価値しかないと見なす場所に閉じ込められることとなった。

一筋縄ではいかない国境管理

帝国や国家や政府は、昔も今も、ある古くからの難問と格闘してきた。すなわち、それに付随する国境と曖昧な辺境を持つ領土に分割されたこの世界で、いかにして人と物の流れを管理するかということである。この300〜400年の間になされてきたのは、国内および国際的な国境線を確認し、画定し、確定するための規則や手続きを定めようとする試みだ。野原や河川、森の切れ目などが国際的な国境の存在を示すケースも多々あるが、人間が国境線を決する場合は次の4段階のプロセスを経る。第1に国境地域の確認、第2に現地の地形の調査、第3に国境の物理的な画定、そして最後に協定や条約を通じた国境の確定と管理である。米国の先住民の保留地と、南アフリカのアパルトヘイト制度は、特定の人々の生活を制約し、非社会化するために考案された、最もグロテスクな計画の実例だろう。

地図上に国と国とを分かつ線が引かれているのを見る時、私たちは、概してそれが、かなり整然とした、技術的な工程だったように思うかもしれない。しかし緊張や衝突を経ることなしに国境が画定できた場所は、世界的にもごくわずかだ。他国と地表を分割しようという時には常に、張り詰めた交渉や、緊張の高まり、世界大戦や内戦といった武力闘争が、様々な組み合わせで伴っていた。もちろん平和的な土地の交換や友好的な条約も見られはしたが、それは論点を損なうものではない。国境は人間性に関わる根源的な真実を明かすものなのである。人は土地や資源の配分のための複雑なルールを策定したり、協力体制を構築したりすることが問題なくできる。だが一方で、権力や権威に関する疑義が生じた時には、その国境を侵したり、無視したり、取り去ったりする磨き抜かれた能力を保持してもいる。

歴史的な溝は容易に消えることがないため、そうした国境を管理することは一筋縄ではいかない。国境には、影響の及ぶ空間内で、自らの存在を感得させる不可思議な力がある。ボリビアの多くの国民は、19世紀のチリとの戦争の結果、自国が太平洋へのアクセスを失ったことに、今も憤りを感じている。アルゼンチンは１８３０年代にフォークランド諸島（別名：マルビナス諸島）を失ったことを、今日に至るも恨んでいる。パキスタンとインドはカシミール地方の国境についての合意が結べない。大英、スペイン、ドイツ、フランス、オーストリア・ハンガリー、オスマンなどの帝国が次々と生まれては消えたが、それらの国境や影響圏は、踏みしだかれ、書き換えられているにもかかわらず、いまだにその存在を感じさせる。帝国期およびその崩壊後の国境の複雑な遺産に悩まされている地域は、世界中に散在するのだ。

かつて英国の植民地だったキプロス島は、今もなお深い影響を受けている。１９５０年代には激しい反植民地闘争と社会不安が頻発し、60年に独立しても平和と安定の新時代は訪れなかった。74年には、ギリシャの民族主義者がキプロスの併合を企てているのではないかとの懸念を受けて、トルコ軍が侵攻。不和が一層深まった。この侵攻以来、島はギリシャ系キプロス人とトルコ系キプロス人のコミュニティを隔てる「グリーンライン」に沿って二分された状態だ。国連の平和維持軍は、首都ニコシアの中心部などを貫くノーマンズランド（訳注：複数の語義を持つ言葉だが、本書ではおおむね「誰の主権も及ばない領域」といった意味合いで使われている。第5章に詳述）で監視と巡回を継続。島の再統一の試みはいまだ成功していない。

２０１５年5月、私は国連キプロス平和維持軍（ＵＮＦＩＣＹＰ）の厚意で、うち捨てられたニコシアの国際空港を訪れ、放棄された兵器や民間のトライデント機を見た。案内役となったスロバキア軍の少佐は、緩衝地帯とその周辺の動向を監視するUNFICYPの役割を説明してくれた。緩衝地帯の別の区画に近づくと、境界の監視塔にいたトルコ軍の警備兵が、口笛を吹いたり、警告を叫んだりし始める。島内には、英国が主権を有する2カ所の基地領域（面積は合わせて256平方キロメートルほど）と何カ所もの保留地がある。境界を示すフェンスや保安用の標識が至るところで見られる。

キプロスはレバノンから約260キロメートルの距離にあり、トルコにはさらに近い。2015年以降、トルコのみが承認する北キプロス・トルコ共和国（島の北側）に到着する移民が着実に増加した。しかし北部には難民を受け入れる制度がないため、難民申請者は緩衝地帯や英国の主権基地領域へと向かう。英国政府は、気がつけば、パレスチナ移民やシリア移民を軍事基地内に収容しなければならなくなっていた。キプロス共和国（島の南側）はその後、デケリアの英軍基地に収容された人々の難民申請を処理することに同意した。だが2019年の時点で、キプロスには亡命希望者や難民申請者が、全部で約3000人もいた。島の植生と起伏のある地形が、国境地帯を慎重にすり抜ける機会を移民たちに提供しているのだ。緊張は容易に高まりうるし、また実際に高まっている。

国境や「境界線」は侵され、無視され、汚される。それらは違法な密輸、人身売買、贈収賄、汚職といった、国民国家が統制を望むあらゆる活動を助長する。エストニアの国境警備隊は、2018〜19年に、密輸業者が絡んだ一連の謀略を暴き立てた。密輸業者たちはロシアの連邦保安局（FSB）から報酬を受け取り、国境警備活動に関する情報を集めていたという。エストニアの裁判所に提出された証拠によれば、FSBは違法な密輸を通じて、さらなる諜報活動用の独立した資金源も確保していた模様だ。国境のパトロールや電子機器、監視などに大金を投じてきたものの、エストニアの現実の国境は、心をぐらつかせる賄賂や威圧、強要などに対して脆弱なままだった。

実際のところ、国境は金儲けのチャンスの触媒として機能する。朝鮮半島の非武装地帯（ＤＭＺ）に隣接する集落や農村部の不動産需要は、国境を越えた和解や、協力関係改善の思惑が出るたびに押し上げられてきた。北朝鮮と韓国が絆を結び直せば、国境地帯が経済活動の場となり、住民も増えるだろうと、韓国の投資家は期待したのだ。ロイター通信の言葉を借りれば、「買いの熱狂」が、要塞化された国境沿いで沸騰した。グーグルアースの衛星写真と官製の地図を頼りに、投資家は非武装地帯とその周辺の土地を買いあさった。現状からすれば、それはずいぶんと甘い見通しに聞こえる。ＤＭＺは何十万発もの地雷や巡回する国境警備隊員、監視塔、カミソリ状の刃を持つ鉄条網などで固められた、世界屈指の重武装がなされた国境地帯なのだ。今のところ、ＤＭＺは対立する両国とその同盟国を分断し続けており、その国境が平和的解決策ではなく、軍事的膠着状態の反映であることを日々思い起こさせている。

「人新世《アントロポセン》」で激化する対立

気候変動が焦眉の急となり、新型コロナウイルスのパンデミックが発生したこの新時代においては、国境閉鎖や戦争の可能性がますます高まっている。国家や地域社会が、「ウイルス性の他者」や「見えない敵」から自らを隔離しつつ、競争上の優位を得ることを望むからだ。マスクの原料の合成ポリマー繊維から、バッテリーや電話技術に必要な希土類鉱物に至るまで、資源に対する興味と関心は高止まりしたままとなるだろう。2020年の最初の半年間だけでも、医療機器の後ろ暗い貿易取引や詐欺、横取りなどを暴露する記事が数多く見られた。特に米国は、卓越した資金力に物を言わせてワクチンを高値で大量に買ってしまうと、NATOの同盟国からも非難されている。

結果として、私たちは当面、国境への関心を失うことはないだろう。極地の海や、海洋底、月などといった遠隔の地は、中国、ロシア、米国から注視されている。そうした大国だけではない。実業家のイーロン・マスクは火星に新たな文明を築く夢を持つ。資源の争奪戦は終結するにはほど遠く、アフリカとアジアで人口が増え続けるに連れ、激化するだろう。エネルギー転換や「ネットゼロ」の目標が語られてはいるが、石炭、石油、ガスへの依存を世界的に継続しない限り、電化も再生可能エネルギーの成長も実現するまい。戦略的鉱物資源の需要が減少することはなく、それゆえに海洋や南極といったこれまでになく遠方の地球上の一角をめぐって、新たな緊張が生み出されるかもしれない。

1つはっきりしているのは、私たちが経済成長を過大評価する一方で、気候変動を緩和するために必要な作業量を過小評価する傾向にあるということだ。世界がより温暖で湿潤になれば、標高の高い土地の需要が高まるほか、洪水や高温のリスクが増したり、生物多様性が失われたりするだろう。そして多くの国が気候変動の影響をより真剣に考えなければならなくなるだろう。かつてなら、世界中の土着の共同体が、居住地を変えたり、移動放牧（家畜を冬は低地に、夏は高地に移す）のような季節性の統治モデルを採用したりしたに違いない。国内外の境界線は、そのような移動能力と、気候適応性とも呼ぶべきものを妨げることとなった。

「人新世《アントロポセン》」という言葉は、人類が地球の変化に及ぼした累積的な影響を示す便利な用語として、世間や政界での注目が高まっている（アントロポスは「人間」を意味する古代ギリシャ語）。この星の海は酸性化し、氷河は解け、河川は縮小し、森林は減少しつつある。時期や目的、将来の影響などに関する激論を続けながらも、私たちは、しばしば産出量や生産高を最大化するために、自然界を分割し続けている。しかし土地や海、食料や水などの重要な資源を手に入れようとする権力者や特権階級の衝動が弱まることはないだろう。世界は十中八九、河川や氷河、帯水層や森林をめぐる新たな対立を目にすることになるはずだ。水の共有、疾病予防、汚染防止といった協力の機が熟した分野でも、国境での破壊行為が発生すれば、各国はあっさり協力をあきらめてしまうかもしれない。

一方で、先住民族などのコミュニティはすでに、河川や自分たちの居住地の（権利や責任や特権を伴う）法的人格を主張し、さらなる環境の毀損に抵抗したり、損害の回復と補償を要求したりしている。人新世は国際間および共同体間の対立を間違いなく激化させるだろう。河川や三角州、沼沢地、山地、湖沼、森林、島、海岸線、平地などが、そのあおりを受けることになる。排他的な主権や、固定された国境などという神話に拘泥することは危険だ。私たちは、地球上の変化の複雑な現実や、気候変動と対立の激化を受けて人々が集団移住を開始する可能性をも視野に入れた、抜本的に異なる国境観を養う必要がある。

物理的なもの、異例のもの、斬新なもの

この序章からも明らかなように、国境問題は広範で複雑であるために、誰にとってもその研究が難しい。本書では、今後の主要な課題となるであろう3つの種類の国境紛争を論じるつもりだ。すなわち、①地形の変化（それはしばしば気候変動によって悪化する）によって移動する国境、②手詰まりが続く扱いづらい国境地域、③技術革新によって可能になった、進化を続ける洗練された国境である。

本書は読者を、歴史と地理によって形成された、こうした景観と場所への旅にいざなうことになる。国境は寓話や伝説から切り離されることのない、国家的および国際的な地政学の小宇宙だ。私たちは国境を検分し、その地理的変化がいかに重要であるかを、そしてヒトという種の超移動性が、国境を保護する責任を負った人々にいかに好機と危険をもたらすかを発見する。気候変動は実に厄介な問題だ。それにより、あるものは解け、あるものは滑り、あるものは消滅しつつある。陸と海の区分はかつてほど確固たるものではなくなった。島や低地の環境は視界から消え去る危険にさらされており、人間の境遇が改善されたのは確かだとしても、私たちが地球に与えてきた累積的な影響は計り知れない。

本書ではまた、承認されざる国境やノーマンズランドのような、解決不能に見える問題も取りあげる。「排他的で固定的な主権」という神話が実態とはほど遠いことが露呈するのは、こうした極めて非

日常的な空間でのことである。実際、国家やその他の利害関係者が緊急事態を宣言し、例外的な手段に訴えると、地図上や地上の線がかき乱される。これから見ていくように、紛争や資源争奪戦は、承認されざる国境や、領土的なグレーゾーンを生み出す強力な推進力なのだ。感染症が国境や辺境やゾーン分けに頓着しない厄介な性質を持つことは非常に明白だが、2020年の新型コロナウイルスの大流行のさなかには、公衆衛生上の緊急措置が、世界中の空港閉鎖や国境閉鎖、厳しい渡航制限と連動して実施された。私たちの誰もが、国境のないウイルスなどこれ以上見たくないと思っているだろう。

最後に、私たちは宇宙空間などの新たな国境や、「スマートボーダー」と呼ばれる国境管理技術に目を向ける。国境の業務は、おそらく将来的には、自動化やデジタル化、遠隔化、バーチャル化が進められるだろう。社会人類学者のルーベン・アンダーソンの言葉を借りれば、私たちにはあの肌寒い11月のベルリンの夜の楽観論とはかけ離れた、収益性の高いグローバル化された国境ビジネスがあるということだ。

将来の対立の基盤を理解したいなら、国境紛争の3つの類型をすべて理解する必要がある。すなわち、物理的なもの、異例のもの、斬新なものだ。だが、まずは論争の的になりがちな国境が、なぜ人々の活動や議論や収益を生み出すのかを理解しておこう。

第1章

国境の問題

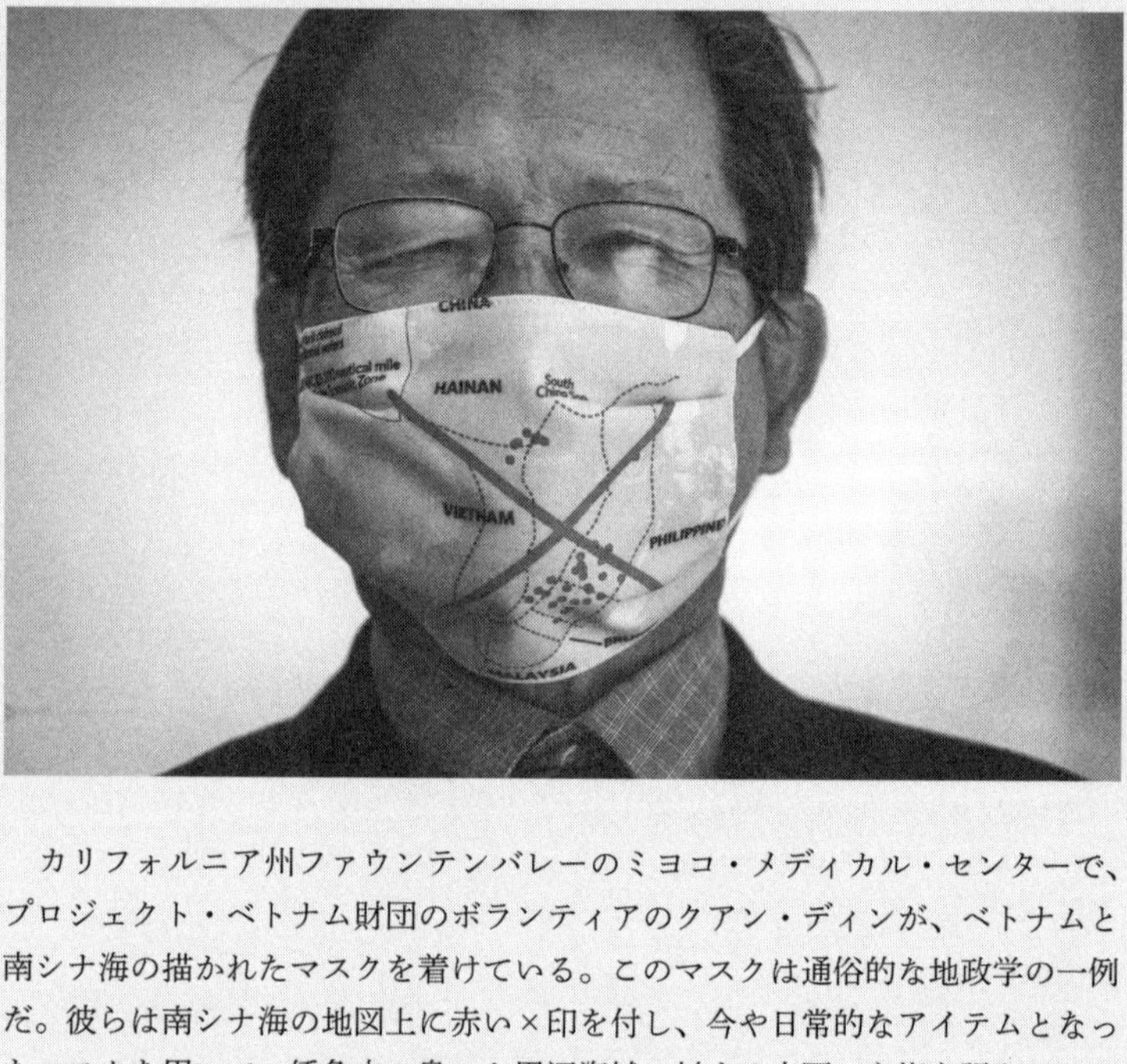

カリフォルニア州ファウンテンバレーのミヨコ・メディカル・センターで、プロジェクト・ベトナム財団のボランティアのクアン・ディンが、ベトナムと南シナ海の描かれたマスクを着けている。このマスクは通俗的な地政学の一例だ。彼らは南シナ海の地図上に赤い×印を付し、今や日常的なアイテムとなったマスクを用いて、係争中の島々と周辺海域に対する中国の主権主張をはねつけている。2020年4月、両国は漁業権をめぐって衝突。ベトナムは、パラセル（西沙）諸島の近海で、中国がベトナムの漁船を沈めたと非難した。

国境に対する考え方

国境とそれを国境たらしめる工作物は、何千年も前から存在した。防御を目的とする壁は、古くは1万2000年前から中東で築かれており、記録に残る最古の城壁は、ヨルダン渓谷のジェリコの町を囲むそれだった。敵の攻撃や洪水から身を守るために造られたこれらの壁は、要塞を築こうとする本能が、何千年も前から人類に備わったものであることを思い起こさせずにはおかない。防御用の城壁は古代アテネでは好まれたが、スパルタではさほどでもなかった。スパルタでは、レンガや石を積み上げるよりも、戦士を育成する方がはるかに強力な抑止力になると考えられていたからだ。ギリシャに程近いコンスタンチノープル（現在のイスタンブール）では、名高いテオドシウスの城壁が1000年近く存続した。5世紀に建設されたこの壁は、1453年5月にオスマン帝国軍の火薬と攻囲砲に屈するまで、破られたことはなかったのだ。城壁も要塞化された国境も、最後は人間の創意と決意の前に敗れ去る。また、砂嵐や火山噴火、洪水、地震などの自然災害も、城壁や防護柵の限界を明らかにし続けている。

国境に対する考え方は、しかし時代とともに変遷してきた。1990年代には、国境の壁や検問所は今よりずっと少なかった。世界中の政府がグローバル化に傾倒し、障壁の削減や、貿易の増加、民主主義の普及を叫んでいたためだ。20年後の今、国境警備用の検問所やフェンスや壁などに新たな資金が投じられるというニュースが増えている。当節、米国南部の国境地帯の建設作業員は、資金と輸送体制が整えば、1日に約400メートルのフェンスを建設できるそうだ。メキシコとの間の陸上の国境は全長3000キロメートル以上。「美しい壁」を築くというドナルド・トランプ大統領の野望の実現には、多大な時間とカネがかかることだろう。

ただ、フェンスや壁は国境問題の1つの要素であるに過ぎない。国境の対応力を測る基準は様々だ。政府は状況認識や国境監視の能力を向上させるために、何百万ドルという資金を注ぎ込み、ドローン編隊を導入したり、地形を変形させたりするかもしれない。あるいは通常のビザの制度を改め、「危険」「不安定」「脅威になる」「健康に有害」などといった判定がなされた国々からの市民の入国を制限するかもしれない。

国境管理には別種の選択肢があることも忘れるべきではないだろう。各国は戦略的な理由で国境を〝開放〟し、人や物の流れを妨げない決定を下すこともできる。南欧や東欧、近隣の中東諸国を悩ませてきた2015年以来の移民危機の間に、トルコと欧州連合（EU）との関係は、ギリシャとトルコの間の水陸の国境の問題をめぐって揺れてきた。シリアやアフガニスタンなどからの難民を数百万人規模で受け入れてきたトルコ政府とEUは、そうした人々をどのように収容するかについて、激しい論戦を繰り広げた。トルコ政府は、欧州側がシリアとの国境地帯におけるトルコの戦略的利益にまるで無関心であることに立腹し、2020年2月、数千人の移民に、ギリシャとの国境へと向かうよう促した。現在のトルコでは、南部の国境は軍事化と安全保障化が高度に進められているが、西部の国境を水も漏らさぬ状態にするかどうかは政治指導者の戦略的な計算次第なのだ。トルコは国境の状態を利用して、さらに多くの移民を受け入れたり、圏内に再配分したりする事態を懸念するEUから、資金援助と政治的支援を引き出してきた。

「国境警備市場」は1680億ドルへ

私たちは常に、境界線上の動かざる壁でも地図上の静止した線でもなく、「活動」としての国境管理に立ち返る。これはなぜだろうか？　現実問題として、国境警備への投資を促す動因はたくさんあるが、他方には、あえて国境を不可侵なものとはしないでおく理由も存在する。国境を固める動因は、文化的、経済的、政治的なものかもしれない。たとえば、移民が既存の文化を圧倒することや、敵対的な第三者が紛争やテロを起こすこと、無自覚な第三者が病気を持ち込んでくることへの恐れや不安である。あまり論じられてはいないが、財政的な要請もある。欧州と北米では、国境のインフラ整備や警備の増強を進める中で、産業・法律・政治・軍事の複合体（そこには軍人、国境警備隊員、弁護士、政策立案者、密輸業者、民間の請負業者、市民団体、政治指導者らの顔ぶれがそろう）がじわじわと手を広げた。彼の地では、国境の警備と管理はカネのなる木なのだ。ビジネス分析を手がけるフロスト＆サリバン社は、2019年3月に発表したレポートの中で、国境警備市場は2025年までに少なくとも1680億ドルの規模になると推計している。新規の投資はリアルタイムのデータ分析へと投じられるだろう。国境警備機関が、人や物の不規則な動きを、より的確に検知・防止しようと試みるだろうからだ。

成熟した国境警備産業を持つ国々は、保安技術やデジタル監視能力を輸出しようとしている。たとえば世界の軍事用ドローン市場は、2020年代に成長を遂げ、年商5億ドルを超える規模になると見込まれる。実際、欧州や北米などの移民の「激戦地帯」や、国境紛争が現に起こっている地域では、それらが多大な利益を生むと証明されつつあるのだ。南米では、ベネズエラとガイアナの間の紛争地域に配備される固定翼ドローンが続々と数を増やしている。固定翼ドローンは耐久性に優れており、紛争地域や国境監視が必要な地域をより広範にカバーすることができる。ドローン産業は勢いに乗っており、スイスなどは「ドローン国家」であることを盛んに売り込んでいる。

欧州国境監視システム（EUROSUR）は、加盟国に独自のビジネスチャンスを生み出している。2019年には、エーゲ海（トルコを対岸に見る、EUの実質的な東部国境）の新たな監視システムを構築するために、ギリシャにおよそ6000万ドルの助成金を交付した。この資金は昼夜を分かたぬ監視能力をギリシャの沿岸警備隊と海軍に提供するのに使われる。それによって状況認識を向上させ、違法な密航を阻止するのが目的だ。情報はギリシャ当局と、ワルシャワに拠点を置く欧州対外国境管理協力機関（FRONTEX）との間で共有されることになるだろう。

ただ、国境で建設作業や投資を行えば、それに伴い、納税者や移民、国境警備隊員、野生生物などがコストを負うことになる。米国の環境保護団体のシエラクラブは、メキシコとの国境地帯の生態系がダメージを被ると訴えてきた。テキサス州のサンタアナ国立野生生物保護区は、生態学的な影響の「爆心地」だ。提案中の国境フェンスのルート周辺では、植生が除去されたり、地形が改変されたり(平坦化され、舗装すら施される)、夜通し明るい照明で照らされたりする予定になっている。国境壁の建設プロジェクトにおいては、土地を買収したり、立ち入り禁止区域を設けたり、連邦政府が野生生物保護区の指定を覆せるよう新法を整備したりすることが避けがたい。環境アセスメントは、時にあっさり省略されたり、軽んじられたりする。国家安全保障への訴えは、往々にして、考慮すべきほかのすべての事項に優先されるのだ。

国境警備プロジェクトは、世界中で政治的な挫折を生み出している。2019年3月、ケニア政府は3500万ドルの費用をかけて延長10キロメートルの区間に新たな国境フェンスを建設すると明言した。14年の当初計画では、同国東部の劣悪な治安状況に照らせば、700キロメートルの新たな壁の建設が必要だとされていた。ケニアは近年、テロ攻撃に揺さぶられてきた。首都ナイロビのウエストゲート・ショッピングモール襲撃事件(13年)とガリッサ大学襲撃事件(15年)の2件だけでも、200人以上の死者を出している。襲撃犯はソマリア南部に拠点を置くテロ組織、アルシャバブのメンバーであることが確認された。ウフル・ケニヤッタ大統領は19年の一般教書演説で、政府が「国境の警備と管理を強化している」と述べた。しかしケニアの国会議員は、テロや国境をまたいだ衝突の脅威が高まっているにもかかわらず、費用の高騰を理由に中止を要請した。現在、壁の建設は、前述の10キロメートルの区間さえ完成を見ないまま、中断されている。

ケニアに限った話ではない。国境のハードウェアの導入には、過剰な財政支出が付き物なのだ。動作検知器やドローンによる巡視、フェンス、監視技術などに費やされた何百万ドル相当ものカネが、費用対効果の点で引き合うことは滅多にない。オバマ政権が発足した2009年1月までに、国境警備と移民取り締まりへの支出は数十億ドルにも達していた。12年には、移民取り締まりの経費だけで、連邦捜査局（FBI）への支出額よりも約100億ドル多い180億ドルが費やされていることが公表された。特にメキシコとの国境により多額のカネが使われるようになってからは、移民の勾留施設は民営化され、移民の数は着実に増加した。勾留・送還される移民がかつてないほどの数になるに連れ、移民勾留セクターは巨大産業となっていく。今やその規模は年間数十億ドルだ。勾留施設と組み合わせる形で、州や連邦政府は、ドローンによる巡視、レーダー施設の設置、地上レベルの監視といった技術インフラにさらなる投資を行っているが、そのコストは決して小さなものではない。国境のハードウェアはビッグビジネスなのだ。

国境はまた、ビッグビジネスであるばかりではなく、政治的なダイナマイトでもある。世界のどこに行っても国境は政治キャンペーンに欠かせず、各国の指導者たちは「国境の不安定化を引き起こすものには厳しく対処する」と自国民に約束する。昨今、彼らの公約がニュースでよく取りあげられるのは、国境の話題がメディアに載らない日がほとんどないからだ。少なくとも、壁やフェンスを取りあげたニュースや、それらの突破や防衛を試みた人々の体験談は、毎日のように見る。

世間の注目を最も集めるのは、往々にして命を落とした移民の衝撃的な写真である。多くの読者は、悲惨な死を遂げたクルド系シリア人の少年、アイラン・シェヌ（別名：アラン・クルディ）の写真を忘れることはないだろう。彼は2015年9月に地中海のどこかで溺死し、その後に海岸で発見された。その遺体の画像はネット上で瞬く間に拡散し、EUの移民政策に対する反発を引き起こした。ソーシャルメディアと昼夜兼行のニュースのおかげで、難民や移民、人道組織、受け入れコミュニティらが紡ぐ国境越えのストーリーに、従来をはるかに超えた注目が集まったのである。

国境には、そして国境のストーリーには、ごく普通の人々の多くが少なからぬ魅力を感じており、しばしば国境が「侵される」のを阻止せよという要求が巻き起こる。そうした流れに便乗してきたのが、世界中の独裁者やポピュリスト政治家たちだ。彼らは国境の魅力を利用したり悪用したりすることで、領土拡大の主張を売り込んだり、領内に入ろうとする人や物への有害な規制を求めたりしてきた。

係争地の譲れない魅力

中国と日本では――この2カ国に限らないが――国土の地図はその魅力ばかりではなく、それが侵されることへの不安も醸成する。日本の外務省は、自国の領土の真の広がりを国民に示そうと、2016年に「日本のかたち」を表した地図を作成した。この地図では、領有権に異議が唱えられている東シナ海の尖閣諸島も日本の一部として描かれている。この地図が作られた目的は、それらの島々が日本領だと見なされているということを示し、国民を安心させることだった。しかし同時に、領土の保全は、陸海の戦力への投資を通じて、中国、ロシア、北朝鮮という3つの核保有国を抑止できるかどうかにかかっているのだということを、日本国民に思い出させもした。

3つの隣国の軍事力を考えれば、これは明らかにハードルの高い注文だ。だが米国からの支援が冷戦時代に比べて大幅に保証されにくくなっている現在では、この課題はより一層重要性を増している。前記の地図上では、海洋の国境線は太線で描かれ、少なくとも目で見る限り、陸と海とは区分されていない。日本は陸海の領土の継ぎ目のない連続体として描かれており、最も辺境で人口の少ない島々を含め、すべてが国家の安全保障にとって死活的だと見なされている。「地図上の小さな点たち」こそが重要なのだ。

地図に付属する動画では、日本の南部に位置する尖閣諸島のことや、それが1971年の沖縄返還協定を経て、大戦後の占領国である米国からいかにして日本に「返還」されたのかが、英語で説明されている。動画はいかにも楽天的に、中国の地図や新聞も、尖閣諸島を中国ではなく日本の領土として描き、その事実を認めているのだと指摘する。現実はしかし、日本にとって、もっとずっと気がかりな状況だ。中国は尖閣諸島に対する日本の主権を認めてはいないのである。

韓国と日本は、両国間の海の国境線をめぐって対立し、竹島（と、その小さな島々を取り巻く漁場）の領有権を争っている。両国を分ける水域の呼称さえもが不和の源だ。日本は「日本海」の一部だと主張するが、韓国は「東海」を好む。日本側は公認の海図の作成を担う国際水路機関に韓国を説得するよう働きかけ、日本海という呼称を受け入れさせようとしてきた。竹島と、その水域の呼称の問題がかくもこじれるのは、両国の間に対立の歴史があるからだ。韓国側は、自国が日本の植民地にされた忌まわしき時代（1910〜45年）に、日本海という呼称が広められたのだと主張する。どちらの国も相手が対立を煽っているのだと非難する。自国領を描いたそれぞれの国の地図は相手国を刺激し、不法行為の証拠だと指摘されることも多い。

中国は自国の地政学的な利益を確保するために、積極的に地図を利用してきた。近年では、国家公認の南シナ海の海図に、いわゆる「九段線（時に十段線とも呼ばれる）」を描き入れ、中国の実効支配下にある広範囲の海域や島、海底を示すことが、よく行われている。この九段線は中国のすべての近隣国を動揺させてきた。ベトナムでは、2019年10月に、米中合作のアニメ映画『スノーベイビー』をめぐって、ソーシャルメディアが騒然とした。この映画自体は、チベットの山中で伝説の雪男に遭遇する中国人の少女イーとその友人たちを描いた、心温まる物語である。ただ、イーの家の壁に1枚の地図が貼られているのを映したあるシーンが、ベトナムの観客の目をとらえた。絵葉書や写真などの間に、物議を醸す九段線がちらりと見えたのだ。そのことが指摘されるや否や、ベトナム政府は上映中止を命じ、国中から同作のポスターが撤去された。

南シナ海は、中国が国境拡張のための技術的投資を行ってきたばかりではなく、それに匹敵する視覚的なキャンペーンを打ってきたことの、この上ない実例だ。たとえば中国の海洋主権を示す新たな地図を個々人のパスポートに載せたり、広報用の動画を活用したりして、中国がいかに自国の領土を守っているかを国民に周知した。フィリピンや台湾やマレーシアも、ベトナムと同様に、それぞれ独自の領海の主張や、資源への関心、戦略的ビジョンを持っているため、現在の状況に懸念を強めている。中国が領土支配と国境防衛を拡大する動因となっているのは、資源の潜在性と戦略的アクセスだ。2018年に、米国エネルギー情報局はこの海域の潜在的なエネルギー資源の推計を公表した。その中には5兆3800万立方メートル以上の天然ガスと110億バレルの原油が含まれていた。近隣諸国の重要なシーレーンであり、化石燃料を秘めた豊かな漁場でもある南シナ海の海洋国境線は、今後も論争や、場合によっては紛争の種となっていくだろう。

中国のメディアは、なぜこうしたすべてが国家の将来にとって重要なのかを国民に思い出させるのが得意だ。輸入される原油の8割が南シナ海を経由することを考えれば、人工島の建設も、保安パトロールも、第三者に対する監視も、全部が欠かせないのである。地図や宣伝用の動画だけではなく、掘削装置や漁船も国境文化を形成する活動の一翼を担っている。中国に不利な法的判断が下されても、状況が大きく変わるとは思われない。中国は軍事力と経済力を頼みに、共同で試掘プロジェクトを行うようベトナムやフィリピンなどの国々を説得したり、脅しをかけて各自の国の領海内でさえ何もさせないようにしたりしている。

フィリピンは、米国への隷属から脱したいという植民地時代以来の願望と、中国に土地や資源を奪われるのではないかという不安との間で板挟みになってきた。中国との力の不均衡を認めたフィリピンは、中国と協力することを選択し、同国に西フィリピン海（南シナ海のフィリピン名）での漁業を「許可する」と発表した。その結果、ロドリゴ・ドゥテルテ大統領は、フィリピンの水域内で漁を行っている中国船は彼の個人的な許可を得てそうしているのであり、フィリピンが国境の防衛をあきらめたわけではないのだということを、多大な時間と労力をかけて自国民に伝えなければならなくなった。彼は絶えず言葉のアクロバットを駆使して、中国船がフィリピン人漁師に嫌がらせをする事案を、繰り返し些事だと片付けてきた。その間にも、政府が他国に海洋資源の利用を許すことは憲法で禁じられているのではないかという議論は激しさを増しており、ドゥテルテは野党政治家から国の漁業権を手放すことはできないと言われている。

こうした米国やケニア、そして論争かまびすしい東アジアと東南アジアの海域の事例は、国境問題が多面的な含みを持つことを示している。国家の主権が安泰であることを国民に改めて保証する上で、世界中の大統領が国境への投資を利用する。しかし国土の隅というのは、緊張や弱点が露呈する場所だ。壁やフェンスを含む国境のインフラは高価だが、その有効性は均一ではない。守るべき領域に人や物が入ることを防ぎきった国境のフェンスや壁など、皆無に等しいのだ。大規模な国境プロジェクトは、しばしば現地のコミュニティや生態系を破壊すると判明し、地元の憤りを招く。海に目を転じれば、南シナ海などの海域が明らかにしているとおり、資源への期待とアクセス確保の必要性によって、地政学的緊張がかき立てられる。だが、ここでの教訓は明らかだ。大きな勝負をし続けるためには、そして政府が自信を維持するためには、世論が決定的に重要なのである。

「失われた領土」

世界中のどこの学校でも、地理と歴史はたいてい愛国的な理想に基づいて教えられてきた。子どもたちは自国の領土のことを教えられ、それぞれの国民国家の形成と発展についてさらに多くのことを学ぶ。特別な出来事や状況をきっかけに、愛国教育に新たな投資がなされることもある。１９８９年の天安門事件後、中国の共産党指導部は、自国が冷戦終結後の民主主義革命に巻き込まれないようにするために、公教育とナショナリズムにより一層力を入れた。国民は中国が直面している危険について改めて警告を受けた。その中にはインドと争っている国境地域に関するものもあったが、国際的な勢力が中国に屈辱を与えようとしているという、より概括的なものも多々あった。一方、隣国の日本の子どもたちは、かつて自国が朝鮮半島と満州を占領していた時代の激烈な遺産について、今もって教えられていない。

歴史の教育には必然的に地理が含まれ、その逆もまた真である。さて、子どもたちは、自国が他国を侵略・占領した過去の事跡を知るものだろうか？　日本では、学童が戦時中の歴史を学ぶことはない。では、子どもたちは、実は自分たちの国土が領土的に不完全な状態にあることを教えられるだろうか？　アルゼンチンの学童は、英国の帝国主義と「盗まれた」フォークランド諸島について学ぶ。そして最後に、子どもたちは祖父母の生地だったかもしれない場所について、より多くのことを知る機会を得るだろうか？　アルメニアでは、学童は「アルメニア人虐殺《ジェノサイド》」や、トルコとロシアの帝国に奪われた領土について学ぶ。これとはまったく対照的に、トルコの教科書では１９１５〜16年の大虐殺を「アルメニア人問題」と呼ぶ傾向が強く、ソ連とトルコによるアルメニア領の奪取についてはほとんど触れられない。「ジェノサイド」という言葉はどこにも使われておらず、子どもたちは、アルメニアがトルコの領土の保全を脅かし、金銭的な補償を求めるために「問題」を利用していると教えられている。トルコの国内にあるアルメニア人学校では、トルコの国民教育省が認可した教科書しか使用できない。国境教育は、端的に言えば、国家の安全保障の問題なのである。

私たちは、その国の公教育制度や、自国の地理や歴史に対する姿勢から、多くのことを学ぶことができる。19世紀にスペイン帝国の支配から脱し、新たに独立した国々は、遠方の土地を自国の領土に組み込んでいった。国家のエリートたちは国民に伝えるべき物語を持っていた。たとえばアルゼンチンでは、新たに書かれた歴史や地理の本が、並外れた武勇伝を語ったものだ。「我が国は南方と西方へ領土を広げ、パタゴニアなどの遠隔地を編入しつつある」と。アルゼンチンのいわゆる「砂漠の征服」は軍事作戦によって達せられた。米国と同様に、この国の領土拡大の枠組みは非常にご都合主義的だった。そこを「砂漠」と呼びさえすれば、無人の空間と開拓者精神についてのストーリーを紡ぎ出すことが可能だったのだ。だがそれは嘘だった。地図を作成し、測量し、占領したその土地が、まるで無人などではなかったという事実を隠蔽するためのものだった。それらの土地には、すでに先住民族のコミュニティが定住していたのだ。しかし新来の兵士や入植者が持ち込んだ感染症と混乱によって壊滅的な打撃を受け、先住民族のコミュニティは一掃されてしまった。

イタリアやスペインなどからの移民である新生アルゼンチンの市民に新たな歴史感覚や地理感覚を共有させることを熱望していたブエノスアイレスの中央政府は、国家が得たものと失ったものの双方についての「フェイクニュース」を流すことに満足していた。フォークランド諸島がその〝失われた〟領土となったのは、1830年代に英国が恒久的なプレゼンスを確立した時だ。それ以前には英国人、フランス人、スペイン人、アルゼンチン人のコミュニティが、そこに寄り集まって暮らしていた。ところが英国の占領後、アルゼンチンの子どもたちは、国土の中に〝盗まれた〟部分があると教えられ始めた。

1982年に英国との間で勃発したフォークランド紛争により、この教育的ドグマはさらに強化される。より近年になると、幼い子どもたちは、南大西洋の島々や南極大陸の一部までもが国土に含まれるのだと教わるようになった。子どもたちは早い段階から、国土の地図を描くことができたり、隣国であるチリやウルグアイとの境界線がどこにあるかを言えたりすることが期待される。すべての国民が東西のフォークランド島の略図を描けるべきだとされている。

1994年に改正されたアルゼンチン憲法は、同国が未確定の国境を持つ不完全な国家であることを、改めて国民に想起させた。「失われた領土」の回復は、国家の使命をまっとうするためには必要不可欠なのだ。だからといってフォークランド諸島をめぐる新たな紛争が避けられないということではないが、アルゼンチンの国境に教育的・文化的な欠損があることは明確にされている。アルゼンチンを訪れる人々は皆、地図や切手、公共のモニュメント、壁画、ポスターなどから、「ここは未確定の国境を持つ国だ」という基本的なメッセージを受け取ることだろう。

自国の領土や係争中の国境のことを極めて深刻に受け止めているのはアルゼンチンだけではない。領土の完全性を望む気持ちは、世界中の文化に根付いている。時には、それは単なる懐古趣味でしかない。国家や市民が、領土の境界線が大きく広がっていた「黄金時代」に思いを馳せるのはよくあることだ。アルゼンチンが南大西洋の「失われた」諸島に執着する一方で、別の国々は帝政期の過去や、単に国名に「大」という形容語がついていた時代を取り戻したがっている。

たとえばハンガリーでは、現代ハンガリーの公式な領域とは一致しない「大ハンガリー」(かつては「大アルメニア」も存在した)の地図を目にすることが珍しくない。1920年のトリアノン条約により、オーストリア・ハンガリー帝国のハンガリー部分は解体された。それ以降のハンガリー国境は再確定され、国土は元の面積のおよそ3分の1に縮小された。ハンガリーは内陸国となり、領土の多くが他国に割譲されたのだ。何百万人ものハンガリー人がルーマニアなどの国々に取り残された。

条約締結から100年が経過した今、ハンガリーの民族主義者たちは、「失われた領土」や消えやらぬ国民的な屈辱について語る。彼らは時に、ハンガリーの国営テレビがカルパチア盆地全域の天気図を映すことに賛意を示しさえもする。国営テレビがそうするのは、「天候は国境など斟酌しない」といった、完全に理解可能な理由かもしれない。気象条件は山脈、大陸の平原、大きな水域などの、より幅広い物理的な地形によっても左右される。しかし愛国者にとっては、そうしたすべては問題ではないのかもしれない。彼らは自国がかつてはるかに広大な領域を支配していたことや、将来またそうなるかもしれないということを思い出したいだけなのだ。

「日常のナショナリズム」から「熱いナショナリズム」へ

社会学者のマイケル・ビリッグは1995年の著書*Banal Nationalism*の中で、ナショナリズムは「センセーションズ・フォルテス（強い感情）」のみに属するものではないと述べている。彼の論じるところによれば、ナショナリズムにはもっと凡庸な、日常生活の一部としての側面があるのだ。彼は自説を展開するにあたり、全国放送で流れる日々の天気図を例に取った。天気図が特に目を引くのは、風の流れや降雨パターンが国際的な国境とはまるで無関係だからだ。「国の天気」について語るというのは1つのフィクションだが、視聴者や聴取者の心には響くだろう。たとえその天気図から、隣接した地域の天候まで知ることができたとしてもだ。

ビリッグが同書を書いたのはインターネットの黎明期であり、またBBCのような地上波テレビ局が支配的な時代だったことは思い返すに値する。年配の英国人視聴者ならご記憶だろうが、天気図はブリテン諸島にフォーカスが当てられていた。天気記号がアイルランド共和国や欧州大陸にまで表示されていた一方で、気温は英国内のものしか表示されなかった。当時の私にとって、それは国内的なものでもあれば国境を越えたものでもあるという天気の性質を理解するための妙法であるように思えた。

英国内でテレビを見ていた私は、ダブリン（アイルランド）は雨だと知ることができたし、その気温はベルファスト（北アイルランド）に近いものと推測することができた。

教室や日々の天気予報から離れても、国境が日常的な性格を持つことはいくつもの場面で体験される。たとえば私が思い出すのは、90年代半ばにベネズエラへの旅行から帰ってきた母が、同国の地図が描かれたふきんを見せてくれた時のことだ。子細に調べてみたところ、ベネズエラの国境線が延長され、ガイアナのかなりの領域を覆っている。この両国は積年の国境紛争を抱えてきた。ベネズエラは基本的に、自国の領土がエセキボ川の西側全域に及んでいると考えている。これが国際的に承認された新たな国境となった場合、ガイアナの面積は大幅に縮小されることになる。陸上の領土の3分の2が失われるばかりか、由々しきことに、その沖合の主権まで奪われてしまうのだ。ベネズエラの憲法には、この共和国が多数の行政区画から構成されると明言されており、公式の地図上には「ゾーン・オブ・リクラメーション（返還要求ゾーン）」という正式名称で呼ばれる地域が記載されている。ベネズエラの学童は低学年のうちから、大陸上の領土はベネズエラとガイアナの公式な国境線の向こうまで広がっているのだと教えられる。「ゾーン・オブ・リクラメーション（スペイン語名：グアヤナ・エセキバ）はベネズエラの領土であり、最終的にはボリバル州とデルタ・アマクロ州に再編入されるのだ」と。

この国境問題はガイアナが英国の植民地支配から独立した1966年以来、ふつふつとたぎり続けている。ガイアナもベネズエラも共に紛争の起源を論じ立てるが、それが1本の川をめぐるものである点に関しては意見が一致している。エセキボ川は、かつてスペイン、オランダ、英国の植民地貿易の大動脈だった。1899年に、パリの裁判所が、この川の流域を大英帝国に与えるという裁定を下した。その後、ベネズエラはこの判決の有効性に異議を唱えるが、1966年のジュネーブ協定によって、ガイアナ政府が支配権を得る。それでもベネズエラは「国土の東端部」となるこの地域の主権主張を引っ込めてはいない。私の母のふきんは、領土に対するこのような心情を表した好例だ。母がそれを購入したのは、まだ両国の論争がそれほど激化していなかった時期だった。

この地域の状況を変えたのは、原油と天然ガスの発見だった。「日常のナショナリズム（banal nationalism）」についての考察がなされ始めて20年、世界は今やデジタル化している。2015年、エクソンモービル社は、係争地の近辺で商業的に重要な原油と天然ガスの鉱床を発見したと発表した。ガイアナ政府がさらなる掘削に向けた認可を与えると、ベネズエラ側は激怒した。「日常のナショナリズム」が、突如「熱いナショナリズム」に変容したのだ。係争中の国境の向こう側では、ガイアナ市民がSNS上で、ベネズエラの犯罪組織や地元住民に対する冷酷な殺人行為についての話題を共有した。国境は、より一層の重要性を帯びることとなった。

最初の発見以降、エクソンモービルとそのパートナー企業は、さらなる調査結果を発表し続けており、日産75万バレルの原油が採掘可能だと主張している。ガイアナのような比較的貧しい国にとって、原油収入は大変革の原動力だ。国庫に数十億ドルが転がり込むことになる。ガイアナの人口は約80万人、国内総生産（GDP）は年間50～60億ドル前後と推定され、その多くはボーキサイトや金、砂糖の輸出から生み出されている。原油とガスによる収入は、最初の数年だけ見ても、この国のGDPを倍増させるかもしれない。

ベネズエラのニコラス・マドゥロ大統領は、ガイアナに対する民族主義的な感情を結集させることに元々熱心だったが、2015年にはエセキボ川西岸の奪還を担う事務所を設立した。そして元陸軍大佐のポンペイオ・トルレアルバ・リベロに、「ベネズエラに帰属する地理的空間を回復するためのプロセスをまとめあげる」努力を倍加させるよう指示した。それに続けて教育と広報のキャンペーンが実施され、併せて係争地域の住民に最大20万枚のベネズエラのIDカードを発行する計画が立てられた。

ここに紹介したふきんの話の教訓は、休眠状態にあったり、静かに煮立ったりしていた国境論争が、突然、はるかに爆発的なものに変貌する可能性があるということだ。ナショナリズムの火を焚きつけることに熱心な政治指導者は、機会を見逃すことなく対抗勢力に指を突きつけ、土地や資源を盗んだと告発するだろう。ガイアナのケースでは、トラブルの予兆がいくつか見られた。早いところでは2000年に、ガイアナとスリナムの間で海上の国境をめぐる衝突が起きている。そのきっかけは、ガイアナが探鉱装置を設置したことだった。2013年にはベネズエラの海軍艦艇と、ガイアナ政府がチャーターした地震観測船が衝突した。

最近の動きの中で興味深いのは、ベネズエラとの論争が存在するにもかかわらず、エクソンモービルほかの国際的なパートナー企業が、ガイアナに事業の継続を説得できたことだ。彼らの技術支援のおかげで、ガイアナは現在、沖合油田の発見では世界をリードしていると考えられている。

2019年、カタールの国営石油会社カタール・ペトロリアムとフランス企業のトタルは、ガイアナ沖で新たに沖合探鉱鉱区を取得した。同年7月29日付のツイートで、カタール・ペトロリアムはトタルの2つの鉱区のシェアの40％を得たと述べている。添付された地図にはその沖合の鉱区が図示され、ガイアナが支配権を持つ政府としてよく目立つように表示されていた。南米北部を描いたその地図に、ガイアナ以外の国名は記されていなかった。ガイアナの国境は明確に描かれているが、ベネズエラやスリナムとの国境紛争については一切言及されていない。言い換えるなら、係争中の国境の地政学はアウトソーシングされ、外国人投資家を含む第三者によって遂行されることが可能なのだ。ガイアナ政府はこのツイートを見ても特に不快には思わなかっただろうが、ベネズエラの政府はさぞ憤慨したに違いない。

長期的には、両国が衝突することは想像に難くない。負債と混乱を抱えたベネズエラは、ガイアナが係争中の海域の原油と天然ガスから利益を得るのを受け入れられなくなるだろう。国際司法裁判所は２０２０～21年のどこかで、この事案を審理することになっている。ガイアナがこの動きを歓迎してきた一方、ベネズエラはそうではなかった。２０２０年現在、米国はガイアナ寄りの立場を取っているが、ロシアが関与するかどうかは興味深いところだ。多額の負債を抱えるベネズエラは、２００９年に戦闘機や戦車の購入資金をモスクワから借りたが、その返済に苦しんでいる。その間、ベネズエラの石油生産は低迷し、国際的な債権者は取り立てに苦労してきた。ベネズエラはロシアだけでなく中国からも借金をしており、債務の総額は１０００億ドルを超える。幸いにしてロシアはベネズエラを地域の有用な同盟国と見なしており、従って米国の軍事力や政治力に対する防波堤として、ベネズエラを財政的に支援する意思がある。これらのことから米国がガイアナを支援する可能性がさらに高まり、ガイアナ政府はベネズエラから「国土の3分の2を返還せよ」と要求されてもはねつけられると、より一層自信を深めることだろう。

ここで明らかなのは、国境への意識やそれをめぐる対立は、ビジネス上の利害関係の変化、領土の拡大、地域の地政学的な力学、新たな資源の発見などといった雑多な理由で、強まったり弱まったりするということである。「争われている国境」という概念は、ほとんどの文化に共通だ。何より明白なのは、こうしたナショナリズムの表現が、常に日常的なものだとは限らないということ。歴史を通じて幾度となく見てきたように、それは暴力的にもなりえるし、紛争は際限なく続く可能性がある。次に挙げる2つの例は、我々の集合意識の中に特に強い影を落としている。

恒久的な国境紛争を生んだ分割

1947年8月の英領インドの分割は、恣意的に国境線が引かれた時にどんなことが起こるのかを、最も劇的かつ永続的な形で示した実例の1つだ。関係国間の深夜の妥協がもたらした変化は、その規模においても速度においても激烈だった。英領インドは、ヒンドゥー教徒が多数を占めるインドと、イスラム教徒が多数を占めるパキスタン（西パキスタンと東パキスタンから構成され、後者はバングラデシュと改名されて、70年代前半に独立）に二分された。分割の原因は論争やコミュニティ間の暴力、政治的緊張が絡んだ複雑なものだったが、その境界線は英国の役人、シリル・ラドクリフが率いる国境委員会の勧告に基づいていた。著名な学者で弁護士でもあったラドクリフは、インド独立法が可決された後に、この任を委ねられた。彼はそれまでインドに行ったことがなく、47年7月に、この仕事に取り組むために初めて現地に赴いたのだった。

ラドクリフの国境委員会は滑稽な過ちばかり犯したが、その遺産はとても笑えるようなものではなかった。現状に合わなくなった地図を使用したことといい、国境画定の実務を正式に学んだことのない人物が議長を務めていたことといい、この委員会はいかにも素人的だった。逆説的だが、英国は長らく、地図と測量を帝国支配に不可欠なものと見なしてきたのだ。『インド帝国地名辞典』の第26巻（地図帳）などは、そうした目的で使用された出版物の一例だった。

ラドクリフは弁護士だったが、もし彼が測量家や地図製作者としての訓練を受けた人物だったとしても、分割のプロセスがより良いものになっていたとは限らない。現地の実情に鑑みれば、分割が社会的な大惨事を招くことは避けられなかっただろう。インドの言語や宗教、コミュニティ間の関係は、当時も今も相当に多様なのだ。英国は「威厳ある退場」を切望していたが、過酷な世界大戦のために国家が疲弊し、破産状態となっていた時期だっただけに、ラドクリフは任務を完了させるまでの期間をわずか5週間しか与えられなかった。インドを去る時、ラドクリフは自分がパンジャブとベンガルに恐ろしい遺産を遺すことを承知していたことで知られている。彼は自らの評判が傷つくのを恐れ、私的な文書を破棄した。

1947年8月15日の午前零時をもって、分割が発効した。地図上の線は地上の線となり、大規模な暴動、移住、多大な人命の損失を引き起こした。独立したインドとパキスタンの新たな国境を越え、何百万人もの人々が一方の国からもう一方の国へと旅立った。イスラム教徒はパキスタンに移り、ヒンドゥー教徒やシーク教徒、その他の少数派はインドへと向かう。ラホールとアムリトサルは国境で隔てられた都市となった。分割の結果、どれだけの死者が出たかはわかっておらず、数十万人とも数百万人とも推定されている。レイプや殺人が横行し、病気の蔓延によって人々は一層苦しむこととなった。

パンジャブ地方やカシミール地方を含むインドとパキスタンのいくつかの地域は、激しい争いの的であり続けた。両国の間に最初の国境紛争が勃発したのは、分割後まもなくのことだ。インド民族運動の著名な指導者であるマハトマ・ガンジーは、イスラム社会に多くを与えすぎたと一部のヒンドゥー教民族主義者から非難され、1948年1月に暗殺された。難民の多くは、事態が落ち着いたところで父祖の地へ戻れると考えていたかもしれないが、それは誤りだった。金銭的な補償や賠償金が支払われることもなかった。

「1947パーティション・アーカイブ」は、分割の時代を生き延びた人々の証言を収集・整理している非営利団体だ。本職の歴史家および関心の高い市民が、インド系英国人作家のサルマン・ラシュディによって「真夜中の子どもたち」(*)という忘れがたき呼び名を与えられた人々の記憶を保存し続け

(*) サルマン・ラシュディ『真夜中の子供たち(上・下)』寺門泰彦訳、岩波文庫、2020年

ている。ラシュディはインドのナレンドラ・モディ首相について、またモディの言う「分割のやり残した仕事」(「国境の傷」を政府の内外の敵に対する攻撃の機会として利用するアイデンティティ政治を行うこと)について、世界中の読者に警告を発し続けている。1950年9月生まれのモディは、「真夜中の子どもたち」の中心世代なのだ。

同アーカイブにはインド―パキスタン間、インド―バングラデシュ間の国境を挟んだ数千の物語が記録され、保存されている。運営者らは1947年の分割を、世界最大の大量難民危機と呼ぶ。少なくとも1400万人が直接的な影響を被ったのだ。インタビューに応じた証言者のそれぞれが、移住と再定住の経緯を地図化した。2017年には分割後70周年の前夜を期して、多数の証言が公開された。思い出を語った生存者の多くは、1947年には幼い子どもだった。インドを拠点に活動する口承歴史家のアンチャル・マルホトラらは、被害を受けた人々の不信感に光を当ててきた。

インタビューを受けた人々が決まって口にするのは、最後は正気の沙汰ではなかったということだ。何が起こっているのか誰も理解していなかった。ある日インドにいたと思ったら、次の日にはそこがパキスタンと呼ばれ、出て行かなければならなくなった。誤ったことを伝えられたという感覚は相当大きかったと思う。

分割直後の数年間は、直感に反し、国境は越境者の往来に然るべく開放されていた。事情が変わり始めたのは、50年代に入り、分割によって生じた国境に対する態度が硬化し、あるいはそれをめぐる活動が激化してからだ。立ち退きと移住を管理するための当初計画は、関係する人々の数の多さと暴力の発生によって機能しなくなった。両国が自国の領土を防衛する準備を進めるに連れ、国境は軍事化された。帰属が激しく争われているカシミール（独立以前にはイスラム教徒が多数を占める藩王国だった）は、１９４７年の分割線で実際上、地域が二分された。それが両国の国際的な国境線となっていたわけだが、１９７２年のシムラー協定を経て、「管理ライン（ＬＯＣ）」に取って代わられた。

元来、数度の国境紛争後の停戦ラインだったＬＯＣは、事実上の国境だ。インドはその後、パキスタンの支援を受けた分離主義武装勢力からのテロ攻撃が懸念されるとして、ＬＯＣ沿いに長さ５５０キロメートルを超える防壁を建設した。この壁は90年代に着工され、最終的には２００４年に完成している。注目すべきは、インドが対テロ戦争のレトリックをいち早く取り入れ、自国がテロを企む敵に直面していると――米国やイスラエルと同様に――主張したことだ。これら３カ国はいずれも国境の壁と、それに関連した警備計画を採用し続けている。

分割によって生じた国境は、インドとパキスタンの間の緊張の源であり続けている。インドはパキスタンがカシミール分離主義者を手助けしていると、長きにわたって非難してきた。一方、カシミール分離主義者たちは、カシミールを再統一し、インドの治安部隊を排除したいと考えている。これは容易な注文ではないが、インドの軍事占領が強化されたことにより、近年、より声高に要求されるようになった。どちらの側にも、国境の侵犯や蹂躙にすぐさま反応する地政学的文化が広く普及している。

2019年2月、インドのジェット機がパキスタンの空域に侵入し、分離主義者の拠点と疑われるキャンプを攻撃すると、緊張が一気に高まった。これに先立ち、インド軍部隊への攻撃が加えられ、治安部隊員40名が死亡していた。モディ首相は極めて民族主義的であり、あらゆる国境の危機を、できる限り徹底的に利用しようとしているように見える。最近の国連の報告書から明らかになったのは、カシミールの人々が広範囲にわたる人権侵害に苦しんでおり、その多くにインドの治安部隊が関与しているということだった。

この分割によって生じた国境が将来の紛争の原因になることはないと楽観することは可能だろうか。答えはノーだ。インドとその同盟国は、パキスタンがテロリストと分離主義者をかくまい続けるだろうと確信しているし、インドのメディアはテロや資金洗浄に絡めて、パキスタンは信用できないと報道し続けている。彼らにとって、パキスタンの武装勢力は、インドに対する攻撃を企む者であり、またアフガニスタンへの地政学的影響力を保持しようとするインドとその同盟国の試みをことごとく妨害する者たちなのだ。それと同時に、インドはパキスタンが中国と結ぶ関係にも気をもんでいる。パキスタンは中国の野心的な――投資やインフラ整備のための戦略的資金を提供する――「一帯一路」構想から資金を得ており、中国とのより緊密な戦略的関係を志向する可能性が高い。

分割のトラウマはなおも続いている。停戦違反は日常茶飯事で、境界線上ではインドとパキスタンの部隊が互いに銃を撃ち合う事態が散発的に発生する。どちらの側も、おのおのが停戦違反と見なすものを数えたて、いわゆる「口径の拡大」（たとえば小火器の発砲から、迫撃砲による攻撃へ、そしてついには重砲による砲撃へと、侵犯がエスカレートすること）を監視しているのである。2019年前半の半年間に、インド政府は1500件以上の停戦違反を記録した。

国境の現実は、観光客が公認の検問所で目撃するであろうものとは大きく違う。住民の多くはカシミールが2つの国に分断されることを望んでおらず、国境地域が非武装化されることを願っている。ただその将来像は、それほど明確にはなっていない。独立か、インドとパキスタンによる恒久的な分割か、あるいは何らかの妥協がなされるのか。忘れてならないのは、中国もカシミール地方の一部を占領していることだ。ゆえに将来の結果は、この現実的かつ潜在的な国境紛争に、3つの核保有国が関与しているのだという認識にかかっている。現状では、インドがカシミールの最も大きな面積を掌握している。

この複雑な国境争議のさなかの2019年7月、米国のトランプ大統領は、インドのモディ首相から、パキスタンのイムラン・カーン首相との調停を依頼されたと表明した。だが、この主張はどちらの国からも否定された。インドがこの問題に関して、第三者を入れた調停に同意することは決してないだろう。そして中国がそうした提案に同意する可能性もほとんどない。私たちに言えるのは、この分割によって生じた国境が軍事的緊張を高めたり、戦争の火付け役となったりする力を持つということである。

確かに国境をまたぐ列車やバスの運行などの信頼醸成策が、折に触れて案出されるかもしれない。それでも双方がいわゆる「カートグラフィック・アンクサイエティ」（訳注：インド出身の政治学者サンカラン・クリシュナの造語で、逐語的には「地図の作り方が招く不安」という程度の意味合い。インドの社会が、自国の見解とは異なる記載を含んだ他国製の地図などに対して示す神経症的な反応のことを指す）にとらわれている現状では、妥協の成立は想像しづらい。

分割と「移動祝祭日」にも似た国境

インドの分割は、市井の人々が交戦国間の地政学的対立に巻き込まれていく確かな道筋を示していた。イスラエルとパレスチナの紛争は、それと同種の状況が見られるもう1つの実例として、大衆の意識をとらえ続けている。この地の国境紛争の重要性をいや増しているのが、係争地域の核心部にすっぽり収まったある都市の存在だ。ヨルダン川西岸の西の端にある分断都市エルサレムは、国境紛争がいかにイスラエルとパレスチナの日常生活や公共生活に影響を与えているかを雄弁に物語っている。

１９４８年のイスラエル建国以来、イスラエルとパレスチナは長く、悲惨な闘争を続けてきた。現在、パレスチナ自治政府は、ヨルダン川西岸とガザ地区を支配下に置いている。しかし西岸にはイスラエル人入植者も、国際法に照らして違法だと断じられているにもかかわらず、住み着いている。最大40万人のイスラエル人が西岸の土地を占拠し、さらに20万人が東エルサレムで暮らしているのである。西岸に住むパレスチナ人は２５０万人いるが、独立したパレスチナが将来的に存立しえるかどうかは、エルサレムの運命にかかる部分が大きい。

エルサレムは多民族的かつ宗教的な都市であるがゆえに、双方にとっての「発火点」となっている。イスラエルとパレスチナは、この都市をそれぞれの首都と考えている。2017年、米国のトランプ大統領は、在イスラエル米国大使館をテルアビブからエルサレムに移すと宣言した。ボリス・ジョンソン政権下の英国政府も移転を選択するのではないかという観測があり、オーストラリアも移転を表明している。これらはすべて、パレスチナを顧みずに、エルサレムに対するイスラエルの主張を是認するものだ。19年3月には、もう1つの紛争地域であるゴラン高原（シリアから奪取）が、トランプ大統領からイスラエル領と認められた。有力な第三者による承認は、分割の固定化された地理的状況をかき乱す可能性がある。「大イスラエル」のような政治用語は、政治地理学者が言うところの民族統一主義（歴史的な領土や望ましい領土を回復したいとする願望）をよく表現している。

パレスチナ人にとって、エルサレムの地位は存亡をかけた問題だ。東エルサレムは、将来の独立に向けたパレスチナ人の希望の中核となっている。なぜなら、そこはイスラエルと近隣諸国が1949年に休戦に至った時、ヨルダンの治世下に残されていたからだ。エルサレムはグリーンライン（地図上の境界線を示す用語。49年に行われたイスラエルと近隣諸国との休戦交渉中に、交渉担当者が緑色のインクを使用した）によって、パレスチナ側の東とイスラエル側の西に二分された。ここで言う境界線は、停戦や休戦を受けて引かれたものであり、その意味は国境とは異なる。より広い国際社会においては、エルサレムは2つの国家の間で合法的に分割された都市とは認められていないのだ。この境界線に変動が生じたのは、イスラエルが49年の休戦ラインを超えて支配地域を広げた67年のことだった。同年の六日戦争後、イスラエルはシナイ半島、ゴラン高原、ヨルダン川西岸を占領する。このうちシナイ半島は、イスラエルとエジプトの平和条約締結を経て、79年にエジプトに返還された。それ以降も、東エルサレムを首都にしようと熱望するパレスチナ自治政府の設立などを受け、領土の再調整が行われてきた。

2000年代に入ってからは、パレスチナを独立した国民国家として認めようとする種々の取り組みが、イスラエルとアラブの近隣諸国との間の多様な合意に絡めて行われてきた。忘れてならないのは、西岸や東エルサレムにおけるイスラエルの入植地建設が、国際法上、違法と見なされているということだ。そうした取り組みの中には、純然たる外交的、政治的な性格を持つものではないものもあった。2020年3月、パレスチナ自治政府は、ネットショップのアマゾンとその配送料に関して、ささやかながらも極めて重要な勝利を挙げている。その時点まで、パレスチナ人の顧客は、配送依頼書に「イスラエル」に住んでいると記載しなければ、配送料を支払わなければならなかったのだ（「イスラエル」を選択すれば無料で配送された）。パレスチナ領内の郵便サービスは、しばしばイスラエルの保安検査の影響を受け、長期の遅配を余儀なくされる。法的措置をとると脅された後、アマゾンは、西岸に住むイスラエル人とパレスチナ人の顧客を平等に扱うと宣言した。国連機関の万国郵便連合も、郵便サービスを利用しようとするパレスチナ市民が第三者によって妨害されてはならないことを再確認した。評価が決まるのは、しかし現実にどのような運営がなされるかを見てからになるだろう。それでも米国企業がこうして赤恥をかくはめになったことは注目に値する。

エルサレムの状況は、とりわけ解決の難しいものであることが証明されてきた。なぜならこの都市は、西岸に影響を及ぼす一連の込み入った領土分割にがんじがらめにされているからだ。イスラエルを批判する人々にとって、東エルサレムは、いかに境界線のインフラがパレスチナ人に対する物理的、行政的、軍事的、心理的な障壁を作るために利用されうるかの痛烈な実例となっている。「起訴状」に並ぶ罪状は長大だ。土地は併合されたし、市内では建築規制を含むイスラエルの計画法が優先されてきた。住宅はイスラエル人入植者によって建設され、イスラエル人入植者向けに販売された。エルサレムの人口構成がより確実にイスラエル人優位となるよう、都市の境界線は操作された。エルサレムを訪れた人々は、街の至るところにある3カ国語（英語、アラビア語、ヘブライ語）の看板と並んで、イスラエル国旗が増殖していることに衝撃を受けることだろう。

東エルサレムに住むパレスチナ人には「永住者」の地位が与えられてきたが、これは彼らがより人きな制限を受けることを意味する。彼らは東エルサレムの生まれではない家族のための永住権を確保することが許されておらず、それゆえに土地を購入したり相続したりすることが難しくなっている。何らかの理由でエルサレムを離れることを選んだ永住者は、永住権が更新されないリスクを負う。こうしたことの結果、イスラエルには、係争中の境界を利用して、自分たちの優位を固定化するための複雑でわかりにくいインフラを造りあげたという批判が向けられている。

最近では住宅の取り壊し問題が、パレスチナ人とイスラエル人の間に緊張をもたらすもう1つの原因となっている。イスラエルの最高裁判所は、建てられた位置がイスラエル側の防護壁に近すぎると判断された住宅を破壊する決定を支持した。パレスチナ人の住民は建設許可を取るまでに長々と待たされることになりやすく、そのために建物が合法か違法かをめぐって、市当局と住民との間に絶え間ない争いがある。日々の生活は、何が合法で何が違法なのか、どのようなものがイスラエル軍の「作戦保全」を脅かすほど距離が近いと判断されるのか、市内のどこに防護壁が造られるのかといった交渉事によって形作られることになる。

２０１９年７月に複数の住宅が取り壊された事例などは、防護壁のルート変更によって建設地の性格が変わったことから生じた悲劇だ。２００３年に壁を築く位置が変更され、それまでパレスチナ自治政府の管轄下にあった一角が、そこに取り込まれることとなった。住民たちは自治政府から合法的な建築許可を得ていたにもかかわらず、期せずしてイスラエル国防軍から「作戦保全上の理由により、居住用の建物は防護壁から少なくとも２５０メートル離すように」との要求を突きつけられた。

物議を醸す住宅破壊政策の最新例となったこの一件は、計画法や市当局、軍幹部、国境警備隊などを動員するイスラエル国家の力を鮮明に映し出している。状況を注視する国際機関などは、パレスチナ人の住宅を破壊することには批判的だ。国連人道問題調整事務所は、住宅の取り壊しや土地の没収、パレスチナ自治政府が所管する地域へのイスラエルの支配の拡大などを記録した地図を新たに作成した。防護壁の内側にとらわれたパレスチナ系住民は、この事実上の国境兼障壁の存在によって、今や自分たちは住居を再び破壊されたり、自治政府から孤立させられたりする脅威の下で暮らさざるをえなくなっているのだと、不平を漏らしてきた。

イスラエルによる東エルサレムの占領には反対の意見が表明されてきたが、この都市を国際的な支配下に置くことは、おそらくイスラエルも自治政府も賛同しないだろう。ベルリンやトリエステのような国際的な支配下に置かれた都市の歴史は、決して幸福なものではなかった。内部からの抵抗と外部への対抗意識が、初期の楽観論をすぐに損なってしまうのだ。トランプ政権が米国大使館をエルサレムに移転すると宣言したのは、1つには、この都市が2分割される可能性を排除するためだろう。しかしエルサレムの日常生活は、分断とは切っても切れない。旧市街には神殿の丘、嘆きの壁、聖墳墓教会、岩のドーム、アルアクサ・モスクなどの、地元や国家、世界にとって重要な宗教施設が集まっている。こうした宗教施設へのアクセスをめぐってこれまでにもたびたび緊張が高まってきたし、2019年7月にはイスラエル側がパレスチナ人居住区の下にトンネルを新設したことで、さらなる論争に火がついた。

イスラエルの非妥協的な国境観やインフラ建設計画は、近隣諸国との紛争の歴史に根ざしたものであると同時に、自分たちがあらゆる場所に係争中の国境を抱えているという戦略的な認識によって形作られている。たとえばレバノンとは海上の国境をめぐる論争が未解決のままだ。一方、ガザ地区との境界線沿いでは、航空機から除草剤を散布して農地や植生を破壊し、同地区を可能な限り見通しのきく状態に保とうとしている。航空機が飛ぶのはイスラエルの領内だが、除草剤の効果はパレスチナ人の農地にも及ぶのだ。

ロンドンを拠点とする調査機関「フォレンジック・アーキテクチャー」のエヤル・バイツマンらは、イスラエルとパレスチナの国境地帯の研究の最前線にいる。彼らはまた、衛星画像や実地の証言、位置情報追跡などを駆使して国境侵犯を調査する先駆的な作業も行ってきた。フォレンジック・アーキテクチャーのウェブサイトでは、動画やインタラクティブな地図を通じて、「征服して分断する」と表現される国家統制戦略の波及ぶりを追うことができる。フォレンジック・アーキテクチャーのこうした活動は、間接的に、エルサレムの地下空間や道路、建物、防護壁、下水システムなどのインフラが、いかに紛争の対象となりうるか、また実際になっているかを思い起こさせるものとなっている。国境は時として、一部の共同体が呼吸する空気や、腹に収める食物に影響を与えることもあるし、人々がどこでどのように生きるかに干渉することもあるのだ。「ボーダー・クリープ」（訳注：直接的には、ロシアの国境守備隊がジョージアとの境界フェンスを勝手にジョージア側に動かしてしまう行為などを指す。「終章」参照）は多くの人々にとっての現実だ。

係争の対象となったり、分断されたりする可能性があるのは、こうした神聖な都市だけとは限らない。都市人口がますます増加していく中で、都市は対立と緊張の発火点となるだろう。エルサレムにおいては、この町への入りやすさや、水などの不可欠な資源の入手しやすさといった点から、パレスチナ系住民にとっての分断の深さがうかがい知れる。エルサレムのみならず中東の全域で、これ以上人口が増えるようなら、より不快な真実が増大していくだろう。

国境は移動祝祭日（年ごとに日付の変わる祝祭日）に似たものになる。なぜなら、その分断は決して固定的なものではないからだ。対立するコミュニティを隔てる地上の線は、必ずしも完全に静的ではない。家族は越境や交易を続け、政治的な協力関係は前進したり後退したりする。優勢に立った側は、分割後や休戦後の優位を確実なものにしたいと願うかもしれないが、劣勢に立った側は遅延戦術や、現行の秩序のかく乱を選ぶだろう。ここに例示したイスラエルとパレスチナ、インドとパキスタンの四者は皆、グリーンラインないし管理ライン沿いでの違法行為と不誠実さを、相互に非難し合っている。

国境紛争の人的コスト

国境は時として圧政を敷く国家によっても承認されるが、その国境の両側にいる人々や共同体は、混乱と恐怖を抱えたままになる。たとえばミャンマー（旧ビルマ）に住むイスラム系少数民族のロヒンギャは、ミャンマー軍による弾圧と暴力の結果、数十万人が近隣諸国へと逃れた。悪意ある迫害を受け、タイやバングラデシュの難民キャンプに移ったのだ。２０１７年11月、バングラデシュとミャンマーが送還協定に合意し、それによって難民は国境のミャンマー側に戻ることとされた。だがロヒンギャの多くは帰還を望まなかった。それはミャンマー政府がロヒンギャのコミュニティを憲法上の保護を与えるべき民族集団として認めず、代わりに彼らを「ベンガリ」（ベンガル人の意。言い換えるなら外国人）と分類するつもりでいるからだ。逃避行を余儀なくされたこれらの人々は、苦痛に満ちた漂泊とトラウマの世界に取り残されている。19年12月、国際司法裁判所は、ミャンマーから力ずくで追い出された難民の運命に関する予備的な審理を開始した。法廷では、ミャンマー軍の手で行われた大量殺人やレイプ、ロヒンギャの村の焼き討ちなどの残虐行為を証する書類が提出される予定だ。

係争の対象となった国境は、不安と痛みに満ちている。国境は、「属する者」と「属さない者」を分けようとする民族主義者のイデオロギーや思想に、基盤と力を与える。ラジオ放送や新聞のコラム、架空のドラマ、SNSの投稿動画などが、毎日のように、国境の必要性や英知に関する情報と意見を私たちにぶつけてくる。これは大衆的《ポピュラー》な地政学、あるいはポピュリスト的な地政学とさえ言えるだろう。なぜなら公教育や市民教育の枠外で行われているからだ。国境の物語やテレビ放送はどの民族にも共通のものなので、世界中の視聴者が、たとえばウクライナ人不法移民の越境を阻もうとするポーランドの国境警備隊の苦闘のドラマを見ることができる（2014年製作の『ザ・ボーダー』）。こうした日々の実体験や架空のドラマから見てとれるのは、国境が、ある者に対しては機会を生み出し、別のある者に対しては生死に関わる危険をもたらすという単純な現実である。

けだし、国境紛争の政治的な意味合いは多岐にわたるが、私たちはそれが人間に及ぼす帰結のことを忘れてはなるまい。世界のどこかで国境線が引かれたり、引き直されたりすれば、必ずそれに巻き込まれる人々が出るのだ。英領インドの分割やパレスチナの例で見てきたように、国境紛争がうち続く中では、人の暮らしが激変し、命が失われることさえある。一方、それらとは別の形で人々が国境管理の強化に巻き込まれ、国境地帯の鮮烈な暮らしが良くも悪くも浮き彫りになるケースもある。

その一例が、国境がかつてなく軍事化・民営化された米国だ。米国自由人権協会（ACLU）が支持者に指摘しているとおり、連邦当局には国境の検問所や入国港で捜索や捜査を行う権限がある。この捜索・拘留権の効力は、他国との国境や、空港などの入国港から約160キロメートル離れた場所にまで及ぶ。「国境地帯」がかくも拡大されると、任務の終着点があいまいなものになりがちだ。その範囲にはロサンゼルスやニューヨーク、シカゴなどの大都市が含まれており、またフロリダなどの南部諸州は実質的に1つの大きな国境地帯を形成することになる。米国税関・国境警備局の職員は、そのゾーン内の船舶や車両に乗り込むことができるだけではなく、ルートを定めないパトロールや、戦術的検問所および恒久的検問所での検問を実施し、拘束した個人やグループの在留資格を確認することが可能だ。

この種の緊張感が最も強く感じられるのは、もちろん米国―メキシコ間の国境である。ここでは「ミニットマン・プロジェクト」(2004年結成)のような自警団が活動し、近隣監視型の国境ネットワークを維持することで、政府に圧力をかけ続けている。彼らを武装民兵と呼ぶ人々もいれば、愛国者と見る人々もいるだろう。最盛期には数千人の自発的参加者を擁したこの自警団は、連邦政府や州政府をおだてあげ、国境を守るためにさらに多くのことをさせようとし続けている。デジタルメディアは今や、国境のニュースを報じる主力だ。ミニットマンは議会のメンバーへのロビー活動を行い、軍事的プレゼンスの強化や、壁や検問所の増設、より厳格な移民法の制定、無許可の労働者に対する恩赦の停止などを要求している。また、国外のニュースメディアと協力し、自分たちの主義主張に対する注目度を高めようともしている。

ミニットマンが世論を扇動している間にも、テキサス州エルパソのような国境の町は成長を遂げつつある。この町はスペイン語圏であるラテンアメリカからの移民の密集地であり、昨今ではブラジルからの移民も記録的な数になった。ブラジルの若者たちは、中米の若者たちと同様、汚職や失業、犯罪組織がらみの暴力などを理由に、祖国を離れている。移民の数が増えるに連れて、反対派はそれを阻止するための行動をさらに要求するようになるだろう。

胸を揺さぶる越境者の記事は次第に見慣れたものになってきたが、そこには現代の時代精神が反映されている。要塞化された国境は、確かに越境を思いとどまらせる効果を持つかもしれないが、同時に冒険や犯罪行為を助長しもするのだ。シリアとアフガニスタンからの難民が異口同音に語るのは、戦禍に傷ついた環境を離れ、密航業者に金を払ってトルコまで運んでもらい、EUやギリシャの海事当局に発見されることだけを期待して頼りない船に乗った体験談だ。幸運に恵まれた人々は溺死や疲労による死を免れたものの、その後にサモス島などのギリシャの島々に到着したところで、自分たちの運命が安泰にはほど遠いことに気がついた。彼らは過密で設備も貧弱な難民キャンプに収容され、自らの法的地位が決定されるのを何カ月も待たなければならなかったのだ。キャンプでの生活については、「混沌とした」「安全ではない」「心身両面の健康を損なう」などの証言が相次いだ。

手をさしのべようとした人々が法的・政治的な闘争に巻き込まれる事例も、世界中で発生してきた。アリゾナ州に住む人道支援活動家のスコット・ウォーレンは、2018年1月に中米からの移民2名に食料と寝場所を提供したとして逮捕された。彼の抗弁は、人道支援を与えることを犯罪と見なすべきではないという明快なものだった。ウォーレンは数次の裁判に臨み、最終的には連邦裁判所の陪審員から無罪の評決を得る。彼が犯人隠匿と共謀の罪で有罪になっていたら、20年近く収監されていたことだろう。この裁判で明らかになったのは、検察側と弁護側が、国境というものをいかに違った目で見ていたかだ。ウォーレンの法律顧問が人道主義を強調したのに対し、国境警備隊員たちは国境のことを、「監視用の〝データポイント〟に対応して各人が〝責任を持つ領域〟」だと話した。

ウォーレンの事例は、感情と利害関係の複雑な網が国境に絡みついていることを示した。国境は壁やフェンスや監視システムのみを意味するものではなく、国境を成立させたり取り締まったりするための法制度や政治制度をも包含する。それ以上に、国境は基本的な人間同士の出会いを伴うものであり、世界中の政府が国境を封鎖し、移民を撃退しようと望む限り、今後もそうあり続けるだろう。移動しようとする人間の衝動は抑えようがない。そして気候変動のような地球規模の動因がある限り、移動の正義を守るための戦い（移動の管理に関連した、民族や人種、宗教、社会的背景による差別をやめさせること）がやむことはあるまい。

「誰がいつ、どこに移動するかを決めるのは、人類の中でも最も裕福かつ最も特権的な人々であるべきだ」といった主張に反発する人々は、世界中にますます増えていくだろう。新型コロナウイルス感染症のパンデミックのために「ロックダウン」や国境閉鎖が行われているさなかにあってさえ、超富裕層がプライベートジェット機を使って国外の別宅に飛ぼうとしたという驚くべき話が伝えられていた。悪名高い事例の1つが、2020年4月にプライベートジェット機に乗った国籍も様々な乗客の一団が、フランスのマルセイユ・プロバンス空港で拘束された一件だ。そこで待機していた3機のヘリコプターは、明らかに彼らをフレンチリビエラにある休日用の邸宅に運ぶためのものだった。フランスの警察は、出発地のロンドンに戻るよう彼らに命じた。

こうした超富裕層を筆頭に、国境紛争をうまく回避しうる人々が存在する一方で、その対極では、最も弱い立場の人々が逆風にさらされがちだ。ドイツを拠点とするＮＧＯの「シーウォッチ」は、地中海の公海上で行った人道支援の合法性をめぐり、イタリアをはじめとするＥＵ加盟国との法的論争に巻き込まれた。２０１９年12月、彼らはイタリアの裁判所で上訴審に勝利し、当局に押収されていた船「シーウォッチ３号」を、６カ月ぶりに取り戻した。この決定は大いにイタリア政府の不興を買い、ジュゼッペ・コンテ首相は、移民問題でイタリアが負わされる重荷に少なからぬ不満を表明している。続いて２０２０年１月、イタリアの最高裁判所は、地中海で移民の救助を実行したからといって同船の船長が逮捕されるべきではなかったとの判決を下した。

新型コロナウイルスのパンデミックによって、不法移民の上陸を阻止せんとする沿岸当局の欲求は間違いなく高まるだろう。公衆衛生対策に要するコストと手間が、受け入れ国にさらに重くのしかかるからだ。必死の思いで渡ってくる移民に対して何らの人道支援が約束されているわけではないのだが、それでも彼らの多くは、不安定な、もしくは危険な環境から逃れるためなら、命を賭す価値があると考えるのだ。

パンデミックが発生するまでは、国連難民高等弁務官事務所（ＵＮＨＣＲ）が「安全ではない」と宣言するリビアのような通過国が、おそらく私たちの関心の中心だった。そこで問題となるのは、「地中海のど真ん中で人道支援を提供し、その後に安全な入国港を探すのは違法行為になりうるのか？」だ。

ＥＵはそもそも、移民や難民をリビアから旅立たせないようにしようとしている。ＥＵ市民の公衆衛生を確保することと、国際的な人道上の要請が天秤にかけられることになるだろう。そして最後には、おそらく国境の審査が厳格化され、パンデミックの打撃を受けたイタリアやスペインなどの受け入れ国が、難民や移民の入国をより一層歓迎しなくなるだろう。

国境の人的コストを示す実例は、世界中のどこにでも見られる。その中には、国家がその地図上や地上の線の正当性を異論なく認めているケースも含まれているだろう。私たちが目の当たりにしているのは、国境をめぐる紛争や緊張が、人間の悲嘆と絶望を無数に生み出す力を持つということだ。人的コストに関して言えば、移民や難民は、自分たちの到着が目的地を管轄する当局から望まれていなかった場合に何が起こるのかを身をもって体験している。国家の機構が動き出し、純然たる軍事的な攻撃から法的・行政的な負荷に至る様々なやり方で、最も決意の固く、かつ機知に富んだ人々以外の全員を、ただただ粉砕してしまうのである。

他方には、公海上や、国境線の間に乗りだし、人道支援を提供しようとする個人や組織の例がある。彼らがそれを行うことは、それ自体が、移民の気をくじいたり、追い返したりすることを望む人々への反撃なのだ。そうした両者の中間には、移民を焚きつけ、駆り立て、暴利を得ようと狙う有象無象が存在する。

新たな国境と海の争奪戦

今はまだ陸上の国境の壁やフェンス、あるいは海上における移民と海軍との衝突にすべての注目が集まってはいるが、次世代の国境警備や監視は、段階的に世界の海洋の水面下で行われるようになっていくだろう。第3章でさらに詳しく述べるつもりだが、国際的な海事法や条約は、世界の海洋を性質の異なるゾーンに分割する枠組みを提供している。海面においては、それが意味するのは、各国の沿岸警備隊や海軍が領海をパトロールし、原油と天然ガスの探査や漁業などの活動を監督するということだ。

ただ、法的な枠組みというものは、海洋温暖化などがもたらす変化や、そこから生じる課題に、必ずしも追いついていくことはできない。海洋温暖化の例に即して言えば、紛争は高い確率で発生するだろう。というのも地域の漁民たちが既存の漁場の代わりを求めて海上の国境を越えたり、各国の政府同士が相手方の怠慢のために海洋の酸性化や乱獲、環境悪化が起きていると非難し合ったりするようになるからである。

海面下で起こることは、今以上に見通しづらくなる。冷戦時代には、米ソの原子力潜水艦がスパイ活動のために互いの領海に入るのは普通のことだった。世界はしかし、トム・クランシーの『レッド・オクトーバーを追え』（1984年に出版され、90年に映画化された）に描かれた時代から進歩し続けている。

目新しい技術によって、かつては隔絶していた海面下の空間が、アクセスも活用もしやすくなっていくだろう。

世界の海底はグローバルな通信ネットワークに欠かせない。ケーブルは海底に横たわり、海岸線の近くでは、船舶や錨に引っかけられるのを防ぐため、地中に埋設されている。大陸間のデータトラフィックの95％が、海底に敷かれた400本近くのケーブルを経由しているのである。中国は「華為海洋網絡（ファーウェイ・マリン・ネットワークス）」社を通じて、海底ケーブルの主要なプロバイダーになりつつある。海底ケーブルは、あらゆる国家やグーグルなどの関係企業から重要なインフラと見なされているが、人的・物理的なダメージを被りやすい。海底の送電線や通信ケーブルを偶発的な損傷（台風など）や破壊活動（ダイバーによるケーブル切断など）から守ることは、沿岸国にとっても、より広い国際社会にとっても、極めて重要なことである。

太平洋は論争の主戦場の1つになるだろう。ここには中国や米国のような大国に匹敵する能力を持つことなど及びもつかない、小さな島嶼国がひしめいている。海域の大部分が国際水域と見なされる太平洋は、利得や介入の機会を大国に与えている。海岸線から200海里（約370キロメートル）までの排他的経済水域と呼ばれる領域を超えると、その先は国際水域となり、沿岸国の主権は及ばなくなる。海中の国境を守ることは難しい上に費用もかかり、海面上昇という独自の存亡の危機も抱えた小さな島嶼国にとっては、能力の埒外だ。一方、より大きく豊かな国々は、新世代の水中センサーや、遠隔操作技術とドローンの進歩などにより、行動能力を大幅に向上させつつある。伝統的に、モルディブのような小国が腐心してきたのは、排他的経済水域内での漁業権益を守ることだった。海底の資源を開発できるかどうかは、第三者の関与にかかっていた。

現在起きているのは、米国と中国の技術的な「軍拡競争」である。中国の水中技術力は国外のサプライヤーに依存していない。「天津深之藍海洋設備科技有限公司」などの新興企業は、「メイド・イン・チャイナ2025」を旗印にした技術力の国産化戦略の一環として、政府から積極的な支援を与えられている。

中国が新たに手がけている事業の1つに、音響特性が極めて低いとされる新世代の水中グライダーを用いた野心的な計画がある。この水中グライダーは長さ約2メートルの小型のもので、機動性が高く、水中の環境をマッピングしたり測量したりする能力を持つ。現在も、非常にデリケートな問題を抱えた、たとえばフィリピンと台湾の間のルソン海峡などで活動中だ。海上には船舶が行き交い、海底には通信ケーブルが敷設された重要な海の回廊だが、フィリピンなどの国々には、中国の海洋支配に対抗する術はない。

西側の軍事アナリストたちは「海の万里の長城」について論じ、次世代の自律型水中ロボット（AUV）によって、中国が南シナ海をはじめとする世界の係争海域での到達深度と到達範囲を拡大するだろうと示唆してきた。これまでの報告によれば、AUVは深度の非常に大きな場所で活動でき、資源探査や海底の鉱物採取、海中監視などができるように設計されている。中国の漁民の網に水中ドローンがかかった時には、最大1万米ドル相当の報奨金と引き替えに、警察や沿岸警備当局にそれを引き渡すことが促された。報道によれば、捕獲された装置には、船の動きに関する情報を収集したり、潜水艦を探知したりする能力があったという。国営の新華社通信は、中国をスパイする入念な計画だと、敵対する国々を非難した。どの国のドローンであったのかは直接的には明かされなかったが、最も可能性が高いのは日本、台湾、米国の3カ国だろう。

西太平洋も将来、緊張の高まる海域となりそうだ。２０１９年7月、米海軍が93万個以上のソナーブイを建造・納入させる10億ドルの契約を、2社の電子企業と結んだことが明らかになった。このブイは他国の潜水艦艇を探知するだけではなく、音声情報を米国の潜水艦や船に送信するよう設計される。探知システムは米国沿岸や外洋での使用に合わせて開発が進められている。ソナーブイは空中投下式で、使い捨てになる見込みだ。今後の国防計画者にとっての課題は、監視活動や情報収集活動を行う水中ドローンのネットワークを支えに、超静音な潜水艦を探知する能力を迅速に手にすることだろう。基礎となる技術は以前から存在していたが、驚くべきは、ロシアや中国、インドが海軍力の近代化と拡張を進めた近年になって、需要が急増したことである。

今後は中国と米国が水中ドローン戦争に突入することも考えられないことではない。どちらの国も世界の海の将来にわたる覇権をかけて、徹底的に戦うだろう。国際法では、第三国が他国の排他的経済水域内で活動することは、その相手国が独自の活動を行う権利を阻害しない限り、認められている。地政学的なドラマや演技が行われる余地が十分にあるわけだ。係争海域では、中傷合戦の機会が格段に増えていく。２０１６年12月に中国が南シナ海で米国の水中ドローンを拿捕したことは、来《きた》るべき時代の予兆かもしれない。ドローンが捕獲されたのは、米国がそれを使って海上および海中の中国艦艇の活動を探っているのではないかと、中国が不安視したからだった。また、台湾の総統と電話会談したトランプ次期大統領（当時）を、牽制する意図もあったかもしれない。台湾を自国の領土の一部と主張する中国にとって、トランプのその外交上の動きは挑発的に見えたはずだ。動機が何であれ、中国と米国が利益になると判断した係争海域においては、ドローン戦争のみならず、海底採掘プロジェクトの競い合いが見られてもおかしくはない。

第3章で詳述するとおり、新たな海中資源の争奪戦が勃発することは必定だ。各大国が――そして、もしかすると非国家的な主体もそこに加わり――水中ドローンと無人艇を駆使して海中の重要なインフラを破壊し、同時に深海の鉱物資源を探索するといった悪夢のようなシナリオも想定される。深海の通信ケーブルを修復するには多額の費用がかかり、関係するコミュニティへの影響は絶大だ。

この第1章では、国境問題を探究しようとすれば、多様な研究分野を探究することになることを実証しようとしてきた。まずはフェンスや壁や検問所から説き起こし、最後は水中ドローンと海底での新たな資源争奪戦で締めくくった。人類史上には、脅威と見られるものから身を守るためだけではなく、国土の領域や共同体のアイデンティティを画するために造られた国境や障壁の例があまたあり、国境が地理的・文化的な密封材として機能しうることを示している。国境は陸と海とを貫いているが、そのルートは――ベネディクト・アンダーソンが著した『想像の共同体』(*)（1983年）の記述を借りれば――ある国家とその市民がいかなる〝想像の共同体〟として位置づけられるかを規定する。世界各国の公教育とメディアは、こうした国境の枠組みを意識させるのに手を貸したり、不公正感や被害者意識をかき立てるのに一役買ったりしているのだ。国土の分断や国境紛争の現実を経験している人々にとって、そうした境界線は、日常生活や将来の可能性を左右する重要な存在である。国境をめぐって無数の命が失われてきたし、国境に守られるのではなく、それに縛られてきた多くの人々にとっては、越境することが、その地域から逃れるための最後の望みとなっている場合もある。

さて、国境研究の幅広い領域を概観したところで、次は現実の世界がいかに形を変えつつあるのか、また、それによって私たちの国境の複雑さがいかにいや増しているのか――そして今後もいや増し続けるのか――に目を向けてみよう。

(＊)ベネディクト・アンダーソン『想像の共同体：ナショナリズムの起源と流行』白石さや・白石隆訳、ＮＴＴ出版、１９９７年

第2章

動く国境

2005年6月19日、パキスタン陸軍の兵士たちが、同国の北方地域に属するとされるシアチェン氷河の前方監視所（標高5686メートル）から、安全確保用のロープをつたって司令基地へと下山する。シアチェン氷河をめぐっては、インドとの間で激しい領有権争いがある。

天然の境界線

地図の作成や測量、あるいは国家や帝国の国境確定の任に当たる人々にとって、山岳地帯は掌握しづらく、いらだちを誘うものだった。たとえば英領インドにおいても、複雑な山岳地帯の地図の作成と測量、基準点の設置に何年もかかっている。大英帝国がこれを遂行した目的は、測量作業の便のためだけではなく、帝国の主権の物理的な記念物とするために、地上に境界標や三角点を残すことだった。インドの「大三角測量」は１８０２年に開始され、１８７１年に終了した。何百人もの人々がその公式な測量に携わったものの、70年に及ぶ労苦を経てもなお、それは完全なものとはならなかった。

トーマス・ホルディッチ卿（１８４３〜１９２９）のような測量家のキャリアをたどると、国境の画定を委ねられた者たちの苦難と辛苦をうかがい知ることができる。１８９２〜98年に英領インドの辺境調査の責任者を務めたホルディッチは、その後、インドやアフガニスタン、ペルシャ（現在のイラン）、アルゼンチン、チリなどの高地の環境で仕事をした。各所の境界画定委員会に籍を置いたが、中でも注目されるのは、アルゼンチンとチリの両政府から、アンデスの山々と氷河に沿った国境問題の解決を委ねられたことだ。著書の*Political Frontiers and Boundary Making*（１９１６年）に、彼はこう記している。

境界線は文明の発展に伴う必然の産物である。それらは人間の発明品であって、必ずしも自然界の意向には支えられていない。それゆえに境界線が確固たる価値を持つのは、侵犯や侵害を防ぐに足るだけ強く、堅固に構築できた場合に限られる。

測量家がいかなる決定を下すにせよ、国境は防衛が可能なものでなければならないと、ホルディッチは信じていた。それをし損じると、将来争議の種となる確率が非常に高まるのだ。山脈は、インド北部とアフガニスタンなどの隣国との境界を定める「天然の国境」になると、ホルディッチは考えた。前述の著書で論じたように、ヒマラヤ山脈はその典型だった。

ヒマラヤ山脈は、この世界で最も優れた天然の境界線と障壁の組み合わせだ。他の追随を許さない。その全長の多くの部分はヒマラヤワシでもなければたどれまい。それは広大な雪原と、氷に閉ざされた峰々からなる、永遠の静寂の中に横たわる。(中略)人はその時、かくも印象的かつ驚嘆すべき辺境に、これほどの天与の境界線がしつらえられた例は絶無であることに気づくだろう。

詳しい地図や測量データも、明確な境界線もない状況下では、山脈が天然の境界標になるのではないかという考えは魅力的なものだった。

だが、19世紀から20世紀初頭にかけての測量家や地図製作者らが、公刊・未公刊の記録でたびたび明らかにしているとおり、標高の高い山地の環境では、人間の身体能力や装備の科学的性能がぎりぎりまで試された。ホルディッチが言及したワシなどとは違って、彼らが山脈や氷河の上空に浮かぶ手立てはなかったのだ。航空測量はホルディッチの晩年に当たる１９２０年代後半に登場した。それでも標高の高い環境下での飛行は滅多にすんなりとはいかず、荒れた天候や垂れ込めた雲によって「空からの眺め」が損なわれることもあった。基本的に、地図上に国境線を引くには大変な重労働が伴ったのだ。三角点を設置し、境界標や境界柱を立て、本部に戻る帰途にも測量したデータが失われることのないよう重々留意しなければならなかった。

植民地が独立し、国境での作業がより一層の重要性を帯びる時代になると、地理学者リチャード・ハーツホーンは「地理学の本質」と題した論文（１９３９年）の中で、ある重要な問いを投げかけた。

ならば我々は、何に基づき本質的に複雑で不可分な世界を分割しうるだろうか。１つ明らかなのは、どんな単純な解決法も疑ってかかれるということである。我々は唯一の真の分割法を探しているのではない。なぜなら、そんなものはないかもしれないのだから。そうではなく、ある程度、適切な方法を探しているのである。

80年後の今、この問いの前提に同意しない境界や国境の専門家はほとんどいないだろう。それは技術的、法的、政治的な仕事を通して、長年の間に答えが出されてきたことだ。

国際的な国境を確立することを熱望した多くの国々が、山脈をはじめとする天然の境界線に頼ることは理にかなっていた。だがそれは、人間のプレゼンスや、人間が地形に与える影響が、比較的小さかった時代を映してもいた。今日では山脈と、氷河や雪解け水の形でそこに含まれる資源は、国家の安全保障に不可欠であると広く認識されている。また、水の供給と水力発電は、領内に山岳地帯を抱える多くの国々にとって死活的に重要だ。しかし氷河の退縮はこれらすべてを危険にさらし、同時に鉄砲水や地滑り、雪崩などの発生しやすい地形を造ってきた。泥流によって水関連のインフラが破壊されるかもしれないし、ひいては下流に位置する地域社会への水供給にも影響が出かねない。氷河からの水の供給に直接依存する人々が、世界全体では約20億人もいるだけに、その意味するところは深刻だ。地形は物理的に変動しており、かつては固定されていたものが、今や論争と潜在的な紛争の種になっている。

高地の分割

国境の画定（demarcation）と確定（delimitation）が、理論的にも実際的にも最も厳しい圧力にさらされるのは、えてして世界の最も辺境の地域においてである。ここで言う国境の「画定」とは、境界標や境界柱、草木を刈り払った帯状の土地などによって地上に物理的な境界線を刻むこと――つまりは19世紀に英国がインド亜大陸でしていたようなこと――を意味する技術用語だ。一方、国境の「確定」

とは、法的拘束力を伴って境界線を記述することで、条約や地図、地理的座標などを介して表現される。国境が正式に承認されるかどうかは、画定された境界線と、確定された境界線が互いに一致しているかどうかに依存する。

画定が確定を可能にし、その逆もまた真である。従って、山岳地帯に共通する問題点の1つは、国境条約や協定には確定に関する詳細が記載されているにもかかわらず、往々にして地上レベルの画定が行われていないことにある。位置関係の論争が多発しているのである。境界画定をめぐる衝突や、地滑り、氷河の融解、夏でも解けない雪原の消失といった景観の変化の結果として、偶発的なノーマンズランドが出現する。緊迫度の高い地域では、激しくはなくても、息の長い闘争の起こる可能性が高まる。実際、パキスタンとアフガニスタンの間に位置する、境界線の画定があまり厳密に行われていないチアティボ氷河地域では、パキスタン陸軍がアルカイダとタリバンの混成軍と戦い続けている。

山岳地域の境界確定を任された人々にとって、天然の分水界を利用することはしばしば理にかなったことだった。分水界とはある山に降った雪や雨を集めるエリアのことで、その境界は一般に分水嶺（一方の斜面と反対側の斜面の分水界を分かつ隆起や丘）と呼ばれる。分水嶺は集水域（その範囲内の水や氷が1つの同じ河川系などに流入するエリア）を区分けし、同定する。しかし雪原や氷河があると、国境線を引く作業が複雑化しかねない。稜線や氷河は時に現れ、時に消える。自然の分水界が大きく形を変えることで、以前は隠されていた尾根があらわになったり、新たな国境画定の機会がもたらされたりすることもあるだろう。各国は国境が「動いた」と判断し、他国が領土や資源に関して何らかの優位の獲得を狙うのではないかと案じるかもしれない。

そうした高地に埋もれているものをめぐって、ちょっとした波風が立つこともある。1991年9月、2人のドイツ人観光客が、およそ5000年前に生きていたとされる、注目すべき男性の遺骸を発見した。イタリアとオーストリアの国境に位置するエッツタール・アルプスで発見されたことから、その遺骸には「エッツィ」という呼び名が与えられ、氷中から取り出されて、オーストリアのインスブルックに運ばれた。だが、遺骸の発見場所が論争を招くことになる。その近辺では、両国の国境線はイン川とエッチュ川（イタリア名はアディジェ川）の分水界をもって規定されていた。事態を厄介にしたのは、1918年の条約締結後に、氷河の退縮によって境界線の位置がずれてしまっていたことだ。その遺骸は、実際には国境線よりも90メートルほどイタリア側にあったことが、後になって確認された。若干の法廷論争の末に、イタリアの南チロル地方の州が首尾良くエッツィを確保した。ミイラ化したその遺骸は現在、ボルツァーノの考古学博物館に展示されている。

地球温暖化の影響で世界中の氷河や氷原が退縮する今、高地の環境における変化の規模と速度は、トーマス・ホルディッチのような測量家が想像もしなかったはずの方法でチェックされている。彼は山々の上空を舞うワシのことを記述した。しかし、そのワシの目が航空測量に、また、さらに後には衛星写真に取って代わられるなどとは、相当なイマジネーションの飛躍がなければ考えつかないだろう。冷戦期に誕生した米国の衛星画像技術を利用して、研究者たちは今、ヒマラヤの約600の氷河が、2000年前後に比べて、2倍の速さで解けていることを示している。氷河が退縮するに連れて、露出した地面は植物に覆われ、山肌は白色から緑色へと変わる。それと同時に、世界の各国が、最も辺境にある領土の長期的な安全保障を案じることになる。

自然環境が変化しているならば、それを分かつ国境もまた変化していくだろう。結果として、氷河の融解や退縮は、手中の優位を敵国に崩されるのではないかという長年の懸念を解消することにほとんど貢献しなかった。シアチェン氷河という高地の環境でインドとパキスタンの兵士が経験してきたことは、国境の移動を妨げることにどれほどの人的なコストがかかるかの例証だ。大規模な雪崩をはじめとする寒冷な高地の自然条件にさらされ、多くの軍人が命を落としてきた。

国境のにらみ合い

周囲より高くなった場所は戦略的に有利だと長らく認識されてきた。高所に立てば、状況認識がしやすくなるだけではなく、アクセスや、人と物の動きを支配する可能性が得られるからだ。しかし世界の山岳地帯においては、寒さや暗さ、あるいは人体や機器などに累積する高所の影響などといった悪条件を考慮に入れなければならないため、上記の利点は必ずしも明白ではなくなる。登山家は海抜8000メートル以上の領域を「死のゾーン」と呼ぶが、それだけの高みに到達する前から、寒さと酸素の薄い空気の影響で、活力は吸い取られていくのだ。こうした点を踏まえれば、1984年4月にシアチェン氷河というアクセス不能の高地の支配権を掌握したインド軍の決断は、実に驚くべきものだったかもしれない。

カラコルム山脈に位置するシアチェン氷河は、世界で最も高所にある戦場だ。その全長は80キロメートルに近く、インディラ・コルと呼ばれる海抜約5700メートルの最高地点から、段階的に3600メートル付近まで下っている。この地域の地理的な重要性を最初に認識したのは、20世紀初頭の大英帝国の測量家たちだった。シアチェン氷河の最高地点は、英領インドの北部と現在の中国南部の境界だと見なされた。実際のところ、当時の英国の役人たちは、自分たちの地図作成の努力に報いるために、山地や河川水系の支配権を自らに「与える」ような境界線を設定したつもりでいた。

インド軍は30年以上にわたって、この氷河を占領してきた。なぜならそれが中国との国境近くに位置しているからであり、また管理ライン（LOC）のNJ9842という標識の北方にあるからだ。この地点は、インドとパキスタンが1972年のシムラー協定で合意したLOCの、最後の画定箇所であるという点で重要だ。両国は60年代に国境で小競り合いを起こしたり、71年に印パ戦争を戦ったりしていたが、この協定によって停戦ラインを定めた。シアチェン氷河は、あまりに遠隔でアクセス不能だと考えられていたため、LOCの画定には含められなかった。LOCは単に「そこから氷河に向けて北に」延びるとされているのみだ。その後の最初の10年間（72～82年）を通じ、特にインドはNJ9842の北の「停戦ライン」を過度に案じることはなかった。シアチェン氷河とサルトロ山地はノーマンズランドであり、氷河は踏破不能の地理的な障壁だと単純に考えられていたのだ。

1970年代後半、あるドイツ人登山家と1枚の地図、そして山岳戦闘学校の責任者を務めていたインドの陸軍大佐との偶然の出会いによって、そのすべてが一変することになる。その登山家が持っていた米国製のカシミール北部の地図を調べたナレンドラ・クマール大佐は、他国の地図製作者がインドとパキスタンの間の停戦ラインを、自分が考えていたよりもかなり東に置いていることに気づいた。彼に――そして後にはインド政府に――警戒心を抱かせたのは、72年の協定には規定されていなかった1本の線が、その地図上に引かれていたことだった。この間に合わせの領土画定行為においては、パキスタンが「勝者」であるかのように見える。LOCをカラコルム峠まで延長することが、いつの間にか世界のほかの国々では、地図を作成する際の習いになっていたのだ。この誰もが入手可能な地図のもたらす帰結を恐れ、クマールの上官たちは、パキスタンがLOCの北方の領有権を主張していないことを確認するために、遠征隊を出すよう命じた。

欧州の登山家や観光客がインドの当局に手持ちの地図を調べられたという話はほかにもあり、それによってインドとパキスタンの国境がいかにして確認されていったかの「証拠の痕跡」が作られることにもなった。それらの地図が伝えるメッセージもやはり、インドの地政学的・戦略的利益には資さないものだった。インドとパキスタンが出版する地図に、それぞれの領土が自分たちに都合良く描かれていることは珍しくなかった。しかし米国製の地図は影響力のある第三者が作成したものだっただけに、特に警戒心を誘った。冷戦時代、パキスタンは米国の親密な同盟国だった。当時は中国とパキスタンも、シアチェン氷河地域の一角を含むカラコルム峠沿いの国境に関して、互いに協定を結んでいた。両国は1963年に合意に至っており、中国はパキスタンを事実上の支配権者として扱っていた。協定の文中では、一連の山頂や峠の名をもって国境線が確定されていたのみならず、その領域の主権はパキスタンにあるものとされていたのだ。紛争のメカニズムと支配の当事者が明示されていたのだから、その影響は重大だった。

この偶然の出会いは、登山家とその遠征行の地政学的な重要性を浮き彫りにした。地政学の分析家は、山を表すギリシャ語の「オロス」と、「ポリティクス（政治学）」の合成語である「オロ・ポリティクス」という言葉をよく使う。これを造語したインドの山岳史家のジョイディープ・シルカーは、1982年に、登山が戦略的な目的で利用されていると警鐘を鳴らした。カルカッタ（現コルカタ）の『テレグラフ』紙に書いた記事の中で、「山岳遠征と高地の地図が、カシミール北部のLOCをずらすために利用されている」と警戒を促したのだ。登山の遠征が実施できるかどうかは、外国人登山家に許可を出すアフガニスタン、インド、中国、ネパール、パキスタンの地元当局次第だった。それを行うことで、彼らは紛争地域に対してある種の主権を行使していた。そうした遠征隊は多くの場合、多国籍であり、従ってほかの国々が暗黙のうちに、激しい係争地域かもしれない山地の通行を、他国民に許可する形になっていた。一方で、英国がエベレスト山（19世紀のインド大三角測量の責任者の1人だった測量家、ジョージ・エベレスト卿にちなんで命名）の登頂で実証したとおり、登山は国家の誇りを表現するためにも欠かせなかった。

インド側からすれば、何より警戒すべきはパキスタンが認可する山岳遠征だった。パキスタンは、外国人登山家に地政学的な仕事をさせたほうが、安上がりで、かつ場合によっては効果的だと考えていた。70年代には6000メートル級以上の山の登頂を計画する人々のために「登山料」を引き下げ、山岳遠征をさらに奨励することさえしている。登山家たちがシアチェン氷河をはじめとする係争中の山岳地帯の一角に登るたびに、インドは、その氷河に覆われた環境がパキスタンの支配下に落ちたと第三者から思われるのではないかと気をもんだ。LOCを北に延ばしたラインが、事実上の国境になる恐れがあった。

1978年、クマール大佐が指揮するインド陸軍の一隊は――民間人を装って――遠征に乗り出すよう命じられた。クマールは捨てられていたゴミを引き合いに出し、それ以前から登山が行われていた証拠には事欠かなかったと述べている。3年後、彼は氷河の広範な調査を実施するよう命じられた。その遠征に憤慨したパキスタンは異議を申し立て、シアチェン氷河に近づかないようインドに警告した。一方、クマールは遠征での見聞を山岳雑誌に発表。この種の専門家向け出版物は、地政学的な影響力を振るうためのもう1つの方策となった。

1980年代前半までに、NJ9842以北のLOCは、外国人登山者のような代理人に任せておくにはあまりにも重要すぎるということが、双方にとって明白になっていた。インドとパキスタンは、ロンドンの同じ山岳衣料品店で装備をそろえ、行動の準備を整えた。クマールの回想によれば、インドは迅速な行動が必要であると判断し、84年に別の軍事遠征隊をシアチェン氷河に派遣している。このメグドゥート作戦では、陸軍のヘリコプターを使用して、前方作戦部隊を配備した。彼らはシアチェン氷河と要衝のサルトロ尾根を占拠し、基地を設営。パキスタン軍も反抗を仕掛けたが、インド軍は排除されなかった。

インドが軍事的プレゼンスを維持するコストは現在、年間4億ポンドに及ぶと推定されており、過酷な環境は兵士の健康や幸福を今もなおむしばんでいる。厄災の年とも言うべき2012年には、パキスタンの基地が雪崩に見舞われ、140人前後の兵士が死亡した。そこは依然として危険で、金のかかる作戦環境なのだ。紛争が膠着状態に陥っていることは、双方にとってこの戦いにどれほどのものがかかっているかの表れだろう。いったんインドが優位を奪還した後は、その情勢を変えるインセンティブが戦略的な意味ではごく小さくなり、この地域の軍事的封鎖が半永久化した。

インドがシアチェン氷河から立ち去る可能性は低いだろう。それはパキスタンと中国が、依然としてこの地を欲しがっているからだ。中国とパキスタンが1963年に結んだ中パ国境協定は、この問題を永遠に複雑化させる要因だ。この3カ国のすべてにおいて、国土の地図は少なからぬ重要性を帯びており、3カ国のいずれもが前述の「カートグラフィック・アンクサイエティ」にとらわれる性向がある。そのために自国やライバル国の地図が、民族主義的なプライドをかき立てたり、軍国主義的な構えを取らせたりするのである。シアチェン氷河に関して言えば、インドはこの地域を描いたすべての地図に、彼らが言うところの「実際の地上位置線（AGPL＝インド軍とパキスタン軍の現在位置を分かつライン）」を記載したがっている。一方、事実上の国境を動かしたいパキスタンは、当然ながら、AGPLの導入を望んでいない。外交交渉は継続的に重ねられているが、インド軍が現在の位置から早々に移動すると考える者は皆無だ。

シアチェン氷河のような容易にたどり着けない遠隔地は、国境ナショナリズムに関わる大衆的な地政学を生み出す力も持つ。インドでもパキスタンでも、映画やテレビ番組では国境警備隊の英雄的な活躍が描かれるのだ。パキスタンでは、両国の国境紛争を取りあげたり、カシミールやヒマラヤでの緊張に触れたりしたボリウッド（インドのムンバイ製）映画が、一般上映を禁じられることも珍しくない。2019年2月にも、新たな国境での小競り合いを受けて、またもや上映禁止の措置がとられた。

その間にも、一方はLOCを動かしたがり、他方は現在位置にとどめたがっているという手詰まり状態の中で、環境や人間への影響は重篤なものとなっていく。環境保護運動家たちは、軍事占領の有害な置き土産に注意を喚起し、シアチェン氷河を、国境を越えた平和公園にするよう提唱してきた。それが実現すれば、非武装化と並行して、清掃作戦も展開しやすくなることだろう。だが戦略的な態勢が根本的に転換する兆しはほとんど見られない。2019年には、インド軍がシアチェン氷河に駐留する兵士の健康に十分配慮していないとの批判を受けたが、その対応は、山岳部隊への軍事物資の補給能力を向上させるために大型輸送ヘリ「チヌーク」を新たに発注するというものだった。

平和公園は、これまでにも氷河や山岳地帯で試行されてきた。米国とカナダの国境地帯や、ペルーとエクアドルの国境をまたぐコルディレラ・デル・コンドル保護区など、100カ所以上の実例がある。平和公園は、国境に係争があったり厳密な画定がなされていなかったりする、容易にたどり着けない世界の辺境に位置することが多いが、その論理は単純だ。地域を非武装化し、信頼を醸成するメカニズムを構築し、科学や観光などの分野で国境を越えた協力を促進しようということである。同種のアイデアとしては、シアチェン氷河を世界遺産に登録することも考えられるかもしれない。だが、過度な期待は禁物だ。シアチェン氷河は今も、南アジアに住む数百万人の人々の集合的想像力をがっちりとつかんでいる。防衛可能な国境を持つことは重要であり、「動く国境」は——いかに平和公園や世界遺産によって協力的なムードを醸そうとも——領土争いをする国々が望むものではない。

動く国境

国土統一後のイタリアの国境の歴史は一様ではない。スイスとの国境は1861年に定められ、オーストリアとの国境はおおむね1919年の第1次世界大戦後の和解協議によって決まった。フランスとの国境は第2次世界大戦の後に変更された。一方、スロベニアとの国境は、冷戦期の敵国だった旧ユーゴスラビアとの合意を引き継いだものだ。戦争の後始末のためにこうした変更が加えられはしたものの、アルプスの国境は、程度の差はあれ、原則として天然の分水界に従って定められてきた。国境沿いには、雪原や氷河を横切る一部の区間を除いて、8000以上の境界標があると推定されている。それらは皆、ポスト冷戦期を迎えて、重要性を減じたように思われた。イタリアには、もはや共産主義国ユーゴスラビアと接する国境は存在せず、近隣国はすべてEUの加盟国か、または欧州自由貿易連合に加盟するスイスのような友好国なのだ。

その後、3人のイタリア人学者（マルコ・フェラーリ、エリサ・パスカル、アンドレア・バニャート）が、

２０１０年代に実施した注目すべきプロジェクトの中で、イタリアとアルプス周辺の隣国との間の、明らかに天然のものである国境が移動しつつあることを発見した。加速する氷河の退縮が、国境地域の物理的な地形に次第に大きな影響を与えるようになっていたのだ。19世紀の地図や軍事行動の日誌、20世紀の航空測量や写真などを精査すると、その変化は明白だった。いみじくも「Ｌｉｍｅｓ（ラテン語で国境のこと）」と命名されたこのプロジェクトでは、まず２０１６年春に、イタリア―オーストリア間の山岳部の国境で、生態学的な変化が観察された。その後に研究チームは地上センサーを設置し、分水界の標高の変化を記録した。標高は大地を覆う氷雪の変化に応じて変わったため、大地の浸食に伴い、国境も上下・前後に移動した。調査地点は標高３１００メートル以上の場所に設けられ、行き来は厳しく制限された。その上、行けるのはヘリコプターが安全に飛べる時だけだった。

氷雪が減少したり消失したりするに連れ、氷河が退縮し、新たな地形が姿を現すことがある。そしてこの退縮は、恒久的な地形の変化を促した。尾根と分水界を印した古い境界標は、もはやその役目を果たしていなかった。「Ｌｉｍｅｓ」プロジェクトは、センサーのデータを用いて、イタリアとオーストリアのリアルタイムの国境線を作図した。それにより、90年代にイタリア軍が実施した地上測量の成果が再確認された。同プロジェクトはシミラウン山の山頂の変化を記録する一方で、その周辺でより詳しい調査も実施した。アルプスの別の場所にあるユーベルタールフェルナー氷河（別名：エーベルタール氷河）は、海抜３０００メートル前後に達するオーストリアとイタリアの国境地帯だ。ここでも氷の融解によって新たな稜線が露出していたため、結果として、両国が共有する国境線を再測量することなった。

このように、国境線は永久に固定されているわけではない。氷河の高さと広がりに応じて、せり出したり退いたりするものなのだ。氷河が退縮するに連れ、領土は氷ではなく、山の尾根などの岩塊の露頭によって画されるようになる。そうした変化の結果、実際のアルプスの地形に従い、ある国は領土を広げ、別の国は狭めていく。ヨーロッパアルプスの気候変動は、それゆえに、イタリアとその近隣諸国の将来の国土面積を左右するのである。

2003年の熱波もまた、前例のない積雪面積の縮小と永久凍土層の融解を招いたとされている。当時は地滑りが頻発し、4000メートル以上の高地でも氷点を超える気温が記録された。ヨーロッパアルプスの氷河からは、従来にない量の氷が失われた。熱波の残した爪痕は深く、スイスとイタリアの氷河学者たちは、21世紀後半までに何千というアルプスの氷河が消滅するだろうと警告している。山という天然の境界線は残るが、それは温暖化や氷雪の融解、洪水、地滑りなどによって永遠に変化し続けるのだ。マッターホルンの周辺のような象徴的な地域ですらも、やはり「動く国境」の影響を被っていることが判明した。

以来、この地域の山岳国境のあちらこちらで、常時に近い監視が実施されている。国境沿いにGPS機器を設置して、地表を観察するのである。この活動を率いるイタリア軍事地理研究所のGPS機器によって、分水界の形状が変化するに従い、国境がどのように「動く」のかが明らかにされてきた。積雪の範囲や、氷河の氷の量の季節的な変化に応じて、国境は数メートルか、時にはそれよりもはるかに大きく動くことが確認された。

気候変動と、それに伴う氷河や万年雪の減少が原因でアルプスの国境線が変化しているというニュースは、立法府を動かした。2006年、イタリアとオーストリアの政府は、「動く国境」という概念を法文に盛り込むことで合意している。続いて2009年には、スイスとも同様の合意が結ばれた。しかし「動く国境」の概念は、地政学的な論争と無縁ではいられない。気候変動の長期的な影響によっては、より民族主義的あるいはポピュリスト的な政府が、氷河を「救わなければ」ならないと決断するかもしれない。領土の喪失に絡む話は、「我が国が消滅するかもしれない」という実存的な不安へと、たちまち転化しかねないのだ。将来各国が、スキー場によくあるような氷や雪の保存設備に多額の投資をすることも考えられなくはない。どこかの国が文字通り氷河に毛布をかけたり（これはすでにスイスがローヌ氷河で行っている）、氷河が退縮・消滅するのを防ぐために人工的な雪を降らせたりするようなシナリオを想像してみてほしい。武力衝突には至らずとも、財力のある国々は、熱工学や軍事力を駆使しても氷河を守ろうとするかもしれない。

多くの国々にとって、氷は戦略的な産品だ。つい忘れがちだが、氷の採取と輸送は何世紀も続いたグローバルな産業だったし、ノルウェーのような供給国に大きな利益をもたらした。貯蔵された氷は食品の保存や水の供給に重要な役割を果たし、暑い夏場には冷房の源にもなった。家庭用の冷蔵庫や冷凍庫のおかげで、19～20世紀に氷の取引は廃れたかもしれないが、山地の環境は今も世界中の多くの国々の経済にとって極めて重要だ。国の端々は、たとえ世界で最も辺鄙な地域であろうとも、地政学的に非常に重要な意味を持つのである。「動く国境」は、たちまちのうちに安全保障化されたり、軍事化されたりすることもある。そしてイタリア、スイス、オーストリアが正しく認めてきたように、法的な注意を要するものでもある。大地の姿が変わる時、国境は不可避的にその影響を受けるのである。

国境の山々

氷河は全体として、人類の文明に対し、一義的には季節的な融解水の供給という形で貢献を果たす。毎年、春から夏にかけて、世界中の氷河に覆われた地域で氷が緩むのだ。河川や小川に流れ込んだ融解水は、農業に役立てられたり、下流のコミュニティに貴重な水資源を供給したりする。融解水は、人間やその他の生物に欠かせないものである一方、時として危険ももたらす。毎年、氷河からの流量がピークに達する時期になると、氷河の退縮が原因で、逆説的ながら融解水の異常な大量流下が起こりえるのだ。それが発生するのは、融解水が氷河の端にたまり、いわゆる末端堆石堤（氷河に運ばれた岩屑が堆積したもの）の背後で湖を形成した時である。末端堆石堤は天然のダムの役割を果たすが、たまった水の重みに耐えきれなくなると、場合によっては決壊する。その結果は、壊滅的な鉄砲水や地滑りだ。気温の上昇が氷河に悪影響を与えると、下流のコミュニティは二重の危機に直面することになる。まずは大量の融解水による鉄砲水に悩まされ、氷河が退縮するに連れて、今度は融解水の減少に苦しむのである。

中国ではヤルカンド川などの流域で、氷河による鉄砲水が著しく増加している。新疆ウイグル自治区に源流を持つヤルカンド川は、中国にとって、地政学的な機微に触れる川だ。中国政府はイスラム教徒のウイグル族を厳しく締めつける一方、インドとの係争地に隣接したこの自治区を注意深く監視している。この近辺は原油や天然ガスの産出地であり、農業の生産性も非常に高い。そのため、中国は将来、人道的な危機に直面する可能性がある。何千人もの人々が、壊滅的な鉄砲水と長期にわたる干ばつのために、生活が成り立たなくなってきたと考えているからだ。

氷河の退縮は、21世紀半ばに一層進むと予想される。世界的な人口分布と人口密度を考えるなら、ヒマラヤのような氷河で覆われた地域の運命は、氷河を分析する上での、あるいは中国、インド、パキスタンを含む多くの国家の水の安全保障に氷河が果たす貢献を分析する上での出発点なのだ。領有権の争われる国境地域や、氷河の退縮、集水の変動、水にまつわる不安が、将来の火種となる可能性が高い。水の供給量の予測が難しくなり、次には供給量の減少にさらされるようになれば、農業や水力発電、飲料水などの分野で水の取得権を確保しようとする国家間の緊張が高まることは容易に想像される。インダス川水系に関して言えば、インドは100カ所以上のダムを建設しており、氷河の融解水は川の水量を維持するために欠かせないものとなっている。

ダムは国際的な緊張の引き金になることが知られているが、問題はその建設のみにとどまらない。さらに上流の氷河や山地に目を向ければ、問題の根源が見えてくる。融解水が放出されなければ、下流のダムは、発電を含めて、その能力をフルに発揮できないだろう。中国はその地理的な位置と巨大さゆえに、これらすべてのカギを握る存在となっている。この国には、より大きな戦略的取引の一環として、国境を移動させる手立てがあるのだ。「第三の極」（ヒマラヤ山脈のこと）の占有者である中国は、多くの国々を通過して流れる10本の主要河川を事実上支配する。中国政府が重視する地域においては、新たな水の供給交渉の見返りとして、国境が動かされる場合もあるだろう。

一言で言えば、インドは水の供給を中国に頼っている。たとえばブラマプトラ川やインダス川は、中国の占領下にあるチベットの山岳地帯に源流がある。ブラマプトラ川の集水域は、主にインドとの係争地域内にある。中国はこれらの氷河地帯に膨大な数のダムを建設しており、今後もさらに増設する計画だ。インドは、パキスタンとは「インダス水協定」を結んでいるが、中国とは結んでおらず、水を共有するためのメカニズムは確立されていない。中国は、自国領内からの水の供給が、ムンバイなどのインドの都市や、インドの食料生産能力にとっていかに重要かを認識しつつも、これまでのところはそれを脅かすようなことは何もしていない。水は今後のインドと中国との関係において極めて重要な要素となる可能性があり、そこには2つの潜在的な火種が存在する。1つはインドのダム建設政策で、もう1つは中国の河川データの共有である。

第1に、インドは「ダム競争」に乗り出すことで、中国を、共有する河川や集水域の共同管理に関する交渉に引っ張り出そうとしてきた。インドは国際司法裁判所にこの問題への介入を求める意思を表明しているが、それは下流への水の共有義務に関して、自分たちに有利な判決が出ると自信を持っているからだ。しかし裁判所の判決で現状が変わると確信するのは、見当違いかもしれない。1つには、自国の安全保障に資さないと見れば、中国はいかなる国際司法裁判所の判決も尊重しない可能性があるためだ。もう1つの要因は、より広い視野からのものだ。水に関する責任を共有するようインドが中国に要求すれば、インド政府に対して河川関連の不満を抱くバングラデシュやパキスタンも黙ってはいないだろう。この両国は、いずれも水の分配やダム建設、環境管理などをめぐって、インドと険悪になった過去があるのだ。また、中国が一帯一路構想の一環として、この両国と水関連のプロジェクトで協力してきたことも忘れてはならない。バングラデシュには治水計画のための資金を出し、パキスタンにはインダス川での水力発電計画を支援した。水の管理という点から見れば、インドは中国とその同盟国に包囲されていることに気づくのではあるまいか。

第2に、水のデータの共有は、中国によって兵器として使われてきた。国境をめぐる論争は、はるか下流に場所を移し、そこではけ口を見出すことがあるのだ。2017年、中国はブラマプトラ川の水流データをインドに提供することを拒んだ。その原因は、中国、インド、ブータンの非常にデリケートな国境地域に程近いドクラム高原で、インド軍と中国軍が衝突したことにあった。

インドとブータンは、ブータン領の一部を中国領と主張する中国の地図に長らく神経をとがらせてきた。インドとブータンは緊密な戦略的関係にあり、前者は後者の安全保障の保証人としての役割を果たしている。2017年6月、中国の請負業者が係争中の高地に向けて道路を延長し始めたことから、潜在する緊張がエスカレートした。インドとブータンは、それを不法な侵入と見なして抗議し、結果的ににらみ合いの状況となる。その後、中国はインド側のある動きを軍事侵略と見なし、その報復として水流データをインドに渡すのを停止した。中国からの情報は、インドや、さらに下流のバングラデシュが治水政策を策定するのに役立っていた。中国は、双方の軍がそれぞれの展開地点から兵を引かせた後の18年5月になって、最終的に矛を収めている。

この出来事は、長期的には、より広範な領土争いの予行演習のように見え、かつ感じられる。中国がブラマプトラ川に対する統制を強化すれば、その戦略的なてことしての力は増すだろう。基本的に、中国はチベットのより乾燥した地域に水を回し、水力発電の能力を拡大させ、食料生産を改善することができる。こうしたすべてが、紛争や論争の的となっている国境線沿いで、インフラや軍事的プレゼンスにさらなる投資を行う誘因となるのである。中国がインドのアルナーチャル・プラデシュ州を、何十年も「南チベット」と呼び続けてきたことは想起に値しよう。中国はインドが領土を侵していると非難するが、インドは同州を不可分にして譲れないものだと主張する。中国が国境のインフラや軍備の近代化、係争中の国境地域沿いでの訓練や演習などに積極的に投資を行ってきたことを、インドは不安に感じているに違いない。

軍の部隊が係争中の国境地域に踏み込んだり退いたりする一方で、周囲の地形も変化し続けている。緩んだ氷河は、モンスーンによる雨と手を携えて、下流のコミュニティに水を届けるばかりではない。それに加えて堆積物をも運び、農地の生産性の向上に貢献する。ダムは、ミネラル分を含んだこの土砂の流れを妨げてしまう。鉱業もまた、土壌や大気、水質などの環境に及ぼす累積的な影響を通じて、状況を一変させる可能性を持つ。中国は、ブータンにも程近いインドとの係争中の国境付近で、新たな鉱業プロジェクトを推し進めてきた。稼働すれば、電力や水の需要も生じるだろう。ここでもまた、河川や資源、戦略的アクセスなどの貢献を受けて、地政学的な緊張の文化がさらに深まっていくのである。

南アジア各地の係争中の国境地域は着実に軍備が固められており、それに伴って道路や空港、ダム、住宅といった、あらゆる種類のインフラ投資が行われている。こうした建設作業と、その後に行われる軍事作戦は、共に地表の裸地化を促進する。長期的な生態学的計画よりも、戦略的占領の必要性の方が優先されるのだ。インドと中国の国境紛争は規模が非常に大きく、その「共有する国境」に沿った実効支配線（ＬＡＣ）は、両国が重要視する事物（領土や水、戦略的アクセスなど）の核心に触れるものなのである。

中国は、占領中のチベットに源流を持つ河川水系の支配権を、とりわけがっちりと握っている。一方で、インドがチベットの亡命政府を受け入れていることから、インドと中国の関係は複雑なものとなっている。地球温暖化の影響でヒマラヤおよび中央アジアの高地の地形が変化し続ければ、軍事的なインフラや戦略的配備（軍備の増強と作戦計画を含む）を強化する誘因が増す。２０２０年6月、中印両軍は、石や棍棒などの間に合わせの武器も使った野蛮な戦闘を再び交え、20名以上の死者を出した。インドのメディアは、ガルワン渓谷とその周辺における中国の「国境侵犯」（その一部は衛星画像の分析によって判明した）に対し、雷鳴のごとく反応した。その出来事はしかし、辺鄙で人口もまばらな山岳地帯を走るＬＡＣが地政学的なドラマに満ちていることを、衝撃をもって思い出させたのだった。

世界各地の氷に覆われた山岳地帯では、ＬＡＣのような曖昧な境界線が、国家の地図の決定版を作らんとする野心を跳ね返し続けるだろう。実効支配線という言葉からして誤解を招きがちであり、実際のＬＡＣは2本の線（可変的なノーマンズランドを挟んだ中国側の線とインド側の線）からなっている。ＬＡＣとその周辺のエリアには、番号の振られた哨戒ポイントが点在する。

こうしたヒマラヤ山脈やヒンドゥークシュ山脈などの世界を代表する係争地には、インド、中国、パキスタンの間で継続中の論争が多数あり、それがたいしたきっかけもなしにエスカレートする例も少なくない。２０２０年6月の衝突を勃発させたのは、１つには、中国軍が紛争地域の川をせき止め、その「ダム」を壊すことによってインド軍の占領地域に戦略的に洪水を発生させたとの告発だった。

河川に絡むこの小規模な事件によって、より広範な真理が覆い隠されてはなるまい。量を増す融解水の規模と広がりや、こうした山岳部の国境地域の天候に応じて、最大で20億人の人々が、洪水か干ばつのどちらかに見舞われることになるのだ。氷河や河川の上流の環境が、今後あらゆる国家の安全保障計画の中で重要性をいや増していく理由は、容易に理解することができよう。将来的には、水の供給量や下流への流量の自然変動および意図的な操作の組み合わせによって、より大規模な国境紛争がたやすく引き起こされる可能性がある。

オーストリアとイタリアの間の国境沿いで行われた「Ｌｉｍｅｓプロジェクト」と、南アジアの高地のドラマとは、これ以上ないほど対照的だ。こうした山岳地帯の動く国境は、必ずしも地政学的なドラマの火種になると決まったわけではない。二国間の関係が良好であれば、共有する国境に調整を加える方策は存在する。しかし友好的な関係がない場合は、解決はより難しくなるだろう。ましてその場所が世界的にもアクセスの難しい地域であるなら尚更だ。動く国境は、貴重な資源の分配と管理、利害関係国の移動能力、長期的な戦略的優位性などに関わるより広範な不安を一手に受け止める、避雷針のような場所になる。ただ、こうした動く国境は高地にのみ存在するのではない。次章では水面下のそれに目を向けよう。

第3章

水の国境

1969年にソ連と中国の間の国境の警備にあたっていたソ連軍の兵士。立っているのはダマンスキー島（中国名：珍宝島）に程近いウスリー河畔だ。同年3月、両国は川中にあるこの島の帰属をめぐって衝突した。約2週間続いた戦闘の発端については、今も議論が分かれている。最終的には停戦の合意がなされたが、島をめぐる係争は依然続いている。

河川や湖沼の境界線

前章で少し触れたように、2050年を迎える頃には、何十億人もの人々が、世界各地の水不足に陥りがちな地域で暮らしているものと推定されている。ただしその原因は、地球温暖化が高地の氷河の融解水に影響を及ぼすためばかりではない。数十億人が他国と共有する水源に頼っているためでもある。氷河は凍結してはいるが、融解し、世界中の河川水系に水を供給してもいる。氷河や河川や湖沼が重要視されるのは、各国政府が家庭用や工業用としてはもちろん、発電用や公衆衛生用、輸送用、農業用、漁業用としての水源の価値を重々認識しているからだ。河川の流量や方向を管理することは、国家安全保障の計画や、海上輸送の規制にも欠かせない。地方と国の当局はまた、世界中の水路上において、汚染物質から移民、密売人、テロリストに至る様々な人と物の動きを規制したがっている。ことは重大だ。世界中の何百という河川や湖水盆地、帯水層（透水性を持った岩石の地層。水を貯めることができる）には、国境を越えた協定がない。国境をまたぐ帯水層は世界に270以上あり、数が最も多いのは欧州である。中東やアフリカの、たとえばビクトリア湖、チグリス川、イスラエルとパレスチナが共有する帯水層などの場所では、水の共有をめぐる最悪の紛争や緊張が生じている。

河川や湖沼の境界線をめぐる論争は、国際的な危機へと容易にエスカレートする可能性がある。論争の本質が国境線にはなくても、汚染や不平等な水の分配などの要因が、たちまち紛争に転化しかねないのだ。河川や湖沼は長い間「天然の国境」と見られてきたが、それらは不変のものではない。敵意を持つ国家がより多くの水を取得しようと決意し、下流の隣国に環境面や公衆衛生面での混乱をもたらすかもしれない。ダム建設や農業は、たとえ善意で行われた場合でも、他国に破壊的な影響を与える可能性がある。そのため、共有する湖沼や係争中の海域における原油やガスの探鉱、漁業、水力発電などの活動は、世界中で緊張の火種となっているのである。

帯水層の利用は深刻な格差をあらわにするかもしれない。いくつかの研究が示唆するとおり、イスラエルはパレスチナ自治政府よりも、市民1人あたりではるかに多くの水を汲み上げている。その結果、ヨルダン川西岸のパレスチナ人は、欠くべからざる水の供給を、イスラエルの水道会社に依存するはめになっている。ガザ地区での水の供給は、不安定で、健康に有害なものになった。帯水層は、だてに国連教育科学文化機関（ユネスコ）から「青い黄金」と呼ばれているわけではないのだ。

河川や海、帯水層、湖沼は、私たちの国境の概念を複雑化させている。「ハイドロ・ディプロマシー（水外交）」は、世界中で議論される地政学的なテーマになった。2020年1月にはパキスタン、インド、アフガニスタンが「ウォーター・ビヨンド・ボーダーズ（国境を越えた水）」と銘打つ会議で顔をそろえ、将来の水の共有に関する緊急討議を行っている。各国の代表団が指摘したのは、気候変動やエネルギー生産、農業の拡大、水需要の増大を伴う人口の増加のために、どの国も一層の重圧を受けているということだった。パキスタンは、インドに妨害されてインダス川から正当な分量の水を取ることができずにいると、日頃からインドを非難している。上流に位置する国々は、その力を悪用して下流への流れを妨げていると批判されるのが常だ。エチオピア、スーダン、エジプトなどは、ナイル川の資源に対する各国それぞれの権利をめぐり、論争を繰り広げてきた歴史を持つ。１９９０年代には、次の世代に戦われるのは比較的局地的な水戦争であり、それがより広範な地域紛争の引き金にもなりうるとよく言われた。エジプトの外交官で、１９９２～96年に国連事務総長を務めたブートロス・ブートロス＝ガリは、88年に、「中東の次の戦争は、政治ではなく水をめぐって争われるだろう」と警告したものだ。

先住民族や環境保護活動家が、河川や湖沼の「管理・保護される権利」を熱心に主張するのに対し、政府や政治指導者は、抜け目のない隣国や招かれざる侵入者への懸念を募らせる。湖沼や海、河川を共有するのは決して簡単なことではなく、今後も資源をめぐる衝突の増加や、気候変動の累積的な影響のために、ますます困難になっていくばかりだろう。「先住民族の権利に関する国連宣言」が採択された今、世界中の先住民族は、帯水層を含む自然環境を破壊者から法的に保護するようにという要求を強めていくだろう。しかし各国政府が先住民族の願いや、まして彼らの権利を尊重してきた実績は乏しく、特に政府が国家的な緊急事態の計画に基づいて行動していると宣言している場合は尚更だ。

天然の国境をなす水域

河川の国際的な管理を研究する人々は、河川を２つのタイプに分類する。一方は国境を通過する河川（たとえば中国に源を発し、最終的にはベトナムの河川デルタへと至る川）であり、もう一方は国境を形成する河川である。米国とメキシコを隔てるリオグランデ川などは後者の典型だろう。この区分は、国境と水の関係という、より大きな問題を論じる際にも使われることがある。河川や湖沼、氷河の管理法は、物理的・政治的な地勢に応じて変わる。河川には1つの国の内部に全体が収まっているものもあれば、多くの国々を出入りしているものもある。湖沼も同様に、一国の排他的所有権の下にある場合もあれば、カナダと米国にまたがる五大湖のように、関係国間の取り決めに服している場合もある。氷河はある特定の山脈に横たわっているかもしれないが、融解水が河川水系に流れ込み、その国の独占的な管轄権から離脱することもあるだろう。

帝国や国民国家は、歴史を通じ、国境をなす河川や山々、海岸線といった天然の障壁を、領土の境界を示す有用で説得力のある標識と見なしてきた。2つの帝国が相互に接触を図る時、その会見の場所となるのは多くの場合、川岸や湖畔、海岸、峠などだった。この200年の間に、陸地と海を分割するために、測量や地図作成、条約締結、国際的な法的枠組みへの訴えなどを通じて、空前の努力が傾けられてきた。植民地時代のアフリカやアジアでは、欧州製の地図に、国境の目安として河川や湖沼や海が描かれていた。厳密に確定されていたわけではなかったかもしれないが、それらはただそこにあるだけで、帝国支配の天然の共犯者となっていたのである。

その後、ことに欧州人の発達させた国際法が、国境に正確さを加えようと切望する人々にとって、より有用なものとなっていった。航行可能な河川を2つ以上の国家間で分割する場合には、そのラインはいわゆる「タルウェグ（河道の最深部と想定される主要航行水路の中央線）」に沿わせるべしとするルールが一般化した。航行不可能な河川の場合は、水路の最深部のラインに従うことになった。１９９９年に、国際司法裁判所はこの基本的な定理を用いて、ボツワナとナミビアの間の河川に関わる国境争いを裁いている。論争を招いたのは水深の深い浅いではなく、チョベ川のどの部分を計測すべきかという点だった。両国ともに川中の島を欲しがり、そのどちら側を主要な水路と見なすかで争っていたのだ。勝訴したのはボツワナだった。法的なルールが整備されたからといって、関係する当事者がそれを受け入れる度量を持つとは限らないが、ボツワナとナミビアは、この一件では紛争を回避した。

だが、川は時とともに変化し、そのことによってルールは変革を迫られる。現実の世界は静止したものではなく、河川の最深部のラインも永続はしない。ガンジス川をはじめとする一部の河川の水系は――ことに広大な三角州を持つ場合は――非常に複雑だ。川で暮らし、働いている人々なら誰もが知っているように、河川の流量や形状は絶えず変化する。毎年、決まった河川水系を調査するたびに、そのタルウェグが移動していたという結論が出るケースもあるだろう。地上からの観察と衛星画像を組み合わせることによって、今やかつてなく簡便に、リアルタイムの環境の変化を監視できるようになっている。国際法上のルールができたのは、衛星やリアルタイムの環境センサーが登場する前のことなのだ。

タルウェグの原則の下では、隣り合った国々は、河川を利用する権利を、潜在する資源を含めて、平等に享受するべきである。川中にある島々はすべて――ボツワナの例で改めて確認されたとおり

――タルウェグのどちら側に位置するかに基づいて帰属が決められなければならない（ただし両当事国が望むなら共同で所有することも可能となる）。

河川が海に到達したなら、今度は海洋法に関する国際連合条約（国連海洋法条約〔ＵＮＣＬＯＳ〕、１９８２年）の提供する一連のルールと手続きに即して、主権や資源が割り当てられる。これらによって、陸と海との間の天然の境界は、高度に規制された境界地域とゾーンに変換され、海岸線からの距離に応じて海底および海中の所有権が定められる。

歴史的に、帝国や国家は、河川や湖沼といった地表の水域を含む領土の分割には苦心してきた。河岸は論争の的になりがちで、反目は時に長く続いた。ロシアと中国のそれは、河岸や島がいかに地政学的にデリケートになりうるかを強く示唆している。17世紀、拡大するロシア帝国は、シベリアと太平洋岸に向けて東進する一方、中国に向けて南下した。版図を広げるに連れ、ロシアはアムール川やウスリー川などの主要な河川水系を調査し始めた。１６８９年、ロシアと中国は、両帝国間の境界線の位置をめぐり、最初の公式交渉を開始する。それにより結ばれた条約では、国境線ならぬ国境地域が定められ、河川や山々や湖沼が両国の地理的な限界を示すものとされた。それぞれの国運が変転する中で、19世紀にはロシアがアムール川沿いをさらに南下した。愛琿《アイグン》条約（１８５８年）と北京条約（１８６０年）という2つの新条約の下で、ロシアは新たな境界の確定を要求する。この時、「国境地域」は一本の線に変わった。中国の帝国の相対的な弱さにつけ込み、ロシアが主要な河川水系に沿った領域を併合したのだ。ロシア製の地図は、自国の主権が及ぶ範囲を、すぐさま中国側の河岸ぎりぎりまで広げて記載した。ロシア人からすれば河川はもはや共有されていなかった。それらはモスクワのほぼ完全な支配下にあった。

アムール川とウスリー川もロシアの領土と考えられた。ロシア側は航行や資源採取、川中のすべての島々を断固として支配した。この事実上の河川の併合に中国側がついに異議を唱えたのは1950年代のことだった。国家主席となった毛沢東が、中国はこれ以上、抜け目のないロシアに黙従することはないと頑強に主張したのだ。中国はロシア製の地図の写しを要求し、続いてそれに対抗する独自の地図を描き始めた。中国の主権は中国側の河岸までしか及ばないとする認識は、その地図において否定された。河川は地政学的な火種となったのだ。中国はアムール川流域の住民たちに、川を航行したり、漁業資源を利用したりすることを奨励した。両国は、19世紀の条約とそれに対応した地図の意味について議論を続けた。現場では緊張が高まった。ソ連は軍隊を使って漁船を拿捕したり、船員に冷水をかけたり、中国の民間人を川に張った氷の上から追い払ったりした。

中国は、ソ連の軍事力が自国の人民に向けられたことをすぐさま喧伝した。そして民間人の活動を続けさせ、ソ連がますます多くのリソースを河川の国境紛争に投入するよう強いた。1968年1月、両国の国境警備隊の間で衝突が発生し、中国の民間人数名が死亡。69年3月には、凍結したウスリー川の島で再び小競り合いが発生した。冬場は河水が凍るため、両国共により多くの軍人や民間人を送り込むことができたのだ。戦闘で明らかになったのは、どちらの国も係争中の島々に対する「赤い線」に頑強に固執しており、共に敗北を認めようとも、撤退を考えようともしたがらないということだった。中国は自国側の河岸でその領土が終わっていることを認めるつもりはなかったが、それを改めて主張するには現地の軍事的リソースが足りなかった。ソ連は地理的優位性を手放したくはなかったが、自国の部隊が対岸に触れれば事実上中国領を侵すことになるのだと理解していた。そのために川中の島々が、必然的に両軍の接触するエリアになったのだ。

中ソ関係が比較的「雪解け」していた80年代のゴルバチョフ時代に、両国は北京条約へと立ち返り、共有する河川国境にタルウェグ原則を適用することで合意した。河道の最深部が簡単に移動することはないだろうという政治的に都合の良い仮定に基づき、今ではそれがこの両国の国境線となっている。ゴルバチョフ大統領による１９８６年の「譲歩」は重要だった。ソ連が１５０年近く支配してきた川中の島々の領有権を事実上放棄したため、中国は正味の受益者となったのである。それから20年後の２００６年、交渉の最大の争点を最終的に解決する新条約に、最後の一筆が書き加えられた。戦略的に重要な大ウスリー島（中国名：黒瞎子島）が両国間で分割されることになったのだ。この話の教訓はこうだ。重要なのは当事国の戦略的な計算であり、またその河川や川中の島々が争うに値するかどうかなのだということである。

協定が結ばれても、天然の国境はトラブルを招き続けることがある。アムール川の両岸では、中国側とロシア側のコミュニティが、川とその資源へのアクセスをめぐって、いまだに小競り合いを起こすことが珍しくない。相手方が何らかの優位を握ろうとしていると非難し合う中で、川が民族主義的な政治を呼び起こすのだ。たとえば中国側は、その川をアムール川ではなく、黒竜江という中国名で呼ぶ。

それでも2019年11月、ロシアのブラゴベシチェンスクと中国の黒河を結ぶ戦略的な要所に、新たな河川横断橋が完成した。1988年に初めて架橋が議題に上ったこの橋は、極寒と凍った河水の融解による水位変動のために、工学的にはかなりの難工事となった。この地では、冬場の数カ月間、凍った河水の上に舟橋を渡し、人や物資を運ぶことも珍しくなかった。新たな橋は、両市が新型コロナウイルスの流行に見舞われる直前に、そうした不便を解消した。2020年1月に入ると、感染防止のために中国とロシアの間の川の国境は閉鎖された。ブラゴベシチェンスクをはじめとするロシアの都市は、中国相手の貿易収入や観光収入を失い、手ひどい打撃を受けた。中国からの旅行客は、旧正月の祭日の間、ブラゴベシチェンスクで足止めを食わされた。アムール川の両岸のコミュニティが案じているのは、ウイルスが、長期的にはロシアと中国の国境をまたいだ協力関係まで絶やしてしまうのではないかということである。

中国が現在行っているような投資と貿易がなくなれば、シベリアと極東ロシアに位置する多くの町や都市の未来は不確実になる。相互の友好と理解が語られてはいるが、クレムリンは、この新たな橋によってロシアの南部および東部の国境地帯に対する中国の影響力が強化されるのではないかと疑念を抱いたままだ。強力なシノフォビア（中国人に対する嫌悪感や恐怖心）も手伝って、ロシア人の多くは、旧ソ連の「へそ」だった中央アジアで中国が振るう経済力に、動揺を覚えてもいる。

一方、国土のはるか西方では、占領中のクリミア半島とロシア連邦との間に新しい橋が建設されることになった。しかしプーチン大統領は、その接続性と相互依存に関して、ほとんど不安を感じることはなかった。クリミアのケルチ海峡にかかる新橋は2018年に開通し、ロシアはその19キロメートルをつなぐために40億ドル近くを支出している。この2つの橋の差異は、もちろん現状のパワー・ダイナミクスから生じたものだ。ロシアは、ウクライナをいじめることはできるが、投資や戦略的協力の面では中国に依存しているのである。

水の国境に関して言えば、それが水中であれ、川沿いや海底であれ、水面の上空であれ、常に地政学的な「温度」が感じられる。

天然の国境を操作する

前述の例のとおり、ロシアと中国は河川の境界線をめぐって論争も起こしたが、互いに――ためらいがちにではあっても――協力し合う方法も見つけた。タルウェグの原則は合意の促進には役立つが、河川は自然の力や人間のジオエンジニアリング（地球工学、気候工学）によって根本的に変化することがあり、その「国境」は簡単にかき乱される可能性がある。このプロセスは、時として大いに議論を呼び起こす。たとえば、隣国と1本の河川によって隔てられたある国家が、相手国が自らの戦略的または商業的利益のために故意に川の流路を操作したと考えたらどうだろう。このような行動は、時に衝突を招くのである。

この種の衝突は飲料水の入手をめぐって起こるものと考える向きもあるが、こと資源に関する限り、紛争の原因になりうるものはほかにもある。たとえば、隣国が共有する河川に対してすることに、我慢がならない場合もあるだろう。2010年11月、コスタリカはニカラグアが許しがたい行動に出たと国際司法裁判所に訴えた。この隣国が故意に両国間の国境を侵犯し、ニカラグアが領土を不法占拠したと主張したのだ。コスタリカ政府が訴状で指摘したのは、サンファン川沿いの運河建設と浚渫《しゅんせつ》についてだった。ニカラグア政府は、軍の技術者を使って川の流路と流量を変えたと告発されていた。この訴訟とは別に、ニカラグアはサンファアン川沿いに道路を建設し、川の流量と流路をさらに変動させたことでも訴えられていた。

その約5年後、国際司法裁判所は多くの証拠と反証を検討した末に、裁定を下した。それによると、コスタリカはカリブ海沿いに位置するポルティージョス島（別名：ハーバーヘッド島）の北部で領土を侵犯されていた。コスタリカが生態学的な保護区に指定していた場所だ。国際司法裁判所はニカラグアの行為を強くとがめた。運河の建設工事を批判するとともに、武装した兵員にコスタリカの領土を不法占拠させたと特記した。ニカラグアは河川水系に対する損害の責を負ったのだ。

2018年2月、同裁判所は、川が受けたダメージおよび連鎖的に失われた環境財やサービスへの賠償金として、37万8000ドルというかなり控えめな金額をコスタリカに与えることとした。ニカラグアは同年3月上旬に、その全額を送金した。長期的に見れば、コスタリカにとって重要だったのは、金銭的な補償ではなかった。あけすけに言ってしまえば、この国には常備軍がないので、ニカラグアとの軍事衝突など起こりえない（米軍事情報サイト「グローバル・ファイアーパワー」がまとめた2020年の軍事力ランキングによれば、ニカラグアは軍事大国に分類される世界最小クラスの国の1つ）。国際法廷での判決の方が、よほど価値が高いのだ。

この論争がことさら注目されたのは、双方が、自国に有利な歴史的証拠が存在すると主張していたことだった。カニャス゠ヘレス条約や、1897年のいわゆるアレクサンダー裁定が引き合いに出された。後者の由来となったエドワード・アレクサンダーは米国のクリーブランド大統領によって派遣された技術者で、コスタリカとニカラグアの双方から権限を託された国境画定委員会の監督者に任命されていた。米国は一時期、太平洋とカリブ海を結ぶ運河をこの両国の間に築くことに、大いなる関心を寄せていたのだ。そのため作業は煩雑になったが、2年後の1899年、サンファン川が最終的に共通の国境と定められた。両国はアレクサンダーの勧告を受け入れたものの、彼にとっては現地で妻が病死したことが、ニカラグア滞在中の痛恨事となった。

アレクサンダーの裁定は、2010年にはほとんど顧慮されなかった。ニカラグアは、「グーグルマップを見てポルティージョス島を自国領だと思い込み、共通の国境の向こうにあるその新たな土地を占拠する気になったのだ」と主張した。グーグルマップを悪者にするなど、小学生が「飼い犬に宿題を食べられた」と言い訳するのと大差ない屁理屈に思えるかもしれない。しかし、この検索エンジンのプロバイダー（と、同社が作成・公開している地図）が国境紛争に巻き込まれるのは、これが初めてではないのだ。

米国の某大手コンピュータ会社で働く地理学者は、90年代後半にインドで開かれたある国境会議で、南アジアの「中立的な」地図を作成することの難しさを語った。２０００年代前半にイスラエルで開催された国境会議では、パレスチナの地理学者たちが、ヨルダン川西岸でのイスラエルの軍事活動や入植活動が違法と認められない事実を糾弾したそうだ。参加者たちは、一時はヘブライ語とアラビア語で互いに怒鳴り合った。最後には主催者が全員に英語で話させたので、他国からの参加者は胸をなで下ろした。

水の国境は、山地の国境と同様に、とらえるのが難しい。それは変化する可能性があり、また現に変化しているからだ。そこでは「現場の現実」という言葉が、たとえば紛争地域での入植活動を語る時のそれとは異なる文脈で使われる。過去の条約や地図は、多くが19世紀のものであり、それが時代遅れであることに気づくのは、コスタリカとニカラグアだけに限らない。

アルゼンチンとウルグアイの間にも、その一例を見ることができる。両国間の河川の国境は古くから確定されており、ラプラタ川の河口のマルティン・ガルシア島は、１９７３年の協定によって正式にアルゼンチンのものとされた。その後の40年間に、膨大な量の河川堆積物が下流へと運ばれ、大西洋に向かって流れ出した。アルゼンチンは、川沿いの各港へのアクセスが妨げられていると主張し、より多くの浚渫を行うことを望んだ。近くにはティモテオ・ドミンゲス島というウルグアイ領の小ぶりな島があり、それが堆積物によってマルティン・ガルシア島とつながった。事実上、新たな陸地の国境が生成されたのだ。相互の歴史の中で初めて、両国はもはや、ラプラタ川によって物理的に分断された状態にはなくなった。この種の陸地の形成が行われると、協力の精神が広がっていくか、緊張が高まるかのどちらかとなる。

近年はしかし、ラプラタ川の運命は政治的な論争と無縁ではなくなっていた。両国は汚染物質の流下をめぐっても争っていた。2010年にウルグアイがフィンランドの企業に製紙工場の開設を許可すると、アルゼンチンから激怒の声があがった。アルゼンチンは、共有する河川水系の環境に甚大な悪影響が及ぶと、ウルグアイ政府を非難した。国際司法裁判所は、その製紙工場は両国間のいかなる条約にも反しないと判断した。現在ではプンタ・ペレイラに2カ所目の工場も建てられている。原告のアルゼンチンにとっては残念な結果だった。

川中の2つの島の間にできた新たな陸地の境界線は、将来、より深刻な紛争の原因となるかもしれない。どちらかの民族主義者が、この問題を〝焚きつけ〟として使用する可能性もなくはないのだ。たとえば、一方の政府が衛星画像をたてに、相手国が自国の権利を侵害したり妨害したりしたと主張し、それに続けて陸地の占領を行うかもしれない。その種の分析を通じて、河川の流路の変動や、湖沼の大きさや形状の変化が確認されるという状況は、容易に想像できる。そんな時に、どこかの政府が国境の混乱に乗じようと思い立つかもしれない。特に水や魚、あるいは原油や天然ガスなどの資源がかかっている場合なら尚更だろう。

古い協定が破棄されれば、河川や湖沼はもはや信頼できる目印ではなくなる。通信ネットワークのようなインフラや、地域社会の全体さえもが、知らぬ間に古い国境線を越えてしまうかもしれない。

隣り合う国々は、ヨーロッパアルプスの例で見たように「可動的な国境」を容認しなければならなくなるか、さもなければ挑発や衝突が頻繁に起こる、際限のない偏執的な監視ゲームにとらわれる結果となろう。

共有する帯水層、河川、湖沼の管理

数多くの帯水層や湖沼、河川が国際的な境界をまたいでいる以上、共同で水を管理することは本質的な意味があるように思える。欧州のドナウ川は可動的な国際国境となっている河川の好例であり、流域の各国は安全な航行、汚染の防止、資源の利用などを図るべく、川を集合的に管理するメカニズムを多年にわたって考案してきた。ドナウ川委員会（最も古いものは1856年にさかのぼる）は、上流・下流の国々が相互に関心のある分野で協力し合う必要があることを明示的に認めている。アフリカでは、ギニア、マリ、モーリタニア、セネガルの参加するセネガル川流域開発機構（1972年に創設）が目覚ましい成功例だ。しかし世界全体で286カ所あると推定される共有の河川流域の中で、水の共同管理計画が策定されているのは85〜90カ所ほどに過ぎない。水に関する協力の仕組みが貧弱または皆無なのが、世界中の標準なのである。

世界の人口稠密地は主として海岸部に位置し、その多くは主要な河川の三角州と接している。こうした下流の地域は、21世紀に入って、過去にない重圧に直面している。原因は、上流の水力発電や資源採取、氾濫原の減少、そして人間や動植物のコミュニティに破壊をもたらすインフラ建設や河川工学のプロジェクトなどだ。東南アジアでは、メコン川委員会が、カンボジア、中国、ミャンマー（旧ビルマ）、ベトナム、タイ、ラオスなどを流れるメコン川の管理に一役買っている。一方で、同委員会のメンバーではない中国は、メコン川の上流に６つのダムを建設してきた。さらなる巨大ダムの建設も予定されており、そうなればメコン川は、（堆積物の流下が阻害されることになるので）ますます下流への流れや生態学的多様性を維持しづらくなることだろう。メコン川は何百万人もの人々の命を支えており、その生物多様性は目を見張るものがある。１０００種以上の回遊魚と陸生の動物相が、この河川水系に依存しているのである。

中国はギガワット級の発電能力を持った水力発電所を手に入れたいのと同時に、自国の南部が深刻な干ばつや激しい洪水に見舞われてきたことも忘れてはいない。取水量のことを案じる下流の国々をよそに、中国は自国領内の洪水をより的確に防げるよう、川の流量を制御したがっている。実際には洪水もまた、メコン川水系の重要な構成要素なのだが。

人口増加が続く限り、メコン川にかかる重圧は高まる一方だ。中国は今後もこの地域の主役であり続け、その巨大な国土と影響力を通じて、下流の国々との格差を生み出していくだろう。２０２５年までに、メコン川水系に属する中国国内の都市とその郊外の人口は、さらに３０００万人増えると予想される。ベトナムをはじめとする下流の国々は、中国が将来、この共有する河川水系にいったい何をするのだろうかと案じている。

河川は共有の資源ではあるが、上流の国々は川の下流の運命を決する大きな力を握っている。河川を共同管理する国々がしばしば信頼醸成のメカニズムを確立しようとするのは、まさに立地や地形に応じた非対称性が存在するのを認めているためだ。自然地理学と政治地理学は、正反対の2方向に向かうことがある。自然地理学が「流れとつながり」を強調する傾向にあるのに対し、政治地理学は「支配と所有」に特権を与えるのである。

アフリカの河川は、しばしば川に関わる地政学の複雑さを示す好例となっている。植民地支配を脱した各国の国境は、独立直後には明確に確定されていなかったケースも多く、乏しい水資源を共有する取り決めは貧弱だった。この曖昧さが国境を接する国家同士の緊張の口実として使われることもよくあり、複数の国家を越えて流れる「国境を通過する河川」が絡むケースでは、特にそれが目立った。すでに見てきたように、ダム建設は水流や河川管理に直接影響を与えることから、賛否両論を呼ぶ。エチオピアのような上流の国でダムの建設が話題に上ると、下流から不安の声が上がる。ケニア北部に位置するトゥルカナ湖の例では、（中国の投資資金を得た）エチオピアのギベ第3ダム建設計画がオモ川に影響を及ぼすのではないかと、ケニア政府が懸念を抱いた。全長760キロメートルのオモ川は、トゥルカナ湖に流入する水量の90％を供給しており、エチオピアの国土を流れ下った末に、最後にトゥルカナ湖の北端に注ぐ。ケニア北部は半砂漠地帯であり、この湖は牧畜や小規模農業、漁業を営むコミュニティを支えている。トゥルカナ湖はまた、エチオピアとケニアの間の国境の一部ともなっている。湖水の大部分はケニアの管轄下にあり、同国政府はユネスコの世界遺産登録を目指してきた（訳

注：1997年に登録）。一方、エチオピア政府は、ダムによって綿花やサトウキビの生産量が増加するほか、余った水力発電の電力を近隣国に輸出することが可能になると考えている。

2020年現在、ケニアは、17年に完成したこの新しいダムが、今後オモ川とトゥルカナ湖への水流を損ない、ひいては地域紛争や国境を越えた紛争を煽ることになるのではないかと懸念している。状況をさらに危ういものにしているのは、ここが地震の多い地域だと考えられていることだ。川の周辺地域では、大規模な洪水も経験してきた。それにもかかわらず、ケニア政府はギベ第3ダムが生み出す電力の一部を購入することで合意し、地元のコミュニティや環境保護団体の怒りを買った。ケニアはエチオピアとの送電契約の維持に熱意を見せるが、代償は非常に高くつく可能性がある。水位の低下は、生態学的な瓦解を招く危険性があるからだ。湖の塩分濃度が高くなり、それによって飲料水や魚類資源が減ってしまうかもしれない。

ダムの支持派は環境保護団体の悲惨な予測に反論しがちで、ケニア政府の公的機関である水サービス規制委員会なども、ダムが湖に悪影響を及ぼすことはないと自信を持って公言している。しかしながら、ダムに水が満たされた途端に、トゥルカナ湖の水位が2メートル下がったという報告もあり、湖とその周辺の先住民族コミュニティは、さらなる水位の低下と数十万人の牧畜農家への被害に注意を呼びかけ続けている。

ギベ第3ダムは1つのグローバルな課題の代表例だ。世界には15メートル以上の高さを持つダムが、およそ4万5000基あると推定されている。ダム建設は1940～80年代に大変に重視され、国外からの投資や冷戦期の地政学的競争を呼び込んでいた。当時は植民地支配を脱したケニアのような国々が、自然環境を活用し、水力発電やより広範な資源開発を行う能力があることを、熱心に誇示しようとしていた。

ダム建設は廃れたわけではないが、今や巨大ダムのプロジェクトには生態学的・社会的な悪影響の伴うことが認識されている。中国がアフリカを舞台に行っているインフラ・プロジェクトへの投資は、まさにその典型だ。ギベ第3ダムのプロジェクトが中国工商銀行からの融資によって資金の一部を調達したのは、ほかの国際的な投資家が「人類発祥の地」に良からぬ副作用をもたらすこのプロジェクトへの出資を拒んだ後のことだった。多くの反対派が恐れているように、生態学的な悪影響が高じて、ケニア北部の国境の内外で社会的混乱や紛争が勃発する事態にでもなれば、ダムに対するケニア政府の態度も変わるのかもしれない。

エチオピアの天与の地形は、国土の南部だけではなく、北部の河川や湖沼をも支えている。ナイル川はその好例だ。世界でも屈指の長さを誇るナイル川は、11の国を出入りし、最後はエジプトから地中海へと注ぐ、実に文明的な川である。エジプトは水の供給の9割をこの川に依存しており、ナイル川が損なわれることは死活問題だ。結果的に、エジプトと、同じくナイル川が流れるスーダンは、エチオピアのダム建設に対抗する軍事行動計画を策定してきた。2010年には、エチオピアの新たなダム建設計画がナイル川の流れを阻害する場合には攻撃に打って出ようという提案が、カイロで立案された。事態をさらに複雑にしているのは、自分たちを気弱で従順にさせておくためにイスラエルがエチオピアのダム建設計画を密かに支援しているのではないかと、エジプトが信じていることである。共謀関係に関する憶測も手伝って、ナイル川流域のあらゆる国々が、水の政治は決して見かけどおりではないのだと、疑念を深めている。

国境を通過する河川はことに難題となることが多く、将来もその点は変わらないだろう。ただ、形状の変化などの同じような問題には、湖沼の管理の現場もまた悩まされてきた。マラウイ湖やチャド湖などのアフリカの各地で、よく似たドラマが展開されている。マラウイ湖（マラウイ、モザンビーク、タンザニア）にもチャド湖（ナイジェリア、カメルーン、ニジェール、チャド）にも、複数の利害関係国が存在する。マラウイ湖のケースでは、タンザニアとマラウイが２０１１～12年に衝突した。湖の北部における原油と天然ガスの探査に絡み、両国が水域の境界画定をめぐって論戦を交わしたのである。チャド湖の場合、４カ国が懸念しているのは、湖の縮小と、それによって農業や牧畜を営むコミュニティが被る悪影響についてだ。水位が低下し、水が退行すると、新たな地面が顔を出し、それが「不法占拠者」を引き寄せる。それで土地が盗まれたとか、不法に奪われたといった告発が相次ぐのだ。

ダム建設や水の採取、土地やコミュニティの意図的な水没などは、ほかにも多くの事例において、戦略的優位性の確保のために利用されている。これは国際的な国境の絡まない例だが、トルコがチグリス川沿いで進めているダムの建設計画（南東アナトリア・プロジェクト）は、そこで暮らすクルド人のコミュニティに最も手ひどい打撃を与えることになるだろう。このウルス・ダムへの貯水は２０１９年７月に開始されたが、国際社会は考古学的に重要な古代メソポタミアの遺跡が損なわれるのではないかと懸念を表している。影響を受ける集落は多く、歴史あるハサンケイフの町も移転を余儀なくされる予定だ。一方、コチュテペなどの集落は、水位の上昇によって水没することになるだろう。表面的には、これはトルコの国内問題に見えるかもしれないが、プロジェクトの進行する場所が場所だけに、世界的な遺産の保護に関する問題が1つあらわになった形だ。

主権国家であるトルコがハサンケイフをユネスコ世界遺産に登録するよう求めたことがないのは、まさにその主権を国際機関に干渉されたくなかったからだ。政府が持続可能な行動をとることへの圧力が高まっている中、関係する政府の合意なしにユネスコが世界遺産登録を行うという状況は起こりえるだろうか。トルコにしてみれば、現代の主流となった生態学や遺産への関心などよりも、地政学的あるいは国家安全保障上の動機の方が勝る。クルド人の分離主義や、シリアからの紛争の波及、そして他国がアンカラに対して陰謀を企てているのではないかという不安が、他国の意図に疑念や誇大妄想を抱きがちな地政学的文化を育てているのだ。自らを意図的に地域の超大国と位置づけてきたトルコが、いかに善意から出たものであれ、国外からの干渉を快く受け入れる可能性は低いだろう。

法的な人格としての河川や湖沼

ユネスコ型の干渉が将来、行われることを見越し、活動家たちは、河川や湖沼の別の未来を確保しようと、法的な先例に目を向けている。コスタリカ対ニカラグアの事例のように、隣り合った国々は、係争中の河川や湖沼の境界に関する法的判断を、国際司法裁判所に求めてきた。国際司法裁判所は、西洋の法理を非西洋の国家や状況に適用することへの批判にさらされてきたが、紛争の平和的解決を目指す、それとは別のメカニズムも構築されつつある。

アフリカでは、この大陸に影響を及ぼす諸問題をアフリカ内部の協力によって解決していこうと、2007年にアフリカ連合が「賢人パネル」と、その補完機関の「賢人パネルの友」を設立した。紛争の解決と国境問題の調停は、同パネルの権限に属する2つの事項だ。2007年、賢人パネルは、陸海を問わず、現存するすべての国境紛争の解決を目指すと発表した。これは全長4万5000キロメートルにも達するとされる国境線が絡んだ、気が遠くなるような責務だ。パネルの作業は現在も継続しており、河川や湖沼の関係する少なくとも100件の国境紛争が、いまだ解決されないままとなっている。

河川や湖沼の国境紛争に関係した比較的最近の機軸は、世界中の裁判所が水域に法的な人格を与える決定を下していることだ。言い換えれば、裁判所は、河川水系や湖沼の並外れた生態学的・文化的重要性に鑑み、それらがより手厚い法的保護を受ける必要があることを、明確に認めているのである。多くの場合、争点となる河川水系には、ダム建設によって、あるいは資源採取や観光業などによる水利用の増加によって生活をかき乱された先住民族のコミュニティが暮らしている。河川に「権利」があるのなら、その侵害に対して法的な救済や補償が行われる可能性がある。

先住民族とその支援者たちは、法廷闘争を通じて反撃に出ている。たとえばチリでは、活動家たちがすべての河川に法的地位を与えるよう訴えているところだ。彼らだけではない。２０１７年にはニュージーランドのある裁判所が、ワンガヌイ川はマオリ文化に不可欠なものであること、そして法的な人格を保持していることを宣言した。マオリは資源採取やダム建設のプロジェクトに、かねて異議を唱えてきた。ワンガヌイ川は少なくとも１名のマオリの代表者によって代理されることとなり、今後の発展の道筋を決める委員会も設立されている。これに先立ち、コロンビアでもアトラト川の後見にあたる委員会の設立が決まっていた（この川もワンガヌイ川と同様に、一国の領土内だけを流れている）。米国では先住民のユロック族が、19年9月に、カリフォルニア州のクラマス川について同様の宣言を行った。

活動家たちは河川に法的地位を与えることを通じて、雨や融解水、支流の水系などから無限に水を得ることのできる川が単なる国家の所有物ではないことを、裁判所や政府に認めさせたがっている。河川は先住民族の文明にとって不可欠であり、生態系の健全性や地域社会の精神的な安寧にとっても極めて重要な存在なのだ。こうした「自然の権利」運動は世界中の国や地域で勢いを増しており、国家が河川や湖沼をどのように管理するかにも影響を与えている。今では土着の人々や先住民族の人々が、管理の一端を担う例もあるほどだ。

将来的には、ある一国が河川に市民と同様の法的権利を認める一方で、その河川なり湖沼なりを共有する隣国がそうした干渉を拒否するといった、興味深い対立が起こる可能性がある。ある水域の法的人格を認めた国家は、他国の攻撃からそれを守る義務を負うのだろうか？　インドとパキスタンは、インダス川の法的人格をそれぞれ異なる解釈でとらえ、その将来の運命に関する意見をたがえるかもしれない。主要な河川には生態学的、経済的、地政学的、精神的な重要性があり、単にその地位が法的に補強されたからといって、交渉がいささかも容易になるわけではない。水が極端に逼迫すれば、各国は法的メカニズムに背を向けて、水をため込みたくなるだろう。

気候変動が激化するに連れ、河川や湖沼はより根深い変化すらも遂げていく。物理的な変化が理解されれば、その国や地域社会の安全保障や福祉の感覚にも関わる決断が下されよう。国境に関わる協定においては、デリケートな水の管理の問題に配慮する必要性が増していく。これを怠ると、おそらくは緊張が芽生え、場合によっては紛争にまで発展してしまうだろう。そんな私たちの助けとなるのは、1997年の「国際水路の非航行利用に関する国連条約」のような枠組みだ。ただ、同条約の交渉が行われた時代には、現在と違って、混沌とした、非線形の、悲惨を極める長期的な環境変化が語られることはなかった。97年当時には、人間の能力と集合的意志をもってすれば、環境問題には十分に対処できると考えられていたのである。

脅威の認識も変わっていくだろう。現状では、人身売買や過激主義者、不法入国などの問題を気に病んでいる国家がよく目につく。しかし21世紀においては、我々は河川や湖沼の管理に関して、はるかに大きな重圧に直面するようになっていくだろう。水の不適切な使用や貧弱な規制、過剰な資源開発、環境破壊行為を、国同士が互いに非難し合う可能性が今よりずっと高まる。水位と下流への流量は、世界中の多くの国家や地域社会にとって、ますますデリケートなリスク指標となっていくだろう。

地理学的な情報は、そうした紛争を誘発し、場合によっては調停することになるだろう。

戦争は、水の不足に悩む国々に意外な利益をもたらすこともある。シリアは最近の悲劇的な一例だ。2011年に始まった内戦が最も激化した数カ月の間、農業ができなくなり、結果的に地元の河川水系からの取水量が減少した。多くの場合、農民は国境を越えてヨルダンに避難したのだ。衛星画像は、その時期にヤルムーク川の水位が改善されたことを明らかにしている。しかしながら——ありがちなことだが——副作用もあった。かねて深刻な水不足への対処を余儀なくされてきたヨルダンは、過去には上流に当たるシリアのダム建設や水利用に懸念を表明していた。内戦によってシリア南部の灌漑された農地は減少したが、ヨルダンが享受する利益は、避難民のために水の使用量が増加したことで相殺されてしまった。将来的には、ヨルダンは不足する水をキネレト湖（ガリラヤ海）から受け入れる形で、イスラエルへの依存を強めていくことだろう。

隠された国境としての帯水層

帯水層という目に見えない水域の存在が、国境を越えた協力をさらに複雑化させることがある。国境をまたぐ帯水層は世界中におよそ600カ所あると推定されるが、つい最近までその大きさや位置は謎に包まれていた。だが、地下のマッピングや地形の可視化の技術が進むに連れて、水が地中のどこを流れ、どこに貯められるのかについての理解が変わり、同時に関心が高まっている。

鉱業が18～19世紀に国家の「垂直的な領域」（地下の地層を含む）への関心をかき立てたとすれば、その後の強力な刺激剤となってきたのは化石燃料と水資源だった。中でも水は地下空間を流れるため、規制をかけるのがことに難しい。フランスやスイスのように1世紀半も前から帯水層の管理計画を策定していた国もあれば、そうした概念にあまり接してこなかった国もある。

中東では、2015年にヨルダンとサウジアラビアが、両国の国境をまたぐ帯水層（サウジアラビアではアル・サック、ヨルダンではアル・ディジと呼ばれる）を共同管理するための交渉を行った。両国は共に70年代からこの帯水層の水資源を利用してきたが、採取すべき水量や、水位の共同モニタリングについて一定の合意を示すことができたのは、この時が初めてだった。

世界のほかの地域でも、帯水層に関する協力と共同管理に向けた明るい兆しがいくつか芽生えている。とりわけ注目に値するのは、アルゼンチン、ブラジル、パラグアイ、ウルグアイが参加したグアラニ帯水層協定だ。この協定は、分配やモニタリングを含む国境を越えた水の管理を、明示的に目指している。2010年に調印されたこの協定は、4カ国が批准を済ませるまでに8年を要した。今後は地下水の分配の調整にあたる委員会が設置される予定だ。この帯水層の重要性はどんなに強調してもしきれない。120万平方キロメートル以上の面積を持つこの地中の空洞には、何百年にもわたって世界中に新鮮な飲料水を供給しうるだけの水が収まっている。資源としての価値は感嘆すべきものだが、一方でグアラニ帯水層協定の4つの締約国は、規定を遵守したり、委員会の活動資金を拠出したり、長期的なモニタリング作業に従事したりすることが求められる。ユネスコはこの協定の重要性を認め、地下水管理のための地域センターをウルグアイに独自に開設した。協定の効力は、ご多分に漏れず、4カ国の政治的意思に左右されるだろう。しかしこれが、この地域における地下水の境界の基本的な重要性を認識する第一歩となることは間違いない。

海の国境

海洋の国境は、表面的には、国連海洋法条約（UNCLOS）によって長年管理されてきた。世界的に認知されたこの枠組みは、1982年に署名され、94年に発効している。米国は依然として最も重要な非加盟国となっており、民主・共和両党の歴代大統領が支持しているにもかかわらず、上院で批准されていない。米国もUNCLOSの基本原則の多くを受け入れてはいるのだが、保守的な上院議員が国連の枠組みを支持しようとしないことに、海洋の国境を取り巻く現在の緊張の一端が表れている。

何世紀にもわたって、世界の海洋の管理に関する基本原則は「自由」だった。すなわち、他国から最小限の干渉しか受けずに世界の海を航行する自由である。帝国列強はこの自由を軸に貿易ネットワークを築きあげた。より最近では、米国のような超大国が、「航行の自由作戦」を展開する権利や、「無害通航」（国際法の定義によれば、スパイ活動やゴミなどの投棄、密輸、軍事活動に従事することなく、他国の領海を航行すること）または「通過通航」（1つの海から別の海へと移動する目的で海峡を航行すること）を行うための権利を油断なく守り、かつ実際に行使してきた。

このような権利意識は近隣諸国を苛立たせてきた。カナダは名高い北西航路を自国の「内水」と見なしているが、米国などの他国は「通過通航路」と考えている。その差は大きい。そこが通過通航路の一部であるならば、他国は沿岸国の規制を受けることなく、はるかに自由に往来する権利を持つことになるからだ。

このとおり、一見、各国は歴史的に世界の海を自由に航行してきたように見えるが、北西航路の状況などが示唆しているのは、海洋が常に沿岸国と第三国との一連の取引に縛られてきたという事実である。沿岸国は自国の領海と排他的経済水域内では権利と責任を有するが、他国は権利を保持する国家に干渉しない限り、その水域を通過したり、そこで活動を行ったりすることが許される。これは鉱業や漁業、投棄、輸送などを規制するルールが存在しないがために、野放図に「共有地の悲劇」（訳注：共有地では誰もが利己的に資源を収奪し、結局は全員が共倒れになってしまうという考え方）が起きてしまうことを防ぐための知恵だった。

ＵＮＣＬＯＳの起源は海底にある。１９４０年代から50年代にかけて、海に面した国々は、自国の領土の沖合の広大な水域に対する権利を主張し始めた。第三者がほとんど存在しない太平洋においては、特にそれが顕著だった。それまでは、海洋に関する国際法は断片的で、時には非公式なものだった。各国は一般に、海岸線から数キロメートルの範囲の領海を巡視・警備することができた。その状況を大きく変えたのが１９４５年のトルーマン宣言だ。米国は一方的に、自分たちが大陸棚全域の天然資源開発権を保持していること、また隣接した海洋の広大な水域に独自の漁業ゾーンを設定する権利を持つことを宣言したのである。ほかの国々もこれに追随した。

UNCLOSは世界の海に対するこうした意識の変化の帰結だった。この条約によって海洋を分割するための枠組みが確立され、全体の約40%が沿岸国に割り当てられたのだ。残りは公海と宣言された。同条約の第87・89条は次のように謳う。

公海は、沿岸国であるか内陸国であるかを問わず、すべての国家に開放される。公海の自由は、本条約および国際法のほかのルールに定められた規定に従って行使される。沿岸国にとっても内陸国にとっても、公海の自由はなかんずく次のものから構成される。(訳注：以下「航行の自由」ほか5つが挙げられている。)

いかなる国家も、公海のいずれかの部分がその主権に属することを、合法的に主張することはできない。

この枠組みの下では、沿岸国は海岸線から約200海里（約370キロメートル）に及ぶ「排他的経済水域」への広範な権利を主張することが可能だ。国土の物理的な形や大きさによっては、排他的経済水域はまことに広大なものになりうる。カナダや米国のような巨大な大陸国家や、大洋のただ中に浮かぶ離島などには、広々とした、大きな利益を生む排他的経済水域が与えられるのだ。インド洋に位置するモルディブなどは、１２００ものサンゴ島やサンゴ礁で構成された細長い形状をしているために、およそ１００万平方キロメートルもの排他的経済水域を宣言することができた。

マルタのアルビド・パルド国連大使をはじめとする国際的な法律家や外交官は、１９６０年代後半の時点で、世界の海洋をゾーン分けすることに潜む危険性を認識していた。沿岸国は最大限の優位性を確保しようと急ぐあまり、海洋保護よりも資源採取（たとえば漁業や原油・天然ガスの採掘）に注力するようになるかもしれない。また、沿岸海域（排他的経済水域を含む）の通過を希望する内陸国や第三国を顧みることなく、自国の特権を最大化しようとするかもしれない。先住民族も、沿岸国が（そうすれば有利だからという理由で）先住民族の歴史的な水の利用に言及することに懸念を表した。ひとたび権利が確保されれば、その同じ国家が、地元の先住民族の知識や水の利用にはほとんど時間と注意を割かなくなるかもしれないからだ。

パルドは深海底を「人類の共同の財産（ＣＨＭ）」とする思想の発展に貢献した。すなわち、世界で最も遠隔の空間は国家の利益の範疇を超えたものとするべきであり、少数ではなく多数に利益をもたらすための共有資源と見なすべきだとの考え方だった。

海に面した大国はしかし、海洋と海底に対する権利を確保することに注力し続けた。パルドも認識していたとおり、米国などが望んでいたのは世界の天与の地形を自らに都合良く利用することだった。国土の東西に直接隣接する国を持たない、広大で裕福な沿岸国である米国は、少しでも機会があれば「忍び寄る主権」作戦に打って出ることだろう。１９６７年、パルドは国連総会での演説で、次のように警告した。海底採掘技術に冷戦の地政学的緊張が組み合わされることによって、高度に軍事化され、開発された辺境空間が出現するかもしれない。海洋の膨大な富は、最も有能で無慈悲な者のなすがままになりかねないと。彼の見方に従うなら、海底に転がった鉱物の塊が、ただ奪われるのを待っているのだった。パルド演説が行われるまでに、米海軍は水中居住と潜水艦の運用に莫大な資金を投じていた。何らかの制限をかけなければ「海底を含めた海の争奪戦」が避けられなくなるのではないかと、パルドには思えたのだ。

この演説はセンセーションを巻き起こした。パルドの警鐘は、深海底とその資源の管理をめぐる議論を活気づけた。深海底を管理する国際機関の可能性を示唆したのは彼が初めてではなかったが、CHMとしての深海底という概念の出現は、沿岸国と内陸国の国境戦略にとって重要な意味合いを持っていた。世界の海洋が「各国の湖」に分割されるのを何とか避けようと、UNCLOSは深海底での採掘を規制・管理する権限を備えた国際海底機構を設立する。沿岸国はUNCLOSのルールに基づき大陸棚を管轄権の外縁とすることが許されたが、それを超えるすべての領域は事実上のCHMとなった。1960〜70年代にUNCLOSの草案を作成していた国際交渉担当者たちは、いかにして海洋に境界を設けるかをめぐり、互いに対立していた。第三世界の発展途上国は、自国の利益を守ることに腐心する一方で、世界の海洋の辺境空間がどのように管理されるかに特に敏感だった。沿岸国は、先進国であれ発展途上国であれ、自らの主権的利益を最大化することを望んだ。

70年代のUNCLOS交渉は、開放的な討議の精神が顕著だった。それはおそらく、それらの交渉が、勧告をまとめることを目指した専門機関の手に委ねられていなかったからだった。しかし結論の出ない議論の中で、大陸棚という地質学的な形質に対する理解を捏造してコンセンサスを結ぶことの代償があらわになった。すべての沿岸国が資源に関わる同一の基本的権利を享受できるようにするために、大陸棚は海岸線から最大200海里（約370キロメートル）沖合にある海底であると定義されたのだ。それが地質学上の大陸棚であるかどうかは問題ではなかった。ここで言う「海岸線」は法的な発明品だった。沿岸国が海岸線から200海里以上先までこの資源権益を拡大しようとするなら、当該の海底地質に関係する専門的なルールに従うこととされた。

沿岸国の海中の国境はどこで終わるのか。その答えは（第1章で述べた南シナ海での中国の行動が示唆するように）必ずしも単純ではない。200海里の標識は良い指標になりうるが、決定的なものとは言えないのだ。大陸棚の外縁に適用されるUNCLOSのルールは想像上のものだ。200海里以上先まで（地質学的な）大陸棚が広がっていることを証明できれば、海底の資源についてさらなる主張を行うことが可能になる。このことは、世界各地の係争水域に深く関わってくる問題だ。カナダ、デンマーク、ロシアはいずれも、自国の資源権益が北極圏の海底全域に及んでいると主張している。過去15年間、彼らは多額の費用をかけて、それぞれの大陸棚の地図作成や測量に奔走してきた。3カ国は皆、海岸線から350海里（約648キロメートル）、または水深2500メートルのラインから100海里（約185キロメートル）の管轄権の拡大を望んでいる。北極海の中央部は、最も深いところで水深約4000メートルだ。UNCLOSのルールを使用し、3つの国のすべてが同じ目的地を目指している。

すなわち、北極海中央部の海底に〝国旗〟を立てることである。

沿岸国が地球上の海底に対する資源権益を最大化した後は、CHMの原則の下、国際海底機構が最も遠隔地にある深海底（いわゆる「ザ・エリア」）の管理を支援する番となる。深海底での採掘活動から生じる一切の収益は、国際社会のほかのメンバーと共有されることになっている。国際海底機構はまた、そうした採掘活動の生態学的な影響にも配慮した上で、ライセンスを発行することとされている。

将来を見据えると、このようにモザイク状になった海および海底における活動と資源権益に関わるルールは、さらなる圧力に直面することになるだろう。その資源が動くものか動かないものか、また生きているか生きていないかに応じて、権益がさらに限定されていくためだ。カニのように「定住性」と表現される大陸棚の生物資源は、すべて沿岸国に帰属する。カニは移動こそするものの、常に海底から離れることはない。こうした分類上の決定は、ノルウェー（この国は利益の大きなカニ貿易を独占し、他国がバレンツ海でカニを捕ることを妨げたいと望んでいる）などの沿岸国にとって重要な意味を持つ。一方、沿岸国の排他的経済水域と公海との間を行き来する魚類資源は、いわゆる「ストラドリング魚類資源」の管理に関わる追加的な取り締まりの対象となる。国連食糧農業機関（ＦＡＯ）などの国際機関は漁業管理に強い関心を向けており、また地域の漁業管理団体は海洋空間計画には不可欠だ。

こうしたすべては、非常に整然とした、手続き的なものに感じられるかもしれない。しかし、この意思決定の基礎となる境界線やルール、ゾーンなどの多くは、１９７０～80年代に定められたものだ。その後に世界は進歩し、魚は希少になったり、乱獲されたりした。海洋の温暖化と酸性化は、魚類資源を従来の生息域から駆逐し、一部の漁村や漁業国を途方に暮れさせたかもしれない。ほかの国が魚類資源の移動の意図せぬ受益者となり、それを「奪われた」側の国がストラドリング魚類資源の管理や、共同の保護方策への関心を失うと、必然的に緊張が高まっていく。やがては漁船団が伝統的な漁場の外で新たな魚類資源を探そうとするようになり、公海にさらなる圧迫が加えられるだろう。複雑なルールが策定されているからといって、世界の海洋の管理をめぐる紛争をすべて防げるとは限らないのである。

海底採掘への関心が頂点に達したのは、おそらく1970年代だった。しかし現在でも、パプアニューギニアなどの国々は、世界の先頭に立って、ノーチラス・ミネラルズ社（カナダ）をはじめとする中国や欧米の採掘会社と新たな提携関係を結んでいる。とはいえパプアニューギニアの近年の深海底採掘の歴史は、さほど幸福なものではなかった。2019年にはノーチラス・ミネラルズが経営破綻し、ソルワラ1と呼ばれる鉱区の事業が頓挫した。この鉱区はパプアニューギニア沖の、特に係争のないビスマルク海の一角に位置していたが、採算が取れないことが判明したのだった。

深海底採掘への関心はそれでも消えることはなかった。大西洋中央海嶺付近の海底に位置する、いわゆる「ロストシティ」と呼ばれる熱水噴出域は、海底採掘の推進者たちから大いに注目を浴びている。そこでは超高温の水と一緒に、海洋底に埋もれた鉱物が噴き出しているのである。粒子が沈降すると、鉱物を豊富に含んだ、一連の煙突のような熱水噴出孔が形成される。ロストシティは非常に遠方にあるものの、公海で発見できるというのが魅力だ。広大な太平洋に浮かぶフィジーやトンガ、クック諸島などは皆、国際的な投資家を呼び込めると期待している。コバルトなどの鉱物の豊かな海底鉱床が見つかると信じているのだ。クック諸島の海底鉱物資源当局は、２０１９年に、２００万平方キロメートルの海底採掘活動用の区域を設定したと発表した。

当面は漁業の管理が公海におけるより差し迫った関心事だが、深海底のことを完全に忘れ去るべきではないだろう。世界の海洋の大部分は、いかなる沿岸国の排他的な権限も及ばない公海に分類されている。特に南極海は広大な公海であり、利害関係国はその管理方法についての合意を結ぶのに苦労してきた。ロス海の海洋保護区は、中国とニュージーランドがこの辺境の海洋環境の管理法に関し、漁業と環境保護のバランスという観点において、どれほど意見を違えていたかの好例だ。ニュージーランドとその盟友である欧州連合（ＥＵ）や米国が、ロス海のより広い面積を保護区とするよう求めたのに対し、漁業に関心の高い中国やロシアなどは、規制をより寛容にすることや、漁業禁止を永久的なものとはしないことを望んだ。２０１７年に発効したロス海の協定は35年後に再検討される可能性があり、その時に再び保護と開発をめぐる議論が繰り返されることになるかもしれない。

海洋保護区や、より一般的な海洋空間計画などの事業は、どれも境界画定に関わることである。ＵＮＣＬＯＳはそうした水中の境界を設定し、管理するための法的・技術的な枠組みを提供している。だがＵＮＣＬＯＳにも答えられない問いがある。私たちは海洋保護区のサイズや目的を次第に縮小していかなければならないのだろうか？　気候変動の激化と資源の逼迫に直面し、その一方では世界人口が１００億人に達すると予想される２０５０年以降の世界において、ＣＨＭへの指定はいかなる意味を持つのだろうか？　広大な排他的経済水域を持つ島嶼国家が、これまでになく斬新な方策を編み出し、海洋を保護することや漁業権を与えることと引き換えに、他国から財政支援や債務免除を引き出すようになるのだろうか？　ますます遠く離れた地中空間が資源関連の圧力にさらされていく中で、深海底はいずれ紛争の原因となる運命なのだろうか？

そうした圧力は常に資源の窃盗を伴うとは限らない。紛争は、公海や深海底における水中インフラの建設や保守といった、より無害なものから始まる可能性がある。中国のような世界的な大国や、米国のようなＵＮＣＬＯＳ非加盟国の支援を受けた裕福な実業家が、新たな水中世界への投資を決意するケースもあるだろう。その種の計画は実在する。日本のゼネコンの清水建設は、２０１４年以来、「オーシャン・スパイラル」と呼ばれる深海未来都市構想プロジェクトに取り組んできた。２０３０年代前半に数十億ドルをかけて建設される予定のこの都市は、少なくとも水深数千メートルの場所に位置し、深海底をエネルギー源および食料源として利用するのだという。

こうした形で進行する世界の海洋の植民地化が、将来の国家間の紛争を招いていくことは想像に難くない。現在は漁業が主要な関心の的となっているが、次に注目されるのは海底だろう。国連の国際海底機構は、海底採掘を統制するための新しいルールを議論している。世界の海洋が直面する現在および将来の圧力を象徴するのが「ブルー・アクセラレーション」という言葉だ（訳注：人類が海洋資源への需要を急増させつつあること）。飲料水の需要の増加は、海水淡水化プラントの急増を促した。海中の通信ケーブルやパイプラインは海底に縦横に敷設されており、漁業や浚渫などの活動が行われると破損する恐れがある。魚や鉱物の需要は増加の一途だ。2030年までに世界的な魚の需要は1億5000万トンを超えると予想され、各国政府は「タンパク質地政学」の分野で首尾良く立ち回ろうと努めている。

中国はそれを成し遂げるための手段を容赦なく駆使する国だ。2017~20年の間に、中国の漁船団は北朝鮮の水域から推定5億ドル相当のイカを獲った。少なくとも700隻の船が、この違法な取引に加担したと見られている。2017年に国連安保理事会が（弾道ミサイル実験を理由に）北朝鮮に科した制裁は、同国政権が漁業権を売却することを禁じている。オーストラリア、韓国、米国、日本の学者による国際的な調査団の働きがなければ、私たちはこの違反について何も知らずにいたことだろう。中国漁船の活動に対する説明の1つは、北朝鮮の政権が排他的経済水域内での漁業権を、密かな支払いと引き替えに売り渡したというものだ。より可能性は低いが、この活動が完全に無許可で行われていたということも考えられる。いずれにせよ、北朝鮮の水域で中国船が漁をするのはあってはならないことだ。また彼らがそこにいるとなれば、より小規模な北朝鮮の漁船団は結局操業できなくなってしまう。中国のそれとは異なり、北朝鮮の漁船団は老朽化している上に、遠方の海域で操業するための装備も不十分だ。日本やロシアの海域での違法操業を余儀なくされた北朝鮮の「幽霊船」は、見知らぬ海岸線に次々と打ち上げられるはめになった。

最後に、100万平方キロメートルを超える国際的な海底が、各国や商業的な事業者に割り当てられている。中国企業は水中の採掘権の獲得と採掘活動において世界をリードしている。

「水リスク」の将来

私たちは、湖沼や氷河、帯水層、海洋などが、人類と地球上の生命にとって極めて重要であることを知っている。共有する資源や、公海などの空間を取り扱うためのルールも整えてきた。とはいえ、それらは現在や将来とはかなり異なる時代に考案されたものだ。世界の人口は増加している。気候変動は世界の海洋や湖沼、河川や氷に覆われた地域を変化させている。それに私たちが低炭素エネルギーの未来に移行していくなら、蓄電池を含む再生可能エネルギーのインフラへの世界的な転換を促すために、むしろより多くの鉱物を必要とするようになるのだ。

世界人口の25％が「水ストレス」に直面していることは、今では広く認められている。その意味するところは、毎年20億人近くの人々が、入手可能な水をほとんど使い尽くしかけているということだ。米国の研究機関である世界資源研究所は、2019年の報告書の中で、世界の指導者は「水リスク」が招く結果についてもっと話し合う必要があると指摘した。同研究所は国別の水ストレスのランキングを作成しており、それによると「必須の水にも極端に高いストレスを受けている国々」の圧倒的多数は、西はパレスチナ、レバノン、イスラエルから東はインド、パキスタン、トルクメニスタンに至る弧状の地域に分布していた。その膨大な数の人々が、国際的な境界線をまたぐ氷河地帯や河川水系、湖沼、帯水層などに依存しているのである。

もちろん欧州でも南北アメリカでもアフリカでもアジアでも、共有管理がうまくいっている例は見られる。成功を収めているのはたいていの場合、参加国が対等な立場で国際的な法的・政治的枠組みの共有を約束し、また各国間に共同作業の歴史と信頼構築の方策が存在するケースだ。しかし、そのような要素が必ずしも整っているとは限らず、多くの人々は、国際社会が増大する課題に力強く対応していないのではないかと疑っている。気候変動、経済活動の進展、人口の増加は、どれも水供給をさらに逼迫させる要因だ。洪水や干ばつ、地震、地滑りなどの自然災害は、水インフラを汚染し、危険にさらす。広範囲に及ぶ汚染は公衆衛生にとって非常に有害であり、世界の最貧地域では水処理が行き届いていない。先住民族のコミュニティは、カナダのような先進国にあっても、断続的で不安定な水の供給を経験することになるだろう。南アフリカの主要都市のケープタウンでは、２０１８年に水が枯渇する危機にさらされた。この時には、市内の水供給の厳しい制限と緊急措置によって、飲料水が入手できなくなる「ゼロの日」は回避された。２０５０年までには供給不足が珍しくなくなり、およそ40億〜50億人の人々が日常的に水に事欠くようになると見られる。

国際的な司法制度は水ストレスに対応しつつある。国際司法裁判所はコスタリカとニカラグアの係争の中で、国境紛争に対応するだけではなく、環境面のダメージに対する補償を与える意向を明らかにした。２０１７年に発足した地球環境協定は、「生態学的に健全な環境」への普遍的な権利が、法的拘束力のある文書をもって認定されることを明示的に期待したものだ。法的拘束力が付されているなら、そこに盛り込まれた規定に基づき、政府などによる環境への行動の影響について、市民や地域社会が説明責任を問えるだろう。汚れた水のために大勢が健康を毒されたミシガン州フリントの市民やイラクのバスラの市民が、市や州、国の政府に説明責任を問い、抜本的な改善を要求することができたらどうだっただろうか。

もちろん、これは水の国境の課題を解決するものではない。一部の政府は地球環境協定を顧みることも、苦しんでいる人々に関心を払うこともないかもしれない。別の政府は河川や湖沼の長期的な運命よりも自分たちの都合を優先するかもしれない。そしてどれだけ法的措置を取られようとも、ダムを増設したり、さらなる取水や漁獲を行ったり、氷の消失ないしは川床、海岸、島などの出現によって新たに生まれた領土に入植したりすることをやめないかもしれない。長引く干ばつや過剰な取水によって湖沼や河川が縮小すれば、さらなる土地や水の争奪戦の場が生み出されるだけである。

エネルギー生産の抜本的な変革を実現するためのみならず、100億人を突破するであろう世界共同体を維持していくために、私たちは世界の海洋や湖沼、河川、そして氷河などの淡水源をさらに活用していくことになる。1970〜80年代に策定された現行のルールは、果たして目的にかなったものであり続けるのだろうか。2020年春、国連加盟国はニューヨークで再び会合を開き、公海における海洋生物多様性の保全に関する法的拘束力のある合意を進めようとした。しかし「保全」は「保護」を意味しない。公海を守ろうとする国々と、海底の鉱物や食料資源に目を向ける、中国を中心とした国々との間で、意見は二分されているのだ。

海底の争奪戦と潜在的な地政学的混乱の新時代が到来しても、海面下の境界画定が重要であることは今後も変わらないだろう。グローバルな「共有地」は脆弱なのだ。それと、今度あなたのインターネットがダウンしたら、原因は水中での破壊工作かもしれないと考えてみてほしい。デザイン理論家のベンジャミン・ブラットンが述べるとおり、インターネットは「地球というレイヤー」なしには存在しない。そして地球の表層《レイヤー》の多くを占めるのは、世界の大洋の表面なのである。

第4章

消えゆく国境

倒木によじ登った少年の眼下で、潮が満ち、波が打ち寄せる。海水面の上昇のために、キリバスの国民は移転を迫られている。海水面は年平均1センチ余り上昇しており、この島嶼国家が長期的に存立していけるかは予断を許さない状況だ。2019年9月、キリバスは中国に支援を求めた。中国政府は、南シナ海に人工島を建設した浚渫船団を動員し、大規模な浚渫作業を通じて土地の造成を行うことを提案した。

海面上昇で世界中の島々が消滅した世界

私たちの政治的な地図は、陸や海が大きく変動することはなく、また境界線によって世界を分割することは可能であり、かつ望ましいことでさえあるという仮定に大きく依拠している。主権や自己決定権に関する主張は、多くの場合、これらの境界線の内部を対象になされる。国家はしばしばコンテナのようなものだと考えられており、各政府は自国の国境内の諸問題や、人々の出入りを統制しようとする。「支配権の奪還」などというスローガンは、領土と主権は完全かつ排他的なものであるべきだとするこの信念に根ざしているのである。だが、そのような超絶的な支配の高みには、たとえ北朝鮮でも到達することはできない。物事は、国境管理など意に介さずに、するすると国を出入りする性向を持つからだ。

海上に出ると、この理想化された政治地理学のモデルはさらに複雑になる。世界の海洋に対する国家の支配力は、陸地から離れるほどに弱まっていく。沿岸国は、陸地を所有するのと同じようには海洋を所有していない。すでに述べたとおり、水の国境は概して目には見えないのだ。公的な境界設定者が海にいて、ある排他的経済水域がどこで始まり、どこで終わるのかを決めているわけではない。空域の場合と同様に、沿岸国は海岸線から12海里（約22キロメートル）の範囲内で行われる活動を追跡・監視することができる。しかし陸地で見られるのと同種の国境インフラがそこに存在するわけではない。国家は自国の水域に排他的な統制を及ぼすことも許されない。なぜなら船舶がそこを通過したり、他国の排他的経済水域に「干渉」しない範囲で活動したりすることは許容されねばならないからだ。ただし「干渉」の定義が常に明確であるとは限らないために、そこには不確実性やリスク、曖昧さが多分に潜んでいる。

ここで海面上昇によって世界中の島々が消滅した世界を、しばし想像していただこう。陸地の領土とそれに付随する国境が消えたら、水中の資源の所有権は誰が決めることになるのだろうか。何世紀にもわたって、私たちはいつでもそれと確認できる海岸線や河川水系や島嶼の存する、現実的な世界のための手続きや習慣、ルールを発達させてきた。海面上昇が予想どおりに進めば、今世紀中にそれらは水没してしまうだろう。

逆に新たな領土が出現する可能性もある。たとえば噴火後に現れる火山島だ。1963年にはアイスランドのすぐ南にスルツエイ島が誕生した。この島には誰も住んでおらず、テフラ（火山噴火によって放出された砕屑物）の基盤が浸食され続けていることから、2100年までに消滅すると予想されている。世界は今、太平洋上の海抜の低い有人島や、海岸沿いの人口密集地が浸水するという予測と向き合っている。すでに「気候難民」について語られることが珍しくなくなり、将来的には世界中のコミュニティに大きな混乱をもたらす極端な気象現象が、より頻繁に発生するようになる可能性が高い。米国のような豊かな国でさえ、浸水の恐怖に直面させられてきた。2005年にはメキシコ湾岸がハリケーン「カトリーナ」の被害を受けたし、現在は厳しい冬の嵐に見舞われたアラスカ州沿岸部のコミュニティの移転が進められている。一方、バハマなどの地域にとっては、2019年は悲惨な「ハリケーンの年」になった。

世界の気温と湿度が上昇しつつある今、私たちは国境の消失に慣れていかなければならないだろう。気候変動の速度や広がり、激烈さは、今後数世紀の間に世界の海面高が一変することを示唆しており、危機にさらされたコミュニティの多くは、単純に海水にのみ込まれることを案じている。海面上昇は一様ではなく、いくつかの島嶼国家は姿を消すだろうが、すべてが一斉に水没するわけではない。最悪の被害を受けるのはキリバス、ツバル、モルディブなどになりそうだ。今世紀末までに世界の海面高が80センチ～1メートル上昇した場合、地球上の陸地面積が約1万7000平方キロメートル縮小し、何百万人もの人々が住まいを失うと推定されている。

消えゆく国境と人新世

消え去る国家には何が起こるのか？　もちろん私たちは国家の分裂には慣れている。ソ連は1991年に終焉を迎えたが、かつて存在したこの国の国境は今でも緊張を引き起こす可能性を持ち、また実際に引き起こしている。ロシアが2014年に断行したクリミア半島の併合や、ウクライナ東部で今も続く不安定な情勢は、2008年にロシアとジョージアの間で勃発した短期間の戦争とともに、そのことを想起させてやまない。しかし領土の併合や占領が行われても、そうした国々が領土に残した足跡は、だいたいにおいて確認が可能だ。その領土は依然として目に見えるし、十分に住むこともできる。

海面上昇や、その他の形での深刻な環境の変化は、上記とは幾分異なる課題を国境に突きつける。気候や環境が変化しつつあることが認識されるに連れ、私たちはもはや、地球上の地形がおおむね現状を保つだろうと仮定することはできなくなった。たとえば海面の高さはここ6000年ほど比較的安定していたが、世界中の科学者が行ったシミュレーションの結果、驚くべき結論が導かれた。2030年までに、世界の都市部の推定約40%が日常的に洪水を経験するようになるというのだ。たとえば米国の南東岸はただでさえ非常に脆弱だが、大幅な人口増加によって、さらにその傾向が強まると予想される。海面上昇が続けば、何百万人もの人々を巻き込んだ大規模な人口移動が発生する可能性が高い。デンバーや中西部一円の標高の高い都市は、海面上昇による移住者の人気の移転先になることだろう。一方、フロリダ州やメキシコ湾岸は深刻な水害に遭うリスクが高まる。

領土とそれに付随する国境の消滅は、新たな地質年代として提案されている「人新世」の際だった特徴であると、今では考えられている。2000年に考案されたこの新語は、完新世（相対的に気候が安定していた約1万年間）の終わりと、過去とはまるで違った時代の到来を予告するものだ。気候変動の研究者たちは、今後は人類を、地球の体系を大幅に変える集合的な能力を持った、地球物理学的な力として認識する必要があると明言したのである。人新世が実際にいつ始まったのかについてはいまだ議論が決着していないが、メッセージは明確だ。人類はその真の姿をもって――すなわち、この惑星に影響を及ぼす力の１つとして——理解されねばならないということである。

　しかし、この新語が人気を博すや否や、異なる観点を持つ人々が、人類の累積的な影響を全人類的なものと考える傾向に疑問を投げかけた。確かに、産業革命の波に乗り、化石燃料を消費して、自らの経済や社会の変革に力を与えてきた植民地帝国と、原材料を搾取されていたそれ以外の国々とを区別する必要はあった。世界の気候が変動しているのは事実だとしても、人新世《アントロポセン》の「人《アントロ》」という網羅的な言葉は、一定の注意をもって取り扱われねばならないのだ。ディペシュ・チャクラバルティ（訳注：インド生まれの歴史家）などの人々は、こうした視点からの発言を続けてきた。気候変動は富める者の病であり、世界の大気中の炭素汚染の半分近くは米国と欧州に原因がある。アフリカは世界の炭素汚染の約５％にしか責任を負っていない。同様に「海面上昇」という言葉も誤解を招く。一様に上昇するわけではないのだから、「海面変動」と考えたほうがよい。単純に言って、面積の広い国ほど、度を越した暑さや、海面の上昇、干ばつ、猛烈なサイクロン、竜巻などから逃れるチャンスを、地理的に見て、より多く持つことになるだろう。

　科学者たちは、温暖化が継続すれば、世界の極地や氷河地帯で氷が失われ、グローバルな混乱が引き起こされるだろうと警告している。太平洋の島嶼国家ツバル（人口１万１０００人、陸地面積26平方キロメートルの島々）の代表のアフェリー・ピタが２００７年に国連で警告したように、世界は「温暖化戦争」のただ中にあるのだ。海面高の変動によって、低地に位置するコミュニティや領土が世界中で姿を消していくだろう。

ある島が海面上昇によって水没したら、その時、何が起こるのだろうか。人間や環境が被る深刻な被害以外にも、島の消失は悩ましい問題を提起する。そこにあった有人島を取り巻く海域は公海になるのか？　その島嶼国家が有していた、排他的経済水域へのアクセスをはじめとする資源権益はどうなるのか？　地域社会は水没した島からの避難を強いられるばかりではなく、漁場へのアクセスや鉱物の採掘権などを通じた潜在的な収入をも奪われるかもしれない。なぜなら、もはや主権者としての権利を行使する能力を持たないからだ。

「気候変動に関する政府間パネル」（ＩＰＣＣ）の評価報告書は、私たちが２１００年末までに温室効果ガスの排出削減にどれだけ成功するかに応じて、海面の高さが50～１００センチメートル上昇する可能性があると警告した。だが気候変動の研究者たちは、この予測は保守的だと注意を呼びかけている。グリーンランドや南極の氷床の融解がさらに進めば、世界の海洋の熱膨張と相まって、海面の変動幅はより大きくなるかもしれない。２０１９年に公表された科学研究によれば、今世紀末には、海面の上昇によって数百万平方キロメートルが浸水し、１億８０００万人もの人々が住まいを失う可能性がある。

消えゆく国境は人間のコミュニティを苦しめるばかりではなく、地政学的にも法的にも困難な課題だ。地球の安定性や予測可能性の低下が証明されていくに連れて、私たちは国境の耐久性が低下していることにも気づくだろう。すでに述べてきたとおり、現実の国境に軽微な調整が加えられることは珍しいことではない。海面の高さは様々な理由で変化しうるし、また実際に変化している。そのうちのいくつかは氷河の融解や気温の変動に関係するものだが、地震や火山噴火など、気候変動とは直接関係のない要因によるものもある。

国境紛争は交渉を通じて解決できることもあれば、緩衝地帯や非武装地帯を設けても解決できないこともある。しかし一定の土地が丸ごと流されたり水没したりして、国境が単純に消滅してしまうと、私たちが前提にしていることの多くが揺らいでしまう。

ハリウッドは一足早くそこに到達していた。『ウォーターワールド』（１９９５年）が観客に提示するのは、地球上の氷が解けきって久しい西暦２５００年前後の世界だ。海面は何百メートルも上昇し、残された陸地は皆無に近い。生き残ったコミュニティは、海に浮かんだ「アトール」と呼ばれる人工構造物を頼りに暮らしている。人々はもはや陸地での暮らしを覚えていないが、なおもそれを夢見る者もいる。人類は今や海生哺乳類にほかならなくなったのだ。だが、同作を観ればわかるように「水の世界《ウォーターワールド》」は依然として危険であり、生存者たちは「乾いた土地《ドライランド》」の伝説に強く引かれていく。好意的な批評はそれほど多くはなかったが、この映画は海面上昇の問題を立派に提起する役割を果たし、人類のコミュニティが陸地を失った帰結をドラマチックに描いていた。

国境を脅かす海面上昇

今や私たちは、海面上昇の影響を受けることになる国々を70カ国も挙げられる。海抜の低い、比較的小さな島嶼国がそのリストの大半を占めるが、中国や米国のような大国とて、海面上昇の影響から逃れられるわけではない。

国連は「持続可能な開発のための2030アジェンダ」の中で、海面上昇が世界の多くの国々に大きな脅威を与えていることを認めた。国際社会は海面上昇に対する懸念を増大させており、不安を抱えているのはもはや影響を受ける70カ国にとどまらない。激烈な気象現象や、海面高の変動、環境の悪化などによってさらなる避難民が発生するこの時代には、難民を管理するためのルールも刷新する必要があるだろう（後述するように、世界的な難民関連の条約は、現在および将来の環境面の緊急事態ではなく、第2次世界大戦とホロコーストによる人的犠牲を反映したものだ）。

私たちは「環境難民」という新たな種類の人や共同体を認知する必要がある。一部の土地には人が住めなくなるかもしれないし、極端な事象に繰り返しさらされれば、それに伴い、政府は財政的な損失（投資を呼び込めなくなることを含む）を被るだろう。信用スコアは必然的に低下し、支援が寄せられなければ財政破綻に直面する国も出てくるに違いない。泣きっ面に蜂と言うべきか、海抜の低い島嶼国の一部は、パンデミックに関連する世界的な観光市場の崩壊によって、さらなる財政的な打撃を受けた。

国際法協会は、海水面の上昇に目を向けるための新たな国際委員会を創設した。その「国際海洋法における基線委員会」が法律家に警告したのは、彼らの直面する世界は、国連海洋法条約（UNCLOS）などの主要な国際的な枠組みの交渉が行われた1970年代に想定されていたものとは、根本的に異なるのだということだった。当時は気候変動が国際法上の話題となることはなく、世界の海洋は、平和的かつ協力的な方法で分割され、管理され、利用されるべき水域と見なされていた。UNCLOSは海面上昇の脅威を認めてはいたが、地球上の地形が実際に変動したらどうなるのかについての議論が始まったのは90年代に入ってからのことだ。

2012年に、基線委員会は、海面上昇に伴って海抜の低い小規模な国々が領土を失い、その結果、近隣の海洋に対する権限を行使できなくなる可能性があると推断した。領土の水没が、国家としての地位や国民のアイデンティティ、資源へのアクセス、平和と安全を確保する能力などの喪失を招き、移住を強いられることにつながるとしている。

この報告を受けて、国際法協会は「国際法と海面上昇に関する委員会」と呼ばれる組織を設立した。同委員会は、今後の海洋法のあり方、領土喪失と強制移住の副作用、海面上昇が国家としての地位と国際的な安全保障に及ぼす影響などの諸問題に取り組む必要があることを認識していた。言い換えれば、地球がより水に覆われた未来へと向かっているのであれば、私たちは、領土が縮小したり、果ては消滅したりするような国々が現れる世界を想定し、計画を練る必要があるということだ。地域社会は単に持続不可能になるばかりではなく、彼らの領海や排他的経済水域が他国に収奪される確かな恐れがある。

1990年に設立された小島嶼国連合（AOSIS）は、海抜の低い小国にとって気候変動がどのような地域的意味合いを持つかについての理解を促そうと、積極的に活動してきた。彼らは国際社会に対してロビー活動を行うとともに、領土の消滅や人口の喪失、環境難民、領海や排他的経済水域の不承認といったリアルな諸問題に国際法をもって対処するよう、先んじて要求してきた。２００９年にコペンハーゲンで開催された気候変動枠組条約締約国会議（ＣＯＰ15）では、ツバルの代表のイアン・フライが登壇し、１つのシンプルなメッセージを伝えた。彼は「我が国の命運はあなた方の手にかかっている」と聴衆に訴え、温室効果ガスの大胆な排出削減に取り組むよう嘆願した。聴衆も耳を傾けてはいたが、ツバルを救うには少々手遅れだったかもしれない。

海岸線と大陸棚――基線の未来

海岸線、あるいは国際的な法律用語で言うところの「基線」は、一国の陸地の領土がどこで終わり、海とそこに含まれるものに対する権利がどこから始まるのかを決定するために欠かせない。境界線を引き、基線を画定することには、過去の世代も頭を悩ませた。16～17世紀には、海の支配権を示す線は事実上、着弾距離によって決定されていた。ある国の領海は、崖の上や浜辺、沖合の島などに据えられた陸上の大砲の、最大射程距離をもって定められていたのだ。３海里（約５・６キロメートル）が事実上の限界と受け取られていたが、それは陸地が安定し、常に確認可能な空間であるという前提に依拠していた。

４世紀後、国際海事法はこの基線の概念を用いて、世界の海洋の正式なゾーン分けを確立した。基線は国家の政治的・法的な境界線だ。各国が12海里（約22キロメートル）の領海を主張する時、それを測る起点となるのは海岸の低潮線（干潮時の最低水面の位置）である。低潮線が選ばれたのは偶然ではなく、高潮線を起点にした場合よりも、領海を幾分遠くに広げられるからだ。海浜は、言い換えるなら、その国の領土の一部にほかならないのである。一国の海岸線を測定するのは簡単な仕事ではないので、国際海事法はしばしば単純化した地理的現実に則って運用を行い、原則やルールの確立を容易にしている。

海岸線と大陸棚に関して言えば、法律家と地質学者では、それらの物理的な形態や配置についての理解が異なっている。たとえ地質学者がそうした法的な理解を認めなくても、すべての沿岸国はその原則に同意することが可能だし、また実際に同意しているのだ。それに基づくルールによって、沿岸国は領海と排他的経済水域を確定し、宣言することが可能になる。その確定行為によって、次には第三者がその領海や排他的経済水域を通過するための指針ができる。私たちが無害通航や通過通航、航行の自由や、何らかの行為を行う権利について語れるのは、まさに国際法が権利と責任のモザイクを確立しているからだ。世界の海洋が測定され、線が引かれているからこそ、これらすべてが可能になるのである。

海浜と海岸線は、従って、国際海事法の地理的な基盤を提供しているわけだが、海面の上昇はこの複雑で計画的な作業を無にしてしまう恐れがある。また、海岸線は複雑な地理的環境であり、波の作用や風の影響を受けて常に変化している。どんな島や大陸であれ、工事などを通じて人為的に直線化されていない限り、海岸は入り組んでいるものだ。私たちはそのダイナミズムを非常によく知っている。なぜなら、消波堤を築いたり、マングローブ林や砂浜、磯、海氷などの自然物が内陸部を守る盾になっていることを認識したりすることによって、海岸の環境の管理に努めているからだ。そうした盾がなければ、むき出しになった家屋やインフラに、波が直接打ち寄せることになるだろう。

すでに明らかになっているとおり、海に面した国々は、海岸線を都合良く利用する技術に徐々に長じてきた。領海の主張を行う際には、海浜の低潮線ではなく、「低潮高地」(干潮時にだけ海面上に現れる礁や岩)が基準にされる。最も悪名高いケースでは、中国などが南シナ海で人為的に新たな島や隆起を作り、海洋支配権を主張する支えとした。それには時間と少なからぬ労力が必要であり、中国の場合は、海軍と陸軍のプレゼンスを笠に着た浚渫船団が動員された。南シナ海の重要性に鑑みれば、おそらく中国は、これらの領土が海面上昇によって水没することのないよう、投資を継続することだろう。

中国などが南シナ海で行っていることは、法的・軍事的な力の乱用だと思えるかもしれない。しかし、ただ生き延びるために人工島の建設や要塞化に手を染めなければならない国々があるとしたら?そうした補強策は、地政学的な土地のぶんどりというよりも、むしろ生存戦略であるのかもしれない。人為的に島や海岸線を操作することに対する見方は、状況に応じて変わる可能性がある。消えゆく国境と水没する領土は、どこに住んでいるかに関わりなく、私たち全員に厄介な問題を提起する。世界のコミュニティの3分の1はすでに海面上昇の脅威に直面しており、この問題を研究した者なら誰もが、影響を受けるコミュニティや国の数が今後も増加すると考えるだろう。

消えゆく国境の象徴、モルディブ

海抜の低い小さな島嶼国の多くは、海面上昇によって領土を失えば、排他的経済水域までも失うことになる。その国の位置や領土の形状、他国からの相対的な距離にもよるが、その面積は広大なものになりうる。モルディブの運命は、そのまたとない例としてよく引き合いに出されてきた。インド洋に位置するこの群島の地理的な条件は破格だ。1000を超えるサンゴ島や砂州によって形成され、それらが環礁のチェーンのごとく南北に連なっている。およそ9万平方キロメートルの範囲に散らばる環礁は、死んだサンゴと、それを取り巻く生きたサンゴ礁から造られている。サンゴ礁は水温や海の酸性度の変化に極めて敏感で、熱帯性のサイクロンの被害を受けやすい。国土の多くは海抜わずか1メートルほどだ。

モルディブ政府はこのユニークな環礁群を、陸地よりも海の面積の方が広い20の行政区に区分している。サンゴの環礁は非常に動的な環境であり、数千年にわたって変化してきた。各島のコミュニティは、生活環境を安定させようと、時とともに海岸工学に取り組むようになった。堤防を築くことや、かさ上げした土地に家を建てることは、海面のすぐ上の高さで暮らす人々にとっては一般的な対応だ。

すでに述べたように、モルディブの排他的経済水域はおよそ100万平方キロメートルにも及ぶ広大なものである。地図上で見ると大きな四角形をしており、その北東の隅でインドとスリランカのそれぞれの排他的経済水域とわずかに接している。漁業はモルディブ経済の主要産業になっており、輸出収入の65％以上を占める。その大半を生み出すのはマグロの漁獲である。排他的経済水域と観光産業を除けば、モルディブは約45万人の人口を支える選択肢をほとんど持たない。海面の変動が続けば、この国の陸地の領土が水没することは明らかだ。

領土の水没は、モルディブに対し、存亡に関わるリスクを突きつける。そこでこの10年の間に、欧州連合（EU）や世界銀行などの国際的なパートナーを巻き込んだ気候変動信託基金を設立し、資金を調達する計画が何度か練られてきた。こうした基金が目指すのは、建物の改修や廃棄物の管理、再生可能エネルギーの生産といった新たな抵抗策を、この国に備えさせることだ。モハメド・ナシードらの歴代大統領は、モルディブの苦境に注目を集めようと腐心した。彼は２００９年に海中で閣議を開催し、海抜の低い島々や海岸線が水没しかねないという気候変動の現実を、世界に伝えようとしている。30分に及んだ閣議は、温室効果ガスの排出削減を世界に呼びかける共同声明を採択して終了した。ナシード元大統領はまた、バングラデシュなどの国々と協力し、気候変動に対する脆弱性が世界各国で平等に共有されていないという事実に光を当てた。

モルディブは、海面の変動と、それが国際的な国境や主権国家の承認に及ぼす意味についての議論の震源地だ。この国の環礁が水没し、居住不能になった場合、もはや「定められた領域」は存在しないと判断される可能性は大いにあるだろう。１９３３年のモンテビデオ条約は、「承認可能な国家」の要件を４つ設けた。国家の資格を得るためには、永住する人口、定められた領域、機能している政府、他国と関係を結ぶ能力があることを証明できなければならない。領土が失われれば、一部の国家がその水没した国家の承認を拒み、他国と関係を結ぶ能力があることを否定するかもしれない。一方で、国際社会はマルタ騎士団のような例を指摘するかもしれない。マルタ騎士団は、正式な領土を持たないにもかかわらず、複数の国家と公式な外交関係を結んでいる（かつてはマルタ島に領土があったが、1798年に失われた）。彼らは国連のオブザーバー資格を持ち、独自のパスポートや切手、通貨を発行している。

モルディブのような島嶼国が海岸線や領海への権利、排他的経済水域、そしてそこにある資源へのアクセス権を失った時に経験することは、国際社会や現行の国際法や政治の枠組みに、重要な先例を与えるだろう。

消えゆく国境としての湾

海面の変動の影響を受けるのは、もちろん海抜の低い島嶼国家だけではない。海岸線や湾もまた同じだ。インドやバングラデシュは、モルディブやツバルのような存亡の危機にはさらされていない。しかし浸水と環境変化が非島嶼国に突きつける課題が、ベンガル湾からは見てとれる。ベンガル湾に面しているのはインド、バングラデシュ、ミャンマー、スリランカ、インドネシアの5カ国だ。何千年もの間、ここは交易や資源採取、文化交流などを含む様々な活動の場となってきた。帝国列強はベンガル湾を存分に活用し、紅茶や天然ゴムなどの商品の商業・貿易面での利権を追求した。内陸国にとっても、ベンガル湾は重要な交易ルートであるとともに、漁業などの活動を通じて商業的な収入をもたらす源泉となってきた。

ベンガル湾地域は約5億人の人々の生活と労働の場になっており、気象パターンの変化は、これらの沿岸地域のコミュニティが直面している脆弱性の度合いを浮き彫りにしてきた。たとえば２０１３年には、インドのオディシャ州を激しい嵐が襲い、80万人前後が沿岸部からの避難を余儀なくされた。

ベンガル湾は、沿岸国にとって重要な戦略的空間でもある。インドとバングラデシュは近年、湾内の海洋国境と資源利用をめぐって、対立と緊張の歴史を重ねてきた。バングラデシュとミャンマーもまた、海洋国境をめぐって独自の論争を繰り広げてきたが、２０１４年に国連の法廷で最終決着を見た。地政学の面でこの問題をさらに複雑にしているのは、イスラム系少数民族のロヒンギャをめぐる難民危機が進行し、数十万人もの人々がミャンマーからタイなどの隣国へ逃れなければならなくなっていることだ。環境面では、ベンガル湾は汚染や塩分濃度の上昇、魚類資源の管理などの問題にさらされている。植民地主義や暴力的なモンスーン、悲惨な干ばつなどの影響が続き、この海域が人間や自然の及ぼす悲劇と無縁だった時期は、何世紀にもわたってほとんどなかった。

海面の上昇と予測不能の天候は、今やベンガル湾に新たな重圧を与えている。沿岸国は、湾を横切る不法移民のことばかりではなく、海洋地政学の将来についても不安を抱えている。バングラデシュとミャンマーは、モルディブのような国とは大きく異なる。バングラデシュの人口は1億６４００万人だが、２０５０年までに約2億人になると予想される。現在５６００万人のミャンマーの人口は、２０５０年までに６３００万人に増加する見込みだ。両国とも海抜が低い上に、広大な氾濫原を持ち、沿岸部には季節性のサイクロンや洪水にさらされるコミュニティを抱える。海面上昇が予想どおりのペースで進めば、何百万人もの人々の生活環境が損なわれ、さらに別の数百万人を加えた人々が、浸水によって住まいを追われることになりかねない。気候変動への対応力や復興力に関して言えば、どちらの国も最悪の部類の備えしかできていないと考えられている。それは主として、貧しさと被災人口の多さのためである。

この両国では気候変動による移民が発生する可能性が高く、インドやスリランカなどの近隣国は、避難民を収容するためにかなりの負担を強いられるだろう。地域的な協力が不可欠になるはずであり、すでにベンガル湾を取り巻く国々は、いかに緩和と適応のための計画を一体となって立てるかについて協議し始めている。ただ、たとえバングラデシュなどの国々に一刻の猶予も許されないことが認識されていようとも、おそらく議論は遅々として進まないだろう。

バングラデシュでは現在、２０００万人以上の人々が塩害による水不足に直面しており、それが海面上昇の脅威を倍加させている。氾濫原が塩分によって汚染されると、たとえ海水に完全に覆われなくても人が住めなくなるのだ。バングラデシュは、嵐を避けるシェルターや海岸工学への投資は行ってきた。しかし数百万人が飲料水を求めて、あるいは浸水のために居住地を立ち退くという見通しは、明らかに近隣諸国を不安にさせている。

それと同時に、バングラデシュの沖合の島嶼も、海面上昇による容赦ない浸食を受けて姿を消しつつある。領土の消滅が地政学的な波紋を生み出すことは、繰り返し述べるに値しよう。無人の岩や小さな島でも、意見の相違の対象になる。インドとバングラデシュは、前者がニュームーア島、後者が南タルパティ島と呼ぶ島の領有権を争っていた。海抜が2メートルを超えることのないその場所にインド海軍が旗を掲げたのは、1981年のことだ。双方は、それが島なのか低潮高地なのかをめぐって対立した。ところが2010年にそれが水没し、インドはこの論争が海面上昇によって事実上解決されたと宣言した。一方、バングラデシュは、水没が恒久的なものだと認めたがらなかった。それが両国の国境問題により一般的な影響を及ぼすことを案じたからだ。

UNCLOSでは「島」と「岩」と「低潮高地」が区別される。低潮高地と岩は人間の居住を支えることができないため、排他的経済水域のような海洋ゾーンの生成には利用できない。島と認定されるためには、問題の土地が高潮線よりも上になければならない。バングラデシュは、沖合の島嶼や低潮高地などの領土がさらに消えれば、勢いづいたインドがその窮状につけ込んでくるのではないかと恐れている。

2014年7月、バングラデシュはベンガル湾の海の国境に関わる係争で、インドを相手に重要な国際判決を勝ち取った。これが重要だったというのは、UNCLOS法廷が同国の海岸線の形状を基準にして、領海と排他的経済水域の範囲を裁定したためである。バングラデシュは係争水域の8割方を与えられ、資源の探査や開発を推進させることができた。とはいえ、本土にますます人が住めなくなっていくなら、そのすべては意味を失うだろう。

消えゆく国家とその国境

世界の海洋が、予想されるとおりに島嶼や海岸沿いの低地を呑み込んでいくなら、人類や生態系やインフラに対するその影響は計り知れないものになるだろう。国際法や地政学は依然として、それに後れを取っている。世界各地の氷に覆われた地域では、海氷が退縮することによって、領土的優位性と資源へのアクセス権をめぐる新たな争奪戦が起こるのではないかと懸念されている。一方、海抜の低い環境では、領土の消滅が不安視されている。この両者に共通するのは、他国が陸地や氷の消失につけ込んでくるのではないかという疑心暗鬼である。海面上昇の影響を最も直接的に受ける人々にとっては、とりわけ市民権と国際的な承認という2つの問題が、ますます大きな注意を要するものとなっていくだろう。

第1に、自国が極端な事象のために居住不能になった場合、その国の国民に何が起こるのだろうか。最低でも、その国は、戦争や政治的・経済的危機ではなく気候変動のために住まいを追われた、新世代の難民の存在に直面しなければならない。自国が水没してしまった時に、たとえばモルディブの国民であり続けることは可能なのだろうか？　オーストラリアやインドのような相対的に大きな国々は、モルディブの人々が新たな祖国を作ることができるよう、その領土の一部を譲り渡してくれと要請されなければならないのだろうか？

気候変動難民の問題には、今世紀中に取り組まなければならないことは明らかだ。モルディブは地球上で最も人口密度の高い国の1つであり、ネパール系やスリランカ系、バングラデシュ系の少数民族も数多く含んだ人口は、今世紀半ばまでに55万人に達すると予想されている。集団的な避難という事態になった場合、相当な数の人々がインドやスリランカなどの近隣国に収容されるか、または世界のほかの地域に振り分けられなければならない。

一方、水没に先だって、地域社会の一部が移住を決意した場合はどうだろうか。２０１４年11月、ニュージーランドの裁判所が、やはり海抜の低いキリバス（モルディブ以上に広範囲に分散した太平洋の群島国で、排他的経済水域は約３００万平方キロメートル）の関係した事案を審理した。テイティオタ家の一族は、ニュージーランド最高裁判所に難民認定を申請するに当たり、海面の上昇によって多くの家族がより高い場所に移転せざるをえなくなり、キリバスはもはや居住不能になったと主張した。近隣の環礁の過密化によって、食糧不足や土地の奪い合い、さらには飲料水の汚染を含む住環境の悪化が引き起こされたのだから、自分たちは環境難民であると、一家は訴えたのだ。翌年、裁判所は申請を却下した。担当判事は、一家が迫害にさらされているとは言えないと論じ、１９５１年の「難民の地位に関する条約」に定められた基準を満たしていないと断じた。もしこの申請が認められた場合、ニュージーランドはほかの太平洋島嶼国の市民からも数多くの難民申請を出されるのではないかと懸念されていた。

この事例から明らかなのは、51年の同条約が、その交渉時において、気候変動難民を念頭に置いていなかったということだ。同条約の誕生時には、第2次世界大戦とホロコーストというトラウマ的な体験が、大きく影を落としていた。従って条約の焦点となったのは、迫害や身体的危険におびえながら暮らす人々だった。「迫害や暴力に追い立てられ、その危険の源から逃れるために国境を越えた人々」という同条約の難民の定義は、「避難場所や保護を求めて居住地から逃れた人々」という、より広範な難民のとらえ方とは、必ずしも相容れない。条約が改正されない場合、国際社会はほぼ間違いなく、気候変動難民に対処するための別のメカニズムを案出しなければならなくなるだろう。経済移民とは違い、彼らは帰還できる祖国を持たないはずだ。また、難民や移民を取り扱う現行のカテゴリー分けも、もはや適切とは言えなくなっているのかもしれない。

気候変動難民という考え方自体が、一部では物議を醸しもした。2005年8月にハリケーン「カトリーナ」が米国のニューオーリンズとメキシコ湾岸を襲った後、同市は大規模な洪水に見舞われた。堤防を越えた高潮のために地域一帯が浸水したのだ。市内の第9区は水によって壊滅的な被害を受けた。ニューオーリンズやその他の沿岸の被災地で、少なくとも1800人が死亡し、数十万人が国内の別の場所に避難した。後片付けの費用は数十億ドルに達し、ジョージ・W・ブッシュ大統領はハリケーンの前後の連邦政府の対応を大いに批判されている。アフリカ系米国人のコミュニティは、避難を余儀なくされた割合が人口比以上に高く、その多くは「レフュジー（避難者と難民の両方を意味する）」と呼ばれることを好まなかった。彼らが二流市民であるか、さらに悪いことには外国人居住者であることを、その呼び名は示唆しているように思えたからだ。カトリーナおよび、サンディやハービーのようなほかのハリケーンの被害は甚大だったが、避難先は米国の内部に限られた。洪水の水はやがて引いたが、第9区の住民の多くは二度と戻らなかった。

2つ目の問題は、国際的な承認に関するものだ。気候変動は、とりわけ海抜の低い島嶼国に法的な難題を突きつけている。認識可能で居住可能な領土を持てなくなった場合、その国は国連や南アジア地域協力連合（SAARC）などの国際機関での公式な代表権を失うことになるのだろうか？　モルディブの今後を論じた時にもすでに触れたが、陸地の領土が人間のコミュニティを支えることができなくなっても、水没した国はなお、排他的経済水域の保有を主張できるのだろうか？　国際海事法は岩と島を区別し、人が住めるのは後者のみだとしている。モルディブがもはや存在しなくなった時、国際社会はかつて存在した排他的経済水域をそのまま維持し、モルディブの人々がそこを開発・管理するのに手を貸すだろうか。そうでなかった場合には、その海域が公海として再指定され、それまでとは異なる漁業管理のモデルが導入されることになりそうだ。

排他的経済水域の喪失は、当該のコミュニティにとっては破局的だ。そして海抜の低い島嶼国の政治指導者たちが警告してきたとおり、浸水や気候変動難民の流入がさらなる緊張と危機を生み出す前に、世界は今すぐ、これらの問題に取り組む必要がある。国際社会が、その国の物理的な存在が危うくなっていることを知りつつ、法的な存在を――たとえば国連加盟国としての地位や、国際電話の国番号、歴史的な排他的経済水域などを維持することによって――承認することはおそらく可能だろう。

一方、それで解決しないのは、自国に戻ることがおそらくできない大量の避難民をどうするかということだ。長期にわたって難民生活を送っている人々はすでに存在するが、それはアフガニスタンなどの国が消滅したからではない。ゆえに受け入れ側のコミュニティは、世界の広い地域に悪影響を及ぼす長期的な移民危機が、今後は新たな標準になる可能性が高いという事実に順応する必要があるだろう。

モルディブやキリバスのような国々が消滅する可能性に触発され、「尊厳ある移住」のような興味深い新事業も動き出している。オーストラリアとニュージーランドの支援を受けたこの計画では、キリバスの国民が両国に渡航し、新たなスキルや雇用経験を身につけることが認められている。その理論的根拠になっているのは、キリバスが居住不能になった時に、その国民が受け入れ国から重荷と見られることのない、スキルを持った移民集団になっているようにしようという考え方である。キリバスはまた、2014年に、フィジーに一定程度の土地も購入した。12万人前後にのぼる現在の人口に対して、約20平方キロメートルという限定された面積ではあるが、難民となった人々はそれによって再結集と再建のチャンスを得られるかもしれない。

フィジー自身も極端な気象現象と海面上昇への対応を余儀なくされており、インフラの改修やコミュニティの再配置に多額の投資を行ってきた。2014年以降、フィジーの数多くの村が、より内陸の方向へ移転したり、新しい土地への移住を検討したりしている。それが可能なのは、人口が比較的少ないためだ。無視できない数の人々が被害を受けるとはいえ、その規模は、ベンガル湾のような人口のより稠密な地域で予想されるものよりは小さい。

水没に直面している国々が、現在のものに代わる新たな戦略を考えなければならないのは明らかだ。キリバスは、海抜の低い国々の先陣を切って外国の土地を購入したが、この方法にはリスクがないわけではない。土地の売却に同意した国が、将来、国家安全保障上の配慮を理由に、その土地の編入を要求してくる可能性があるからだ。

モルディブも2009年に土地の購入を検討したが、実行には踏み切らなかった。その代わりに、彼らは環礁の「上」に建物を建てることを——つまり、支柱を用いて、生活空間を上と横に広げることを——論議している。もちろん、モルディブには水上バンガローの実例もあるが、その多くは裕福な外国人向けの高級ホテルや別荘だ。リゾート用のみならず、海面上昇にさらされた地元住民用の建物をいかに建てるかが課題になっている。

ある国による領土の放棄が、資金の豊富な別の国家に好機をもたらすのだということも、私たちは認識しておくべきかもしれない。南シナ海は、サンゴ礁や環礁、低潮高地の1つの未来像を示している。中国などは、他国の領土の放棄に乗じ、浚渫船団を動員して水没した陸地を再生しようと決意するかもしれない。一国の不幸は、別の国にとっての好機なのだ。

水没した領土に関して、第三国は基本的に2つの選択肢を持つ。住宅やインフラのかさ上げを必要としている国に支援を申し出るか、あるいはその陸地がかつてあった場所を占拠し、自分のために埋め立てを開始するかだ。当初は人道的介入を行うとしていた第三国が、結局は軍事的・戦略的優位を手に入れるために埋め立てを利用するというケースも起こりうる。モルディブが総額およそ30億ドルの政府保証を与えたために、中国に多額の借金を負うはめになったことは記憶にとどめたい。中国の資金は、空港島と首都マレを結ぶ新たなハイウェイと橋の建設に使われた。また、フルマレと呼ばれる人工島への投資にも振り向けられてきた。モルディブの野党政治家たちは、中国が対外直接投資を用いて意図的に政府を弱体化させたり、融資と引き換えに力の劣る国を従わせたりしていると非難している。

未来の国境紛争

消えゆく国境に対する恐れは、直接的な行動や、他者からの支援によって軽減されるかもしれない。国々は地理的な空白を嫌う傾向がある。キリバスのような海抜の低い国から逃れた市民は、受け入れ国との連邦化などといった新たな関係性の中に自らを見出すかもしれない。あるいは第三国の領域内で——インドに置かれたチベット亡命政府と同様の——亡命政府を打ち立てるのかもしれない。

好意的な第三国が、水没した国の利益の保護を引き受けるケースもあるだろう。国際社会が脆弱な国々に対して追加的な資金を提供し、基本的なインフラや住居をかさ上げするための大規模な工事を可能にするかもしれない。島嶼に人工的な土盛りなどを加えることは、今後ますます顕著になっていきそうだ。

海岸線の浸水を防ぎ、地域社会を維持できるようにするために、大金を投じて人為的な工事を行う国々は珍しくない。たとえばオランダは、海岸工学や堤防に多額の金を注ぎ込み、国の将来をできるだけ確かなものにしようとしてきた。南シナ海では、人工島にリソースを投入する国々の、それとは別種の実例を見ることができる。日本も最南端の「島」を居住可能にしておくために、沖ノ鳥島（ダグラス礁）に資金を投じてきた。こうした例では、人工の構造物が、主権を保護し、海洋権益を確保するために使用されており、豊かな国ほど、より大規模なプロジェクトを実施している。一方、前述したような、インド洋や太平洋に広大な排他的経済水域を持つ島嶼国のケースでは、中国やロシア、韓国のような強大で捕食的な漁業国が、消えゆく国々の水域を尊重するかどうかは疑わしい。

私たちがある程度の自信を持って言えるのは、自然災害や進行する気候変動が国内外への避難民を生み出す新たな要因となる中で、消えゆく島嶼国家と気候変動難民が国際社会からの関心をますます求めるようになるだろうということである。１９５１年の難民の地位に関する条約が改正され、「迫害」の定義に深刻な環境状態の変化が含まれるようになっていくかもしれない。あるいは温室効果ガスを大量に排出する国々が、より脆弱な国々を間接的に「迫害」していると見られるようになるかもしれない。現状では、国際法上「気候変動難民」というカテゴリーは認められていない。それは「受け入れ国」が、一時的な移民であるにせよ、恒久的な移民であるにせよ、その扱いについて懸念を抱く可能性が高いからだ。この問題は、次のような疑問が存在するがゆえに、単純な解決が難しい。領土の「消滅」の規模と程度は、どのように認定したらいいのだろうか？「帰還」の権利はどうあるべきなのだろうか？　そして水没した領土が再び海面上に現れた時に、第三国は難民コミュニティに帰還を迫れるのだろうか？

国境の消失は世界中の海抜の低い国々にとっての現実になるだろうし、沿岸部のコミュニティも浸水のリスクにさらされるだろう。リスクの要因は様々であり、短期的および長期的な影響もまた同じだ。1970～80年代に設計された国際法の枠組みは、現在の状況に合致していないように思える。陸と海との区分が比較的安定していたかつての世界に対する私たちの思い込みは、今後、一層の見直しを迫られるだろう。モンテビデオ条約（1933年）のような過去の介入時には、国家は「定められた領域」を持たなければならないとされた。定められた領域として認められることが重要だというなら、国家の水没が発生した時、第一級の難題が持ちあがってしまう。

消えゆく領土や水没する領土は、未来の国境紛争を生み出す可能性を秘めている。領土が消える時には、数々の非啓発的なことが起こりうる。存亡の危機に直面している国家の大半は、マーシャル諸島のような小さくて海抜の低い国々であり、中国と米国が繰り広げる大国間の競争（商業漁業を含む）の犠牲にされやすい。遠洋漁船団が手を染めることの多い違法操業は、島嶼国がまだ水没していない今でさえ、世界中で不快な現実となっている。マーシャル諸島では、利幅の大きいマグロを狙う東アジアの漁業者たちの違法操業が悩みの種だ。資源を盗まれることに最も無防備な国々が、気候変動に最も責任のない国々であるというのは、本質的に不公正なことである。

第5章

ノーマンズランド

非武装地帯（DMZ）である板門店の共同警備区域を、北朝鮮側から写した一枚。北朝鮮軍の兵士が、低いコンクリート壁で標された南北間の国境を警備している。「停戦村」の名でも知られる共同警備区域は、DMZ内で唯一、北朝鮮と韓国の軍人が、顔をつき合わせて歩哨に立つ可能性のある場所だ。共同警備区域は観光客の訪問も受け入れている。

合法的なグレーゾーン

実質的な管理権を行使する者が誰もいない空間では、いったいどのようなことが起こるのかと、考えてみたことはないだろうか。私たちの地図は、地表のあらゆる場所がどこかしらの国家に支配されている絵図を示しがちだ。しかし、よりつぶさに眺めてみれば、その絵図はさほど明快なものではなくなっていく。たとえば欧州では、地図が領土の曖昧さに追いつけない。欧州連合（EU）の国境沿いの至る所で、近隣国が移民を追い返すか、通過を促すか、収容するかを決められないノーマンズランドが現れては消え、移民がそこに殺到する。国境は、最後には明確ではなく、あやふやなものとなり、境界線の両側にいる国境警備兵は、一国がどこで終わり、他国がどこから始まるのかがはっきりしないグレーゾーンを生成してしまう。私たちの地図の大半は、世界最大のノーマンズランドである公海すらも明示していない。

すでに見てきたとおり、世界の海洋の3分の2は、いかなる国の（または国々の）管轄にも属していない。そしてごく最近まで、この合法的なノーマンズランドは、沿岸国と第三国との間のバランス調整の一環と受け取られていた。しかし昨今、公海の運命にはより大きな関心が寄せられている。技術の進歩によって、漁業や遺伝資源の獲得、海底採掘、化石燃料の採取などがより徹底して行われるようになったためだ。世界各国の政府は、航行が環境に及ぼす累積的な影響や、水中の重要なインフラの安全性と耐久性について、より一層考慮するよう求められている。地球の半分を分かち合っていくことは簡単な仕事ではないが、公海の国際法上の地位をノーマンズランドのままにしておくことには、強力なインセンティブが存在するのである。

陸地に目を戻せば、うち捨てられた（いかなる形の統治も受けずにただ放置された）領土の例や、隣国ないし第三国がその所有権や規制、安全保障についての合意を結べないために、慎重に囲い込まれ、「特別なルール」を適用された領土の例が見受けられる。そうした地域は非常に不安定であるために、場合によっては国連の半永久的なプレゼンスや、より限定的な国際平和維持軍の介入を通じて、平和と安定を確保せざるをえない。

その一例となっていたのが、クウェートとイラクの間の帯状の土地だ。サダム・フセインが米国主導の連合軍に敗北した後の１９９１年4月、この長さ約１９０キロメートル、幅約15キロメートルの非武装地帯を監視するために、国連平和維持部隊（国連イラク・クウェート監視団、ＵＮＩＫＯＭ）が創設された。クウェートに侵攻したイラクを永遠に押し戻しておくためである。これでイラク軍はクウェートとの国境地帯に集結することができなくなった。さらにＵＮＩＫＯＭは、93年に、この緩衝地帯で無許可の活動が行われることのないよう、必要なあらゆる軍事行動をとる権限を与えられた。同部隊の活動はフセイン政権転覆後の２００３年に正式に終了。関係正常化の結果、この緩衝地帯は廃止された。

当局者の監視の目のないノーマンズランドは、時にはむき出しの利己主義の舞台となる。14世紀から17世紀にかけて、イングランドとスコットランドの間の国境地帯では、襲撃をかけ、家畜を盗む行為が横行した。丘陵や荒野で、あるいはそれらを横切る川沿いで、国境の両側の強盗団が、罰せられることなく略奪を繰り返していたのだ。正義が行われるとしても、それは荒っぽい種類のものだった。両国に住む一族が互いに襲撃を計画・実行し、被害者は多額の損害に耐えるか、または復讐のための作戦を練った。

このようなことが可能だったのは、イングランドとスコットランドの間の国境地帯では、王に任命された当局者による警備や巡視が行われていなかったからだ。国境付近の川や丘陵はそうした例外的なゾーンだった。17世紀初めに両国の王位が統一されると、スコットランド王ジェームズ6世兼イングランド王ジェームズ1世は、国境をまたにかけた襲撃団の規制に乗り出した。彼は国境地帯を「ミドル・シャイア」と改名し、このノーマンズランドを王権の管理下に置くための委員会を設立。1620年代前半までに、極端な悪行はほぼ影を潜めた。

家畜泥棒や「ボーダー・リーバー（国境の略奪者）」の暗躍の歴史は、ノーマンズランドが何世紀も前から存在したことを思い起こさせる。中世の英国では、町の城壁外の土地の所有権は曖昧だった。もっとも、競合する権益のモザイクは、おそらくかなり控えめな、せいぜい畑や共有地が関わる程度のものだったはずだが。場合によっては2つの町の間に、あるいは教会の小教区の間にさえ、誰も所有権を主張することのない一筆の土地があったかもしれない。権威者を欠くそうした場所では、利己的な者たちが繁栄を謳歌することも可能だっただろう。そんな情勢の中で、競合する町々は、所有者のいない土地を我が物とするために、墓地や放牧地を作るなどの新たな方策を見つけだしていった。

「ノーマンズランド」という言葉を聞くと、多くの人々は、砲弾の穴だらけになった第1次世界大戦の戦場を思い浮かべるのではあるまいか。双方の脱走兵がそうした欧州の戦場のノーマンズランドで地下に潜伏し、成り行きまかせで命をつないだという話は数多く語られてきた。国家の支配の及ばぬ場所に横たわるノーマンズランドは、それゆえに人や動物、景観の、異常な状況に対する適応能力をあらわにするのだ。

とても信じられないような環境下で、動物たちが、係争の中でうち捨てられた土地にすみついてしまった例がある。2019年10月、韓国の非武装地帯（DMZ）では、イノシシが原因で警戒態勢が取られる事態になった。アフリカ豚熱がアジア全域で蔓延する中、感染したイノシシが北朝鮮からDMZを越えて韓国内に流入しているのではないかと、韓国の当局者が懸念を表したのだ。韓国は北朝鮮側に、DMZ内で発見されたイノシシは予防措置として射殺することになるだろうと伝えた。2020年2月には、DMZ内に立ち入り、イノシシの群れの健康調査を実施するための特別な許可が、韓国に与えられた。韓国側の当局者は、感染した個体がDMZを通ってさらに韓国領内に入り込んでも、北朝鮮は意に介さないのではないかと懸念したのだった。

ノーマンズランドは国際政治の亀裂や隙間をあらわにするがゆえに、私たちの興味をそそる。規模や範囲はまちまちだ。公海や非武装地帯、緩衝地帯、中立地帯などに加え、異常な状況下でにわかにノーマンズランドと化した場所も世界中にある。二国間の国境の間で移民が立ち往生する例もあれば、特定の国家の実効支配が及ばない辺鄙な森林地帯の例もある。

ケニア政府は、ソマリアとの国境地帯のボニの森に潜んだアルシャバブのテロリストのネットワークと、長年にわたって戦ってきた。ケニア軍は敵方を一掃するのに苦労しており、地元の村人は森林地帯に入るのを恐れている。歓迎されざるノーマンズランドは存在し続けているのだ。そのきっかけが何であれ、政治的・軍事的利害を持つ者たちが意図的に国境を操作し、自分たちが活動するための異例の体制を作り出すという例は、今後も常に見られるだろう。

ノーマンズランドの起源や規模、範囲や存続期間はまちまちだ。その境界線がどのように認定されるかもまた同じ。国連軍が監視する緩衝地帯は長さと幅で測られることが多いが、反乱軍やテロリストが潜伏している領域の範囲を正確に突き止めることは難しい。第1次世界大戦中、ノーマンズランドと呼ばれた作戦空間の規模と範囲は、地形や両軍の火力、戦場ごとの戦術に応じて変わった。それらの地域の流動的な性質は、戦後も長く続いた。フランスの一部の地方では、戦地が不発弾や毒ガス攻撃の残留物でひどく痛めつけられていたため、当局はそこを「ゾーン・ルージュ（赤いゾーン）」に指定しなければならなかった。それらの区域は極めて危険であるとされ、村の全域並びに、汚染された土壌を含むその周辺の環境が、立ち入り禁止を宣言された。フランスの当局は樹木を植え、時間の経過によってその区域の毒性が薄れることを祈った。やがて激戦地ベルダンの周辺のいくつかの村と地域は安全が宣言されたが、毒性が強くて人間が永遠に戻れそうにない場所もある。*Walking Verdun : A Guide to the Battlefield*（2009年）の著者である英国の歴史家クリスティーナ・ホルスタインは、14年に発行された『ナショナルジオグラフィック』誌で、「フランス当局は、戦場の全域を浄化するまでに今後300年はかかると考えています。しかし浄化は永遠に終わらないでしょう」と語った。

ノーマンズランドは、従って、消えやらぬ危険によって誕生することもある。第2次世界大戦中、ウィンストン・チャーチル政権下の英国政府は、スコットランド北部にあるグリュナード島での生物兵器実験を承認した。英国の科学者は炭疽菌をばらまき、この病気の破壊力をより深く理解しようとした。島はひどく汚染されたため、少なくとも半世紀は立ち入りが禁じられた。数百万ポンドをかけた除菌作戦を経て、正式に島への立ち入りが再開されたのは、1990年4月のことだった。元の所有者の子孫が、売値と同額の500ポンドで島を買い戻したのは有名な話だ。

環境災害や公衆衛生上の非常事態をきっかけに、偶発的にノーマンズランドが誕生することもある。その時、国家は当該地域の周囲に防疫線を張る必要性を感じるかもしれない。その悲劇的な一例となったのが、1986年4月に発生したチェルノブイリ原発の事故だ。性能試験で驚くべき弱点が明らかになった後、ウクライナにある同プラントの4号炉が爆発。その後、約10日間にわたって火災が続いた。立ち上った核の雲は共和国の境を越えて漂い、隣接するベラルーシにより深刻な影響を与えた。火災後、ソ連当局は破壊された4号炉をコンクリート製の石棺に密封。しかし2013年にそれが劣化し、さらなる修復が必要となった。コンクリートの毛布の下には、数百トンの放射性物質が封じ込められていると考えられており、17年に完成した新たな石棺は、中身が漏れ出し、人に危害を加えるのを防ぐような設計になっている。チェルノブイリは今なお公衆衛生上の非常事態であり、専門家は、同地の土壌や水や大気が依然として人間が住めるほど安全ではないと警告を発している。

事故の少し後に、ソ連当局は現地周辺から人を立ち退かせ、合計2600平方キロメートルほどの立ち入り禁止区域を設定した。米国のロードアイランド州とほぼ同じ広さのエリアが、当初はソ連によって、そして後にはウクライナによって事実上封鎖され、うち捨てられたのだ。関係する当局は検問体制を確立し、パトロールのシステムを整備。放射線量も日常的にモニターしている。一方で同地は、ウクライナのほかの原子力発電所から出る使用済み核燃料棒の捨て場にもされてきた。

事故の発生当初は、現地の全員が退去させられた。しかし後になって、誰も予想しなかったことが明らかになった。年配の女性たちを中心とする元住民の一団が、自宅に戻ったのだ。それはわずか100名前後の「サマショール（自主帰還者）」に過ぎないかもしれないが、彼女たちの存在からは、むざむざ我が家を手放すものかという1つの決意が見て取れる。賞にも輝いたドキュメンタリー『チェルノブイリのおばあちゃん』（2015年）の中で、制作のホリー・モリスは、自主帰還者のコミュニティがいかに残留放射線にひるむことなく、進んで立ち入り禁止命令に抗しているかを示した。

ウクライナの当局者は、彼女らの存在を容認することを選んだ。おそらくそれは、自国民をそこに住まわせておいた方が、よそ者に永住されるよりもいいと計算したからだろう。言い換えれば、当局はこの地域を完全には放棄したくなかったのであり、だからこそ訪れる研究者や国境警備隊員に仕事を続けさせているのである。野生生物も逆境での強さを証明しており、動きに反応して自動的にシャッターを切るカメラやドローンからの映像には、驚くほど多様な動植物の姿が記録されている。

ノーマンズランドは政府を利己的な行動に駆り立てることもある。ウクライナが立ち入り禁止区域を封鎖しようとしてきたのに対し、隣国ベラルーシは、それとは異なる戦略を追求した。ベラルーシの指導者は、現在国内の都市や町に住んでいる移民を、チェルノブイリ事故で最悪の被害を受けた同国南部に移転させようと提案しているのだ。かつては立ち入り禁止になっていたノーマンズランドが、今や新たな機会がつかめる場所という分類に改められた。放棄政策は転換され、再居住が奨励されている。見逃せないのは、この移転計画が、長期政権を敷くベラルーシの大統領から、歓迎されざるものと見なされてきた移民コミュニティのために作られたものであることだ。

ノーマンズランドに「愛の不時着」

戦争や環境災害がノーマンズランドを生み出すことができるように、国境の工作物にもまたそれができる。1961年に建設されたベルリンの壁は、要塞化された分断都市を生み出した。引き離された2つのコミュニティの間には、いわゆる「死のゾーン」が設けられ、西ベルリンに逃れようとする者は、誰であれ東ドイツの国境警備兵に撃たれることになった。野ウサギのコロニーは、人間の移動を阻むこの障壁の、意図せざる受益者だった。はるか南まで続く鉄のカーテン沿いの全域で、野生動物が繁栄を謳歌できた。電気柵や有刺鉄線、警備兵のパトロールが、西側に渡ろうとする人々を、残酷なほど効果的に遠ざけていたからだ。注目すべきことに、要塞化されていたドイツ―チェコ間の国境の両側にすむシカたちは、そうした人工的な障壁がかつて存在したことを、「群れの記憶」に植え付けているという証拠がある。

朝鮮半島の非武装地帯（ＤＭＺ）は最も著名なノーマンズランドの一例だろう。１９５３年の朝鮮戦争の休戦後に作られたＤＭＺは、長さが２５０キロメートルある。幅は４メートルほどしかないが、４キロメートル幅の緩衝地帯も設けられている。ＤＭＺ内に残る有人の村は２つだけで、それ以外の場所に人の気配はない。地雷と頑丈なフェンス、武器を携えたパトロール隊が境界線の両側で頑強に人を遠ざけており、ここもまた想定外の自然保護区になっている。

ノーマンズランドや非武装地帯、グリーンラインなどと共に生きる国々には、その空間をどのように扱うかというジレンマがある。それらは一時的なものである場合も、半永久的なものである場合も、恒久的なものである場合もある。ベルリンの壁が私たちに思い出させるのは、そうした分断と排除が、迅速かつ予期せぬ形で終わる可能性があるということだ。１９８９年11月、この壁の崩壊と共に、野ウサギたちの楽園もひっくり返った。

一方、韓国政府はＤＭＺが一時的な存在であるかのように振る舞っている。核武装した北朝鮮軍がいつかＤＭＺを越えて侵入してくる可能性があることを認めつつも、平和的解決をあきらめていないのだ。北朝鮮の事実上の正統性を受け入れたくない韓国は、再統一時を見越した官僚機構の構築に予算を注ぎ込んでいる。過去70年間、韓国政府は配下の役人を、北朝鮮にある５つの道《どう》の知事に任命し続けてきた（現職の知事は誰一人として担当する地域に赴いたことがないのだが）。彼らが所属する「以北５道委員会」は、ほかにも１００人の市長と１０００人近い公務員を擁しており、機会さえ生じればすぐにも北の同胞に仕える準備ができている。彼らはまずまずの俸給を受けており、韓国の納税者が負担する金額は年間500万ポンドほどだ。委員会は北朝鮮との直接の接触こそ禁じられているが、「自国の」北部の道の情勢を把握するために、できる範囲のことをしている。そうした点から、DMZは恒久的なものではなく、可変的なものであると想定されている。

これに加えて、韓国のDMZは複雑な地政学的歴史を持っている。DMZそのものとは別に軍事的な境界線があり、そこに双方がそれぞれの連絡事務所や会議施設を保持しているのだ。韓国は、1953年の休戦交渉が行われた板門店に「平和の家」を開設した。平和の家が建つ共同警備区域は、DMZ内で北朝鮮と韓国の参加する外交会議が行われる際に使用される場所だ。区域内は厳格なルールによって厳しく管理されており、その3200平方メートルの区域内に一度に何人の軍人が入れるかといったことまで決まっている。DMZ内に何百万個も埋設されている地雷と監視塔の合間には、いくつものノーマンズランドがある。そして、その場所ごとに、軍人や外交官がいつ、どのように入ることができるのかを定めた行動基準が異なる。それと同時に、DMZは世界中の旅行者に人気の観光スポットとなってきた。観光客はDMZに隣接した「民間人統制区域」に入ることが許されているが、何を見たり、どこを回ったりできるのかは、人によって違う。2018年には韓国から10万人以上が、北朝鮮からは約3万人がここを訪れた。

双方はDMZ越しにプロパガンダを放送するのが常だった。たとえばK－ポップや指導者の演説、そして北朝鮮の国境沿いの住民にさらなる亡命を促すことを狙った脱北者のインタビューなどだ。

これは比較的知られていないが、ＤＭＺには地表の排他的な性質をものともしない地下世界も存在した。北朝鮮の軍事技術者が、韓国側に知られぬようにトンネル網を構築していたのだ。このいわゆる「南侵トンネル」は、北朝鮮の恐るべき能力を知らしめるものだった。トンネルが発見されたのは、主として脱北者の証言のおかげだ。彼らは韓国の受け入れ先に対し、北朝鮮がそれらの建設を命じたのは70年代前半だったと語った。78年に地下で突然爆発が起こり、未完成のトンネルの正確な位置が偶然にも発覚する。その秘密のトンネルは、北朝鮮の部隊が迅速にＤＭＺの地下を移動し、韓国兵と米兵が配備された保安用の建造物や地雷を回避できるようにするためのものだった。結局、１９９０年までに、「南侵第3トンネル」を含む４本の越境トンネルが発見された。南侵第3トンネルは、韓国の首都ソウルからわずか50キロの位置まで達しており、地下60メートル以上の深さに掘られていることが判明した。はっきりしないのは、まだ発見されていない北朝鮮のトンネルがほかにもあるのかということ、そして米国または韓国が独自のトンネルを北に向けてこっそり掘っていたのかということだ。

２０１９年12月、「自由の村」とも呼ばれる台城洞が、韓国の通信事業者ＫＴの好意で５Ｇの接続サービスを享受していると発表された。この一件が注目されたのは、人口２００人足らずのこの村がＤＭＺ内に位置しているためだった。村に住む男性たちは、韓国内で唯一、兵役を自動的に免除される。また、46世帯のすべてが、韓国政府から特別な優遇措置を受けて、村にとどまっている。居住環境や労働環境の厳しい場所では、高速で安定した接続環境が不可欠だ。村には病院、デパート、ジム、スーパーマーケットはない。最も近い隣村は北朝鮮の機井洞（別名：「平和の村」）だが、ＤＭＺ内に位置するこの2つの村の間に、直接的な交流はない。台城洞の住民は、自分の田に出かける時に、韓国軍兵士の付き添いを受けなければならないのだ。

明るい面を挙げれば、子どもたちが教師と個人的に触れ合う機会はかなり多い。そのため台城洞の小さな学校には、ムンサンと呼ばれる韓国内の別の村からも子どもたちが通ってきている。DMZの外に住む親たちは、事実上の国境を越え、わずか35人の生徒に対して21人の教師がいる学校に我が子を通わせようと懸命なのだ。

人数は少ないし、厳しい制約も課すものの、北朝鮮と韓国の政府は共に、現在の位置に村をとどめたがっている。だが住民は、決して心からくつろぐことはできない。どこにいても監視され、至る所に米軍主導の国連軍を含む部隊がいる。南北間の緊張が最も高まった時期には、北朝鮮軍による拉致事件が発生したり、特殊な地下シェルターへ一目散に逃げ込んだりしたこともあった。また両村の住民は、2018年後半にそれが停止されるまで、DMZ越しに流される大音量のプロパガンダに耐えなければならなかった。

朝鮮半島のDMZは存続し、膠着状態に陥った休戦後の境界線に何が起こるのかを雄弁に例証している。しかし4本の地下トンネルの発見からもわかるとおり、ノーマンズランドの地中には、まだまだ数多くの陰謀を隠す余地がある。その間にもイノシシは往来し、韓国のテレビドラマ「愛の不時着」（2019~20年）では、パラグライダーに乗った若い女性がDMZ内に不時着するというストーリーが描かれた。その不運なヒロインは無事に韓国に帰還するばかりか、北朝鮮の将校とのロマンスをも育む。このドラマは韓国で大ヒットし、DMZが——少なくともフィクションの世界では——これまでの70年間ほど固定的なものではないことを示唆したのだった。愛に国境はないのである。

だが、ここでいったん現実の世界に戻ろう。そこには頑固なまでにリアルなノーマンズランドがある。

試練を受けるノーマンズランド

架空のテレビドラマをさておくと、世界のノーマンズランドは脅威にさらされている。懸念されるべきことが最も明白なのは、最も大きなノーマンズランドである。グローバル・コモンズ（地球規模の共有地・共有資産）とも呼ばれる世界の海洋や大気、極地（特に南極）は、どの一国の管轄にも属さない地域だ。それらは法的に確立されたノーマンズランドであり、教皇フランシスコが2015年に指摘したように、「いわゆる『グローバル・コモンズ』の全域を対象とした統治のシステムについて合意」することが急務となっている。人が地球のバイオーム（生物群系）に及ぼす影響が累積していく中で、何が持続可能な利用に当たるのかについての合意が広範囲に得られなければ、森林や魚類資源、海洋などの共有資源がさらに劣化する恐れがある。それが意味するのは、国家の主権を制限しなければならないということだ。

南極の場合、1959年の南極条約で、7つの領有権主張国（オーストラリアはそのうち最大となる南極大陸の42%を要求）の主張と、極地の領有権を認めない国々の主張とを調和させる統治体制が確立された。この条約の成功と持続には、よく言われるとおり、科学と国際協力が不可欠だ。すべての関係者と、今では50カ国を超えた締約国は、南極の統治には妥協が必要であることをわきまえている。

１９５９年の同条約では、南極大陸は非核化、非武装化され、協力と親善の精神によって統治されるべきだと宣言された。科学はその統治体制の中核にあった。中国、インド、ブラジルが条約に署名したのは80年代に入ってからだ。その時期までに〝南極クラブ〟のルールはあらかた決まっており、締約国は漁業や鉱物の権利などの、資源に絡んだ厄介な問題に取り組み始めていた。ソ連（そして現在のロシア）と米国は、将来、独自の主張を行う権利を留保している。中国も独自の主張に訴えるかもしれない。

南極の海洋の運命を見れば、何が危機に瀕しているのかが見えてくる。表面的には、私たちは南極海での漁業規制に関する歴史の長い条約を持っている。それが締結されたのは１９８０年のことだった。しかし時が経つにつれ、漁業の規制に関する意見が２つに分かれていることが明らかになった。南極海の漁業管理を議論する過程で、中国、オーストラリア、米国、ロシアは、しばしば互いに対立した。80年の「南極の海洋生物資源の保存に関する条約」では、極地の漁業と資源保存に関するルールや仕組みが定められた。だが漁業と資源保存のバランスを取ることは、多くの場合、難題だ。漁業国は保護論者が制約や禁止を導入することに熱心すぎると批判し、保護論者に与《くみ》する国々は漁業国が妨害ばかりすると責めたてる。

南極に対するこうした異なる見方がいかにすり合わされていくかを見守るのは、多分に興味をそそるものになるだろう。中国はオーストラリアをはじめとする他国から、しばしば強い疑いの目を向けられている。中国は5カ所目となる恒久的な南極観測基地を建設中であり、新造の砕氷船（雪竜2号）にも資金を投じてきた。また、南極大陸全域へのアクセスと物資の輸送を改善するために、内陸部のインフラ開発も行っている。第3章で触れたように、中国はロシアと並んで、ロス海の海洋保護区の最も声高な批判者でもあり、海洋保護の名の下に漁業を制限する試みには疑念を抱く傾向がある。中国の極地観光は好調で、南極で圧倒的な存在感を誇る米国市民の数を、2020年代中にも抜き去るかもしれない。将来的には、ホテルや港湾、着陸用の施設が南極の統治に新たな重圧をかける可能性がある。南極半島の温暖化が続けば、人間がより大規模かつ恒久的に居住し始めることも考えられないことではない。中国は極地の海で操業可能な新世代の遠洋漁業船を開発している。すでに約2000隻を数える漁船団は、一度に数カ月間連続して漁を行うことが可能になっていくだろう。2030年までに中国は世界の魚消費量の40％近くを占めるものと予想されており、本国の近海はすでに資源が枯渇しかけている。10億人を優に超える国民を養わなければならず、またアフリカ豚熱で国内のブタの飼育頭数を激減させた経験を持つ国にとって、南極海のような比較的未開拓の海域がいかに魅力的かは想像に難くない。食糧の安全保障は中国政府にとって根源的に重要であり、今後もそうあり続けるだろう。

開発の増加という試練を経験しているもう1つの元ノーマンズランドが、北極点からおよそ1000キロメートルの場所に位置するスバールバル諸島だ。以前はスピッツベルゲンと呼ばれていたこの島々は、何世紀も前から資源争奪戦の戦場となってきた。オランダや英国などの国々が、クジラやセイウチ、魚などの海洋資源を奪い合ってきたのである。1920年に締結され、25年に発効したスピッツベルゲン条約（スバールバル条約）は、所有権が明確でなかった土地に対する新たな法的枠組みを導入した。ノルウェーがスバールバルの排他的所有者であると規定した上で、潜在的な領有権主張国や、石炭などの別種の資源採掘にいそしむ既存の利害関係者をなだめるために、締約国はノルウェーと同等のアクセス権を享受できるものと明記したのだ。たとえばスコットランドは20世紀初頭に盛んに石炭の採掘を行っており、条約締結前にはスコティッシュ・スピッツベルゲン・シンジケートなどの企業が、英国による同諸島の併合を働きかけていた。アークティック・コール社をはじめとする他国の鉱山会社も、米国を含むそれぞれの自国政府にロビー活動を行った。同条約の原署名国にはノルウェー、デンマーク、オランダ、米国、英国、ロシア、スウェーデン、イタリア、日本などが名を連ねていた。発効後に新たに加盟する国もあり、2016年の北朝鮮を含め、今では合計46カ国となった。

締約から100年、同条約の運用環境は様変わりし、規定が時流に合わなくなってきている。ノルウェーの主権を尊重することと、平等なアクセスを認めることの間で慎重にバランスを取っていくことが、いくつかの方面で難しくなっているのだ。第1に——そして最も重要なことに——海に関係する国際法の発展によって、排他的経済水域や延長された領海への言及が一切なかった条約に、新たな視点が加えられた。すなわち、スバールバル諸島周辺の海域はノルウェー領なのかということだ。ほかの当事国がそれに異議を唱えることは避けられず、ズワイガニなどの資源をめぐって紛争が勃発した。

ノルウェーは2019年2月に注目すべき法的勝利を勝ち取り、同諸島周辺の海底に対する排他的権利を手にしている。この裁定は将来の原油と天然ガスの採掘にも影響を及ぼすことだろう。石炭の採掘は深刻な落ち込みを見せている。ノルウェーは、自分たちが採炭をやめれば、ロシアがそれを弱さの表れと受け止め、これ幸いと諸島への把握を強めてくるのではないかと不安視している。ロシアは1913年からスバールバルで石炭を採掘しており、バレンツブルクの入植地はロシア語を話す人々のコミュニティを支え続けている。

ロシアによる乗っ取りを論じるメディアの声は数知れず、中国の進出を予測する向きもある。さしあたりノルウェーと米国は、ロシアの北極圏などで行われた「ツェントル2019」のような大規模軍事演習を、将来の併合計画のための予行演習と見て注視している。「小さな緑の男たち」（クリミア半島に展開したロシアの特殊部隊がそう呼ばれた）が、1920年の条約によって公式に非武装化されているスバールバルに侵攻し、占領するのではないか――。ロシア軍がクリミア半島を併合した2014年の経験を踏まえると、一部の人々にとっては、そんな展望がかなり説得力のあるものに感じられるのだ。制裁が科されたにもかかわらず、ロシアはクリミア半島をウクライナに返そうとはしない。19年10月には、ノルウェーのメディアによって、ロシアの特殊部隊がスバールバルで目撃されたことが伝えられた。こうなると、ロシアとその戦略的パートナーである中国が、この独特のノーマンズランド（ノルウェーの領土ながら、それを統治する条約によって署名国に平等な資源権益が保証されている）に対して何らかの企みを抱いているのではないかと問われざるをえない。

スバールバル諸島内にあるニーオルスンなどの国際観測村で行われる科学探査でさえ、近年は緊張感が増してきた。他国はノルウェーが研究用のインフラや調査地まで管理しようとしていると非難している。不満の一例は、ノルウェー当局が環境への累積的な影響に対する懸念を理由に、他国の活動を制限しているというものだ。ノルウェーがスピッツベルゲン島で長らく採炭を行ってきた歴史を考えれば、それは少々偽善的に思えるというわけである。

こうした数々の兆候が示すとおり、各国が南極や北極における領土的・資源的な権益を拡大しようとするに連れ、そうした遠隔の地を管理するための条約が将来的に新たな圧力にさらされる可能性は十分にある。中でも漁業は最も明白な関心事だ。スバールバル諸島は高緯度北極圏への玄関口として、また（科学者の予測どおりに北極海の海氷が減少し続けるなら）21世紀後半に重要性を増すであろう航路の港として、戦略的な要衝であり続けるだろう。

中国が南極で、そしてロシアがスバールバルで、より一層自国の権利を主張するようなら、条約による取り決めが棚上げされ、新たな境界線や占領ゾーンが設定される可能性がある。スバールバルが中国軍かロシア軍に軍事的に占領される事態に直面したら、北大西洋条約機構（ＮＡＴＯ）加盟国は第5条を発動してノルウェーの支援に駆けつけるだろうか？　この問いに対する答えは不透明だが、はっきりしているのは北極と南極のノーマンズランドがいずれは火種に、そして場合によっては戦場にもなりかねないということだ。その嚆矢となるのはスバールバル諸島の周辺海域での漁業論争かもしれないし、北極圏での軍事演習の絡んだ衝突かもしれない。

危機に瀕したノーマンズランド「公海」

すでに見てきたように、国連海洋法条約（ＵＮＣＬＯＳ）は、沿岸国が海洋に国境線を引くことを可能にし、また地球上で最大のノーマンズランドである公海についての規定も設けている。公海は、どの一国または複数の国によっても、領有権を主張されたり、囲い込まれたりすることのない場所だ。しかし公海を論じる場合でも、依然として国境は無関係というわけではない。なぜなら公海は排他的経済水域が終わるところから始まるのだから。公海の利用を管理するためのルールや条約は、２０２０年以降に海洋の生物多様性に取り組んでいくためのものを含め、数多く存在する。しかし世界の公海は、21世紀を迎えて新たな危険に直面している。漁業と海底採掘は、公海の生態学的回復力を損なう恐れのある二大要因だ。与えられた課題の大きさは、息を呑むほどのものである。

世界の漁業は危険なまでに持続不可能な水準で営まれている。国連食糧農業機関（ＦＡＯ）の推定では、魚類個体数の30％以上が持続不可能なレベルで、また60％が持続可能なぎりぎりのレベルで獲られているそうだ。余裕があるのは世界の魚類資源のわずか７％にとどまるという。比較的近海の漁場が、時には破綻に追い込まれるほど乱獲されてしまったため、公海での漁の魅力は増大していくばかりだ。公海での漁は、港や人口稠密地からの距離が遠いためにコストがかかるが、中国などは国が燃料費の補助を行っていることから、沿岸海域以遠での漁がかつてなく盛んになっている。スペインや韓国、日本なども事情は同じだが、現在のところ、公海で行われる漁の20％は中国船によるものであり、21世紀中にその割合はさらに高まっていくだろう。

世界貿易機関（ＷＴＯ）は近い将来、燃料補助金を禁止する可能性がある。だが、それも公海の海洋生態系の保護にはほとんど資さない別の行為を促すだけかもしれない。ＷＴＯの提案は「薄められて」終わるかもしれないのだ。アフリカや欧州の漁業国は、大手の水産会社とともに活発なロビー活動を行い、自分たちの活動が有害でないことを証明できれば「免除」が与えられるよう提案している。中国が推す「緑の政策（グリーンボックス）」と呼ばれる免除規定は、公海の海洋生態系に害を及ぼしていないと証明する責任を、水産業界に転嫁するものだ。

漁業補助金をめぐる議論は、ノーマンズランドが課題と機会を併せ持つことをよくとらえている。そこは国家の主権を超えた領域であるため、国際的な合意が求められるのだ。漁業補助金の廃止に関する議論は、早くも１９９９年には始まっており、科学者や廃止を支持する団体は、かねて行動を起こす必要性を警告していた。ただ、すでに触れたとおり、公海上の漁場は懸念を誘う唯一の場所ではない。海洋の下には沿岸国の主権の及ばないもう1つのノーマンズランド、深海底が横たわっている。深海底が問題となるのは、海洋の生物多様性にとって極めて重要な意味を持つからだ。深海の生態系は、もはや生命の乏しいものとは考えられていない。水中探査の甲斐あって、海底の熱水噴出孔などは、今や生物多様性に満ちた場所ととらえられている。

深海生態系は、各国政府や、沿岸国の管理の下で水中環境に影響を与えている企業などから、大いに関心を集めている。しかし冷戦期には、海底調査は軍事目的で進められていた。米ソの軍部は共に、海洋底や水中環境に関するより多くの知識を獲得することによって、資源の潜在性に関する理解を深めたり、戦略的敵国の動きをスパイしたりしようとしていたのだ。科学者は軍部の後援者や資金提供者と手を組み、探査計画を進展させた。

１９７４年、「ヒューズ・グローマー・エクスプローラー号」を中心とする米国の調査団が太平洋に派遣された。表面的には、この遠征は海底の鉱物資源を探査するためのものだった。しかし一皮むけば、それは沈没したソ連の潜水艦Ｋ－１２９の発見を目指した、「アゾリアン計画」と呼ばれる米中央情報局（ＣＩＡ）の秘密作戦だった。ソ連自身は、ハワイの北のどこかで消息を絶った自国の潜水艦を見つけあぐねていた。米国は自らの水中監視ネットワークを介して、沈没位置を突き止められると確信していた。太平洋の公海の海底に横たわる潜水艦は「フェアゲーム（誰が捕っても良い獲物）」だと考えられていた。億万長者のハワード・ヒューズがスポンサーとなったその米国船には、水深約５０００メートルの海底からＫ－１２９の残骸を回収するための特殊な装備が施されていた。作業中はずっと、ソ連の艦船が米国側の進行状況を監視した。秘密裏の準備と数億ドルにも及んだ巨額の投資にもかかわらず、回収されたのは潜水艦の船首だけで、残りの部分は海底から浮上させた段階で切断されている。偽装工作の真相が明かされたのは、その1年後になってからだった。

それから50年が過ぎ、国家や企業は公式に深海採鉱に取り組むようになっている。興味を誘う新たな提携関係もいくつか誕生した。前述のとおり、カナダのノーチラス・ミネラルズ社は、パプアニューギニア政府と手を組み、同国沖合の熱水噴出孔で潜在的な資源を探った。海底採掘に対する関心は、世界中でますます高まっている。太平洋のはるか沖合では、英国政府が米国の防衛機器メーカーのロッキード・マーチン社と連携し、多金属団塊の採掘の可能性を調査中だ。公海の海底に関して言えば、ジャマイカのキングストンに置かれた国連機関の国際海底機構が、深海採掘産業の支援に動いていることも覚えておきたい。

深海底は、採掘を待つ鉱物の宝庫だと、長らく想像されてきた。沿岸国の管理の及ばない公海では、国際海底機構が海底探鉱のライセンスを発行する。このライセンスは企業と提携した各国政府を保証人とするもので、一部には広大な領域をカバーするものもある。英国政府とロッキード・マーチン社による太平洋での合弁事業は、およそ13万平方キロメートルの海底が対象だ。「UKシーベッド・リソーシズ」というその子会社を通じて、ロッキード・マーチン社は鉄鉱石や銅、そして低炭素技術に利用されるスカンジウムやセリウムなどの希土類の採掘を目指している。こうした採掘事業の採算性はいまだ証明されていないが、ロッキード・マーチン社は、専用に開発された最新世代の自律型水中テクノロジーを駆使し、将来的には水中採掘から利益を上げられると確信しているようだ。この新たな産業を「採掘」ではなく「海底での収穫」と表現し、着々と準備を整えているのは同社だけではない。

中国はここでも先頭に立っている。中国政府は国内の2社と手を組み、これまでに国際海底機構が発行した29件の探査ライセンスのうちの3件を獲得した。一方、米国はＵＮＣＬＯＳを批准していないため、管理体制に公式に関与することができない。ＵＮＣＬＯＳの規定では、公海で海底資源を採掘する者は誰であれ、その鉱物の商業的価値の一部を国際社会と共有しなければならないこととされている。その金額は生み出された収益のうちのわずかな部分であり、利益の共有というよりは一種の「税」と見なされてきた。つまり、世界の公海と海底が、内陸国を含むすべての国家にとって重要なものであることを確認するための仕組みなのだ。だが米国の反ＵＮＣＬＯＳ派は、この規定を理由に批准への反対を正当化してきた。

中国、英国、インド、ロシアなどは、海底を、国際社会に帰属する合法的な資源と見ている。彼らにとって海底採掘は、低炭素の未来への移行を支援する可能性のある新興産業だ。世界は今後も金属や鉱物を必要とし続けるだろうし、海底採掘の推進派は、地表での採掘が持続不能になるに従い、水中資源に関心が向かわざるをえないと主張する。

一方、グリーンピースなどの環境保護団体は、そうした採掘活動が生態系に及ぼす影響を強く懸念する。国際海底機構はこれまでのところ、多様で豊富な生物がすむとされる海域においても、ライセンスの申請をはねつけていない。大西洋中央海嶺の、いわゆる「ロストシティ」はその一例だ。ここは熱水噴出孔が密集するゾーンだが、国際海底機構は２０１８年に、１万平方キロメートルの採掘ライセンスをポーランド政府に与えた。

水中テクノロジーへの投資からも、深海底採掘への関心の高まりが見てとれる。たとえばインドは29件のライセンスのうちの４件を保持する主要な投資家だ。深海底が将来、地政学的な火種となっていくことに疑いの余地はなく、国際海底機構はより大きな重圧に直面するだろう。海洋学者シルビア・

アールは、かねて深海底採掘を声高に批判してきた。彼女のような環境保護論者にとって、採掘事業は地図化も理解も不十分な環境で行うには適さないものなのだ。私たちはまだ、深海が地球というシステムの調節にどのように役立っているのかを限定的にしか理解していない。しかし採掘作業によって、深海の堆積物は必然的にかき乱されることになるだろう。

国家の管轄権の及ばないノーマンズランドはグローバルな地政学においては無視できないものであり、公海は競合する利害関係者のターゲットにされている。現在、国連レベルでは、国家の管轄権の及ばない領域の生物多様性に関する交渉が行われており、世界の公海と海底を利用する国家や企業を、より厳格に規制することが検討されている。この「国家管轄権外区域における海洋生物多様性の保全と持続可能な利用」に向けた国連協定のための政府間会議は、世界最大のノーマンズランドの未来を形作る上でも極めて重要なものとなるだろう。海洋生物多様性の保護は壮大な事業であり、2020年3～4月の第4会期では、それに必要な手段とメカニズムが検討される予定になっていた（新型コロナウイルスのパンデミックのために延期）。大きな国際会議の招集はさらに遅れることが避けられない情勢だが、世界の海洋の60％以上が国際的な水域だと考えられている現状では、依然として行動が求められている。海洋生物多様性の保全論者にとって頭が痛いのは、国際海底機構の事業が継続されていることだ。そのため海底採掘と海洋生物多様性の保全とは、今後も公海において共存していかざるをえない。

漁業や海底の鉱物資源・遺伝資源が多大な注目を集めてきた中で、一番の課題となるのは、植物プランクトンのような私たちがほとんど気にかけないものが持つはるかに大きな価値を、資源に飢えた当事者に認識させることかもしれない。この注目すべき微生物は、膨大な量の炭素を吸収し、それによって公海や領海の生息環境を改善する。植物プランクトンの大半は公海に生息しており、人類に対するその生態学的な貢献は何ものにも劣らない。それらは地球上の酸素の50％を供給し、生命の生存を可能にしているのだ。

海洋生物多様性に関する国連協定の支持者たちは、それが地球の未来を守るのに役立つことを願っている。しかし前兆は良好とは言えない。２０５０年までに、公海での漁業は深刻なストレスにさらされると予想されている。また、海氷の減少によって北極海の中央部などに新たに出現する水域では、２０１８年の「中央北極海における規制されていない公海漁業を防止するための協定」に基づく規制次第で、新たに商業的な漁業が許可されるかもしれない。協定はそうした成り行きになることを禁じることまではせず、代わりにこの領域における商業的な公海漁業の開始までに16年間のモラトリアム期間を設定した。注目すべきは、ほかの国々が30年以上のモラトリアム期間を主張したのに対し、中国は4年間にとどめたがったことである。

一方、南極海はこれまで以上の重圧に直面することになるだろう。ロス海の海洋保護区も例外ではなく、その指定は更新も延長もされないかもしれない。理想を言うなら、世界の公海の大半が海洋保護区に分類されるべきだ。そうすれば——世界の海洋がすでに酸性化と汚染によって根本的に変質してしまっていなければの話だが——魚類資源の回復が可能になるかもしれない。

国連は公海の管理法についての長期的なコンセンサスを得ることに苦心している。保護活動家は、世界の海洋の約30％を海洋保護協定の下に置く必要があり、しかも2030年までにそれを達成しなければならないと言う。だが、食糧や資源の安全保障のニーズが増していく世界にあって、それが可能かどうかは疑わしい。公海で紛争が起こる可能性も排除できまい。

意図したノーマンズランド

将来的には2つのタイプのノーマンズランドが、より大きな注目を浴びる可能性が高い。1つは偶発的なもの。そしてもう1つは計画的なものだ。どちらも新世代の国境紛争を引き起こすだろう。

移民危機が増加したことによる影響の1つは、より広い意味での移動性の不公正が世界中で明らかになったことだった。富める人々は自由な移動を楽しみたい一方で、貧困から抜け出そうと必死の人々には同じ特権を与えたくないのだ。2019年後半、貧しく立場の弱い中米移民の一団が、どちらも彼らを望まない2つの国の国境をなす河川で立ち往生するはめになった。一方の川岸にはメキシコの国境警備隊が配備され、移民たちがスチアテ川を渡るのを阻止しようとしていた。もう一方はグアテマラだった。この行き詰まりは自然発生的に生じたもので、移民たち自身が2つの川岸の間を「ティエラ・デ・ナディエ（ノーマンズランド）」と表現していた。

デジタル技術やバーチャル・ウォールなどといったものが盛んに喧伝されてはいるが、アリゾナ州やテキサス州といった米国南部の国境地域の現実は荒涼たるものだ。メキシコとの天然の国境をなすリオグランデ川沿いでは、川岸と保安フェンスとの間にノーマンズランドのモザイクができている。農民をはじめとする地元住民は、自分たちの所有地がフェンスで分割されたことに気づき、それを開閉させるよう要求した。地元の世論は、移民を支援してきた人々と、国境警備の強化を求める人々との間で二分されている。この種のノーマンズランドは、米国の当局によって意図的に作られたものだ。保安フェンスは基礎の不安定な川岸には築けないため、その手前に二次的な防衛線が設置されたのである。

国境警備が強化されるに連れて、移民は新たな越境の機会を探らざるをえなくなっている。トランプ大統領が南部国境地帯の国境壁の拡張を望む中で、それに呼応するかのように大統領に異議を唱える訴訟も急増した。テキサス州ラレドの住民は、国境壁を拡張すれば、市域が分断されたり、リオグランデ川での生態学的な作業が妨げられたりするばかりではなく、さらに多くのノーマンズランドが誕生し、そこでの壁が先住民の土地へのアクセスを制限したり、地域、州、国の境界を一層わかりにくくしたりするだろうと苦情を申し立てている。彼らが懸念しているのは、たとえば国境警備隊員の許可を得ないと、自分たちの土地に立ち入れなくなるのではないかということだ。その土地は事実上、壁の向こう側で放置されかねない。国境警備隊が国家安全保障上の懸念を理由に、出入りを禁じることも考えられる。

国境の町デルリオから110キロメートルほど離れたテキサス州ウバルデなどの小村では、南からの移民を受け入れる地域社会の苦闘が新聞紙上で取りあげられてきた。ウバルデとラレドは、どちらも不法移民の主要な密入国ルート上に位置していることで知られる。地元当局は、連邦や州政府の対応が遅いために、ウバルデのような小村が、サンアントニオのような大都市への移民のバス移送を担わされていると訴えてきた。興味深いことに、新聞の記事によれば、ウバルデの一部がノーマンズランドになっているという。満杯の収容施設からあぶれた移民がたむろする駐車場などの公共スペースも、その1つだ。幹線道路や鉄道路線沿いのコミュニティとその政治指導者は、国家が権力の座から「撤退」してしまうことに不満を漏らす。それを規制するのに必要なリソースを欠く（あるいは、それに応じた投資をする気のない）土地を、国家が事実上、遺棄しているというのである。麻薬カルテルや人身売買組織は、国境インフラが資金不足に陥ったり、殺到する移民に圧倒されたりしている時に利を得ることが、以前から知られていた。ノーマンズランドは意図的なものであれ偶発的なものであれ、すべてが犯罪組織のビジネスチャンスになるものと、通常は考えられている。

２０１５年に端を発した欧州の移民危機では、ノーマンズランドのネットワークが自然発生的に生成された。欧州のメディアは、鉄道駅や幹線道路、さらにはガード下までもが移民コミュニティに占拠されたことを伝えた。地元の各警察は当時、介入に消極的だったと言われている。この明らかな国家の撤退を受けて、人道支援組織がしばしば重責を引き受け、弱い立場の移民に必要不可欠な医薬品と食料を提供した。15年の夏から秋にかけては、クロアチアとセルビアの国境沿いに、一連のノーマンズランドが出現したことが報じられた。その国境が一時的に閉鎖されると、移民たちは身動きが取れなくなった。各国は亡命や難民申請を求める人々への責任を放棄し、そのことによって不快な記憶をよみがえらせた。すなわち、ユダヤ人コミュニティがかつて中欧や東欧で市民権を剝奪され、ある国から追放されたり、別の国から入国を拒まれたりしたことをだ。１９３０〜40年代のユダヤ人コミュニティにとって、国境は悲惨な結末の待ち受ける、罠のような領域になっていた。

世界人口が増加し、移動や移住を続けるに連れて、即席かつ可動的なノーマンズランドの群島が、世界中に形成されていくだろう。気候変動の規模と影響度に応じ、２０５０年までに2億人から最大10億人の人々が、住まいを追われると推定されている。それとは別に、人間や、ほかの生物が生存可能な別種のノーマンズランドも存在する。こうしたすべては、気候変動の規模とスピードや、それを緩和したり適応したりする国家の能力などに左右されるため、不確実な部分が非常に大きい。さらなる内戦や、パンデミックを含む自然災害が、食料やエネルギー資源の不足と同時発生する可能性を、私たちは否定しえないのだ。保全と開発のバランスは、部分的には、どれほど強固な国際条約でグローバルな共有地が守られるかに応じて変わってくるだろう。人類の未来は、私たちがその特別な空間をいかに統治するかによって、また無責任な国家や企業を人類全体としてどれほど抑え込めるかによって決せられるのだ。

今後のノーマンズランドの2つ目のタイプは、意図的かつ計画的なそれである。国家やその他の利害関係者が、あえてノーマンズランドを造りたがったり、既存のノーマンズランドの存続を願ったりするかもしれない。なぜなら、それによって故意に「グレーゾーン」の中で活動する余地が得られるからだ。そこで焦点となるのは、政治指導者の個人的な計算であり、彼らが将来の国家安全保障に関して行う主張ということになるだろう。政治的・生態学的な変化の時代の統治は、地政学的な利己主義や、体制の存続に名を借りたむき出しの野心が前面に打ち出される可能性がある。

故意に造られたノーマンズランドは、軍事的冒険主義や、資源の不当な入手、政治的陰謀のための場所や圏域として機能するだろう。2019年12月、トルコのレジェップ・エルドアン大統領は、ギリシャと係争中のエーゲ海の島々や入り江について、その見解を明らかにした。特に、カルダック島またはイミア島と呼ばれる無人の小島は、90年代半ば以降、両国の緊張の源となっていた。エルドアンは次のように述べた。「エーゲ海と地中海の所有者は、これらの海に海岸線を持つすべての国家である。最も長い海岸線を持つ国として、トルコは同地での権利を守るため、すべてのリソースを注ぎ込み、断固として闘いを継続する」。

その小島が注目されるのは、ギリシャとトルコの海洋の国境線が、そこを横切っているからだ。第三国の地図は、単に島の周囲を円で囲み、領有権については触れていない。そこはノーマンズランドであり、沿岸の国境をより完全に保全したいトルコが、占領を決断する可能性のある場所なのだ。

南シナ海（ベトナムでは「東海」という呼称の方が好まれる）における中国の人工島建設は、自然の地形を造り替えてしまおうとする大胆な試みだ。自分たちが何も所有していない場所を、埋め立て、占拠し、長期的に居住しようというのである。すでに見てきたとおり、砂州や岩礁などの小さな地形が、占拠され、人間の居住が可能な島へと転換されている。浚渫船団が投入され、その後に海軍施設や国防への投資が一斉に行われるのだ。中国海軍は、近隣国による資源へのアクセスを拒むことや、他国、とりわけ米国海軍の通航権を妨害することを望んでいる。これは「海上拒否」と呼ばれる、中国の軍事計画者の慎重な計算に基づく戦略である。彼らはどうやら何百キロメートルも沖合にいる敵艦を攻撃可能な対弾道ミサイルシステムの輪を構築する計画のようだ。最終的に目指すのは、南シナ海と台湾海峡、そしてインド洋や太平洋の一部の海域を、中国の艦隊と商船団が安全に通航できる空間に変えることだろう。米軍のアナリストは、中国と近隣諸国との関係に鑑み、この対艦ミサイル防衛の輪がさらに広がるのではないかと危惧している。こうした諸般の事情から、米海軍は南シナ海での潜水艦パトロールと「航行の自由」作戦への投資を、より一層強いられることになるかもしれない。

一方で中国は、パンデミックのさなかにも、南シナ海の行政的な囲い込みをひっそりと継続した。2020年4月、同国の民政部は、海南省三沙市に南沙区と西沙区の2つの行政区を新設すると発表している。南沙と西沙はそれぞれスプラトリー諸島とパラセル諸島の中国名であり、三沙市は都市というより、200万平方キロメートルの海域を包含する海洋区域である。ベトナムやマレーシアなどが外交ルートを通じて抗議するだろうが、中国は「歴史的水域」の領有権を主張する計画を崩すまい。今後も深海採掘や、「燃える氷」とも呼ばれる海底のメタンハイドレートからのエネルギー抽出に、さらに資金を投じるだろう。経済が逼迫する中でも、中国は資源の宝庫と報じられる南シナ海を占拠し、防衛するためなら、進んでその費用を支払うはずだ。

それにより、競合するベトナムなどの小国は、南シナ海や東シナ海で独自のエネルギー事業や採掘事業を展開するにあたり、ロシアやインド、日本といったより大きな国々との提携を模索するようになるだろう。パンデミック後の景気後退の規模によっては、中国はこのノーマンズランドを、排他的な自国の海に変える野望さえ持つかもしれない。

排他的主権に介入する「生物多様性」

ノーマンズランドは形状も大きさもまちまちだ。一方の極に、小さく、一時的な、即席のものがあるかと思えば、その対極には南極や公海のように広大なものがあり、その中間にもあらゆるタイプがある。だが、それらはすべて同じものを示唆している。すなわち、現代の世界においてますます明白かつ切迫したものとなっていく2つの根源的な緊張を緩和することが、いかに難しいかということである。

第1の緊張は、はなはだしく不平等なこの世界において、人の移動をどう管理するかに関わるものだ。地球上で最も裕福な地域である欧州および北米の国境地帯に、ノーマンズランドが続々と生まれている。河岸や緩衝地帯の内側で、あるいは橋や公共交通機関などの共有インフラの内部で、気がつけば人々が、2つの管轄区域の狭間で身動きできなくなっている。2020年2~3月にトルコ―ギリシャ間の国境にいた移民たちが思い知らされたとおり、人間が、複数の国や大陸をまたにかけた地政学ゲームの駒にされてしまうのだ。

第2に、南極や公海のようなノーマンズランドは、私たちが何十年にもわたって管理しようとしてきたものを、くっきりと浮き彫りにする。主権国家の国際的なシステムのニーズと、地球上の生物の生存を可能にする高度に統合された自然のシステムとの間で、私たちはどのような判断を下すのだろうか。海洋に厳格な政治的・法的境界線を画すことは、魚やクジラ、鳥類といった移動性の高い生物からなるその環境とは親和すまい。そうした生物たちは、国境など一顧だにしない海洋汚染や酸性化から、厳しい試練を受けている。「国家管轄権外区域」における海洋生物多様性のための国連協定が提案されたことは、グローバルな共有地のさらなる劣化を避けようとする集合的な目的意識が、どれほど広範な広がりを見せているかのあかしだろう。

だが、ところ変われば、それとは違った紛争の芽があるものだ。「国家管轄権外区域」ではなく、主権国家の領土内の、生物多様性を持つ地域の運命は？　２０１９年の夏、アマゾン盆地での森林火災をめぐって、ブラジルとフランスの大統領がかなり公然とやり合った。エマニュエル・マクロン仏大統領は、資源開発と大規模農業のために意図的に森林が焼き払われるのを見て、ブラジルのジャイル・ボルソナロ大統領の政治的不作為を批判した。マクロンが強調したのは、世界のほかのコミュニティにとっても死活的に重要なアマゾンを、まるでそうではないかのように扱う絶対的な権利は、ボルソナロにはないということだった。言い換えるなら、アマゾンの生物多様性は、ブラジルが主張する排他的主権に勝るということだ。ボルソナロはこの介入に激怒したが、国際社会がバイオーム（生物群系）をノーマンズランドに「転換」する決定を下すことも考えられる。国際的なルールブックが地球規模の緊急事態の名において破棄され、熱帯雨林やサンゴ礁、マングローブ湿地のような非常に重要な環境を保護する権利に基づいて、他国への介入が正当化されるようになっていくかもしれない。

第6章

承認されざる国境

西サハラ（旧スペイン領サハラ）は論争のかまびすしい領域だ。メヘアーズの第4軍事地域では、サハラ・アラブ民主共和国の女性軍人たちが作戦行動の開始を待っている。モロッコの占領に激しく抗うサハラ・アラブ民主共和国は、アフリカ連合から承認され、加盟もしている。しかし国連は西サハラを「非自治地域」と見なしており、紛争の解決を目指して利害関係国と30年以上協議している。

国境承認のジレンマ

国境が承認されず、さらには無視さえされてしまう理由は数多く存在する。国際法においては、「承認」という言葉が意味するのは、国際的な国境の位置が法的地位を有するものとして認められるということだ。従って、たとえば米国―カナダ間の国境が国際的に承認されていると言った場合、それは国境規制を課したり、税関検査を実施したり、警備や監視活動を行ったりする両国の権利を、他の利害関係国が認めているということを意味する。

国境が係争の対象となってきた地域では、利害関係国はいつの日か相互協定を結んで、公式な国境を承認することができるかもしれない。あるいは国連決議を取り付けることで、特定の国境に対するより広範な国際社会の支持を得られるかもしれない。そうでなくても、休戦ラインや停戦ラインといった共有する現実に基づき、国境に関する合意を結ぶかもしれない。しかし、そうした承認が得られるまでは、国境線はしばしば緊張とフラストレーションの源になる。

たとえばロシアとエストニアは陸海の国境を確定することができず、双方が相手国の不誠実さを非難してきた。小さなエストニアにとって、承認が成立していないということは、大きな隣国の長期的な意図を、一定程度懸念せざるをえないということだ。承認は単なる二国間の問題ではない。2019年12月、英国のボリス・ジョンソン首相はエストニアに飛び、同国に駐留する英国軍部隊にクリスマスランチをふるまった。この部隊は、エストニアの国境ばかりではなく、欧州連合（ＥＵ）および北大西洋条約機構（ＮＡＴＯ）の東部最前線の防衛にも尽くすことを、公然たる任務にしている。

このように、承認とは国際的な「受容」だけではなく、国境のような具体的なものをも包含するものであるのかもしれない。世界でも最も豊かな地域に住む市民の多くは、こうした国境承認のジレンマに気づいてさえいないだろう。承認されているのが、彼らにとっては当然のことだからだ。パスポートの効力に関する年次調査では、フィンランドのパスポート保持者は、ビザなしで、あるいは到着時にビザを取得することで、１７０カ国に渡航することができる。そこには暗黙のうちに、高いレベルの承認と信頼が存在するのである。対照的に、アフガニスタンのパスポート所持者は、ビザを取得しないことには世界の大多数の国に渡航することができない。

トム・ハンクスが映画『ターミナル』（２００４年）の中で演じた架空の国クラコウジアの国民、ビクター・ナボルスキーは、祖国が国際社会からの承認を取り消されたことから、悲惨な状況に陥る。空港という行政上のノーマンズランドから立ち去る権利を失い、ニューヨークのジョン・Ｆ・ケネディ国際空港内に閉じ込められてしまうのである。

国際社会一般からの承認を失うことは大変な問題だ。国際法においては、国家やＥＵのような非国家機関がいかに自らを処すかに関わってくる。承認は法と政治に関わる問題なのである。

国連憲章の規定では、憲章に掲げる義務を履行可能なすべての「平和愛好国」が国連に加盟できるとされている。加盟するには、既存の加盟国から「平和愛好国」と認められなければならないわけだ。異例ながら、非国家機関である教皇聖座（バチカン）は、1964年4月に永久オブザーバー国家としての地位を与えられた。彼らは国連の討議には参加できるが、投票することはできない。あえて正式加盟を申請しなかったのである。スイスは1948年から2002年まで国連の非加盟オブザーバー国家だったが、国民投票の結果を受けて、02年3月に正式加盟国となった。投票結果は揺るぎのないものだったが、反対派はスイスの中立政策が揺らぐことを懸念した。承認に関するルールは、状況に応じて曲げることができるのだ。

さらに物議を醸すのはパレスチナと台湾だ。両国の運命は、なぜ国際的な承認が、それ自体においても、また、それ以上の意味においても重要であるのかを如実に示している。正当な外交的・政治的主体として承認されなければ、国境に関するいかなる種類の合意を取り付けることも困難であり、時には不可能だ。パレスチナは2012年に、ついに国連の非加盟オブザーバー国家としての地位が認められた。その後、19年には、オーストラリアやイスラエル、米国からの批判と反対票を受けながらも、国連の「77カ国グループ（G77）」の議長国に選出された。1964年に77カ国で発足したG77は、現在では130カ国以上の連合体となっている。結成の目的は、植民地の地位を脱して間もないアフリカやアジアの国々のプレゼンスを、全体として高めることだった。G77の議長国に選ばれたことが重要だったのは、そのことによって、ヨルダン川西岸とガザ地区に独立国家を樹立し、東エルサレムをその首都にしたいというパレスチナ自治政府の願望が、より確実性の高いものとなったからである。

こうして国連での役割が増したにもかかわらず、パレスチナの立場は損なわれた。トランプ米大統領が、米国大使館をエルサレムに移転するという、困難な状況をさらにこじらせるような決断を下したためだった。2017年12月、彼はエルサレムをイスラエルの首都と認めると発表し、それまでの数十年に及ぶ米国の政策を一挙に覆した。だがイスラエルによる西岸と東エルサレムの占領は、国際的には承認されていない。国連総会でも、過去5〜7年にわたり、国連内でのパレスチナの地位を格上げする目的で、投票も実施されてきていた。

台湾の運命は、中国がこの島を「統制のきかない（自国内の）一省」と見なしていることからすると、さらに厳しそうだ。1949年に終結した中国内戦の結果、中華民国政府は台湾に逃れ、中国本土とその他の領土は中華人民共和国となった。中華民国（すなわち台湾）は国連の原加盟国だったが、台湾を自国領の一部と見なすべきだと主張する中華人民共和国は、71年に台湾に代わって「中国」の代表権を獲得した。その8年後、米国はついに中華人民共和国を国連加盟国として承認する。以来、中華人民共和国は台湾の国連復帰の試みを、オブザーバー国家という形を含めて阻止しており、台湾の地位はいまだ論議の的になっている。

2019年7月、台湾の蔡英文総統は、ニューヨークに置かれた事実上の台湾大使館でのレセプションで、各国の国連大使を相手に、台湾は国連加盟を目指し続けると語った。台湾は独立国家として承認されていないため、ニューヨークの〝大使館〟は、公式には「台北経済文化弁事処」と呼ばれている。蔡総統はこのレセプションを利用して、パラグアイや、セントビンセントおよびグレナディーン諸島といった、台湾を承認する数少ない国々の国連大使に謝意を表明したのだった。

台湾の政治指導者が、カリブ海諸国への外遊にこと寄せてワシントンに立ち寄るのは、意図的な戦略だと思われる。2019年に、米国が20億ドル相当の武器（100両以上の戦車とスティンガーミサイルを含む）を台北に売却する計画を承認したことで、こうした訪問がさらに熱心に行われるようになった。トランプが17年1月に米国大統領に就任して以来、台湾は訓練、軍備、魚雷を含むいくつかの注目すべき契約の相手国となっている。17～19年に結ばれた4件の契約の総額は40億ドルを上回っていた。

軍事支援を確保することは決して些末な成果ではない。さはさりながら、広範な国際的承認を得ることは、台湾とパレスチナにとって難しい注文になるだろう。中国は中華民国を独立国と認めようとはしないだろうし、イスラエルや米国はパレスチナの承認を妨害する可能性が高い。オーストラリアは2018年12月に西エルサレムをイスラエルの首都と認めたが、東エルサレムはそこに含めず、平和的な解決が実現するまで大使館も移転させないとした。このことから見えてくるのは、米国およびその戦略的同盟国であるイスラエルとの親善関係を育みたいというオーストラリアの根深い願望である。中国と米国の経済力、政治力、軍事力がかくのごとき現状では、小国はもちろん、オーストラリアやカナダのような中堅国でさえも、パレスチナや台湾への支持を表明することには慎重になるだろう。国際社会から承認を保留された時、世界は非常に孤独な場所になりえるのだ。

承認されざる国境は、特定の時期と場所に集中して出現してきた。たとえば1980年代後半から90年代前半にかけては、ソ連とユーゴスラビアの崩壊によって、短期間に数多くの新しい国家が誕生した。新たな国境の承認についても、迅速な決定を下すことが求められた。そのプロセスは、比較的痛みを伴わなかった91年のスロベニアのケースから、緊張と暴力が渦巻いたボスニア・ヘルツェゴビナのケースまで様々だった。後者はその後、血塗られた内戦に突入し、数万人の犠牲者を出している。ボスニアは今も事実上の分断国家のままだ。

コソボの不安定さも、やはり啓発的である。２００８年の住民投票では、セルビアからの独立に賛成する人々が過半数を占め、セルビア系の少数派が反対票を投じた。この結果を受けてコソボは独立を宣言し、２０１０年の国際司法裁判所の判決で、この宣言が国際法に違反しないことが確認された。以来、コソボは１００カ国以上に承認されてきたが、セルビアとその盟友であるロシアは、その中に含まれていない。中国もコソボの独立を認めることを拒んでいる。ロシアの反対があるために、コソボが国連に加盟する可能性は低いが、セルビアのＥＵ加盟が認められるかどうかは、彼らがコソボの独立を受け入れるかどうかに左右されそうだ。２０２０年現在、同地では依然として国連の平和維持活動が実施され、セルビアとコソボの衝突が抑えられている。

承認されざる国家と不安定な国境

世界には承認されていない国家が数多くある。キプロス島では、首都ニコシアのバリケードで塞がれた街路やうち捨てられた建物、さらに島の丘陵や平原を蛇行する緩衝地帯に沿って、島を分断するノーマンズランドが広がっている。すでに触れたとおり、キプロス共和国は、英国のいわゆる主権基地領域や、承認されていない北隣の国、北キプロス・トルコ共和国（ＴＲＮＣ）と島を分かち合っている。北キプロスは、トルコによってのみ法的・政治的存在が認められている国だ。公式に通用する通貨はトルコリラのみで、北キプロス側に入ろうとする訪問者は皆、「国境」で正式なパスポートやＩＤの審査を受けなければならない。北キプロスが誕生したのは、１９７４年のトルコ軍の侵攻を受けて、島が分割された直後のことだった。停戦が成立してからも、この島と首都ニコシアは分断されたままになっている。国連平和維持軍は、ギリシャ系とトルコ系のコミュニティを分かつ境界線が、明瞭かつ非武装化された障壁であるよう留意し続けている。

キプロスが２００４年にＥＵに加盟した際には、この島がいずれは再統一されるだろうという希望があった。承認されざる事実上の国境は、単に地図から消えるだろうと思われた。ギリシャはキプロス共和国のＥＵ加盟を認めることにより、ＥＵが東欧や中欧に拡大することへの反対論を転換した。一部のＥＵ幹部は、これが再統一への新たな弾みになるのではないかと期待した。しかし島の地位の解決を目指した国民投票を実施したところ、提案はギリシャ系のコミュニティからの十分な支持を得られず、キプロスは分断国家としてＥＵに加盟した。承認されざる北キプロスはＥＵから除かれ、トルコ系の政治指導者たちは、北キプロスが独立を目指すべきか、再統一を目指し続けるべきかをめぐって揺れた。人口規模では、北キプロスが約30万人と推定される一方、キプロス共和国は１００万人強となっている。

キプロスの将来の地位をさらに複雑化させているのは、いまだに島の各所に点在する英国の主権基地領域および保留地だ。これは英国、トルコ、ギリシャがキプロスの領土の保全と安全を保証することで合意した、１９６０年の保証条約の名残である。74年に侵攻したトルコ軍は、この条約を引き合いに出して、自分たちの行為を正当化した。２つのコミュニティからなるこの島で、トルコ系コミュニティの地位を守るべく介入しているのだと主張したのである。74年以降は、複雑な境界線によって北キプロス、主権基地領域、キプロス共和国、国連の緩衝地帯に分割されていることが、キプロス島の政治的地勢の特徴となってきた。道路標識は、１つの境界線がどこで終わり、別の境界線がどこから始まるのかを訪問者に知らせている。境界線のトルコ系の側では、監視塔や地雷原、有刺鉄線のフェンスが目立つ。

北キプロスの不承認が続けば、島の分断にも影響が及ぶ。２０１９年7月、トルコのエルドアン大統領は、トルコ語を話す住民が危険にさらされていると思えた時には、「74年の侵攻」を再現するつもりがあると述べた。トルコの派兵から45周年の節目に発表されたこのエルドアン声明は、「ロシア語を話す人々を、その居住地にかかわらず守る必要がある」と語ったロシアのプーチン大統領の発言とも呼応する。「侵攻」ではなく人道的介入を前面に出したエルドアンの断固たる言辞は、キプロスの地位をめぐる最近の論争とも時期的に重なった。陸上よりもむしろ沖合の問題に関心が向けられたその論争には、東地中海の原油と天然ガスの資源がかかっていた。それらの潜在資源の開発・活用を誰が許可されるべきかについて、トルコ、ギリシャ、キプロス共和国は意見を違えているのである。

イスラエル沖での発見に先行されたが、キプロスの南沖でもアフロディーテと呼ばれる巨大なガス田が２０１１年に発見された。15年間にわたる開発期間中に１００億ドルの価値を生むと推定されるガス田だ。この発見は、しかしトルコとキプロスの愛と親善を促すものではなかった。キプロス共和国は、当然ながらシェルなどの国外企業と提携してガス田を開発しようと熱望し、開発・生産計画での合意を模索した。採取されたガスは、その後に隣国エジプトに輸出されることになりそうだ。トルコが懸念するのは、キプロス共和国が富を得ることによって、ギリシャ系のコミュニティが強気になり、北キプロスを「東地中海ガスフォーラム」（キプロス共和国、イスラエル、エジプトほかが加盟）から除外しようとすることだ。トルコも同フォーラムに参加していないが、それはキプロス共和国との間の海洋国境線を承認したくなかったからである。

現在のところ、論争かまびすしい東地中海での原油・ガス探査は、承認・未承認の国境周辺で行われており、報復主義的な計画と渾然一体となっている。トルコは――さらなるエネルギー取引を可能にする恐れがあるため――キプロス共和国の海洋国境線を承認したくないのだが、キプロス共和国をはじめとする世界各国は、北キプロスを――従って北キプロスによる海洋主権へのいかなる主張も――承認していない。同時に、ギリシャとキプロス共和国は、北キプロスがガス収入の受益者となる権利を認めたくはない。それを認めれば、北キプロスを法的・政治的に承認することになるばかりではなく、国境を承認することにもなるからだ。原油と天然ガスの採掘から得られる収益は、島の将来に関する平和協定の締結後に分配されるというのが、キプロス共和国の立場だ。しかしエネルギーに飢えたエジプトにガスの売却を持ちかけることによって、キプロス共和国は――米国、イスラエル、オランダの各国企業を含む国外の提携先とも協力して――地域内での支援強化を狙った化石燃料外交を推進しているのである。一方、トルコは北キプロスの権益を断固として守ろうと、軍艦や掘削船を係争海域に盛んに派遣している。

問題の海域は軽視できるようなものではない。トルコとキプロス共和国の排他的経済水域はもともと重複しており、キプロス島が事実上の分断状態にあるために、将来的な解決も難しいだろう。トルコに支援された未承認国家の北キプロスは、自分たちにも排他的経済水域を設定する権利があると信じている。ギリシャとキプロス共和国は、トルコに制裁を突きつけるようEUに要求してきたが、トルコは今のところ、それに対して強い反発を見せていない。しかし陸地の領有権をめぐる意見の相違が、ことごとく領海や排他的経済水域の認定にも影響を及ぼすため、この問題は根深いものがある。国家や国境の承認が、資源の所有権や活用にも大きく関わってくるのである。

EUは2015年以来の移民危機をめぐってもトルコと緊張関係にあり、トルコのEU加盟を進める気運が薄れつつあることで、その緊張がさらに増幅されている。EUに迎え入れる熱が冷めたにもかかわらず、EU本部は、いわゆる加盟前資金をトルコ政府に配分し続けてきた。近年、トルコの人権問題を理由にこれらの資金は削減されているが、トルコは東地中海や中東で極めて重要な立場を占めるだけに、EUは資金の流れを完全に断とうとはしないだろう。支払いを続けているにもかかわらず、ギリシャとキプロス共和国の側に立つことによって、EUは再統一プロセスに直接関与する可能性を手放してきた。

　問題を一層複雑にしているのは、トルコがロシアから武器を購入し、伝統的なＮＡＴＯの同盟国である米国から遠ざかったことだ。それに先立ち、トルコ国内はもとより、イラクとシリアを含めたクルド人コミュニティへの対応をめぐる緊張から、米国とトルコとの関係は悪化していた。自決権を求めるクルド人の闘争は、トルコの地政学的文化に埋め込まれた国境の不安を明らかにする。米国はイラク北部におけるクルディスタン地域政府の創設を通じて、イラクに住むクルド人の宿願を支援したが、トランプ政権はシリア北部から米軍部隊を撤退させることにより、トルコとシリアの現政権との間で新たな国境取引が行われても構わないという姿勢を示した。

　一部で懸念されているのは、エルドアン大統領がより攻撃的な地政学的戦略に舵を切り、シリア北部に「安全保障上の緩衝地帯」としての領土の回廊を確保するのみならず、キプロスや、もっと小さなギリシャの島々を手に入れようとするのではないかということだ。シリア北部の占領に対する報復としてトルコに経済制裁を科せば、地域全体に反響が及ぶかもしれない。東地中海で誰が何を所有しているかをめぐる緊張状態は、米国とイスラエルの原油・ガス生産会社の関与によって、さらに混迷の度を増している。イスラエルは長期にわたるトルコの同盟国でもあり、トルコはイスラエルを承認した初めてのイスラム国家だった。中国も地経学的なプレーヤーであり、リビアの原油産業とつながりを持つほか、負債まみれのトルコに投資している。もう１つ注目するべきは、債務免除と貿易アクセス取引の一環として、トルコが中国の東地中海への海上アクセスを手助けしていることだ。

英国の主権基地領域は、キプロスの状況を複雑化させているもう1つの要因だ。アクロティリとデケリアという2カ所の基地領域には、英国人と、およそ1万人のキプロス人が暮らす。領域の一部は海に面している。駐留する英国軍は、これらの領域および島内のほかの保留地の管理に責任を負っている。英国は防衛に不可欠だとして、主権基地領域の海岸線から約3海里（約5・6キロメートル）の領海を主張しているが、これまでのところ排他的経済水域は主張していない（主張すればキプロス共和国、ギリシャ、トルコから挑発的だと見られるだろう）。

ブレグジット（英国のEU離脱）により、これらの主権基地領域にさらなる重要性が加わった。それらはEUの一部ではなく、EUの法律が部分的に適用される英国の海外領土となるのだ。アクロティリはキプロス共和国と、またデケリアは北キプロスと隣接する。ブレグジット後にキプロス共和国と協定を結ぶ際には、英国政府が主権基地領域の維持を望む可能性がかなり高い。そこは英国とNATOにとって重要な情報収集拠点となってきたからだ。キプロス共和国は、英国との新協定において、主権基地領域の返還を求めるか、少なくとも隣接する領海の権利を取り戻したいと願うかもしれない。実際、この領海は今後、キプロス共和国にとって陸地の領土以上に価値の高いものとなる可能性がある。一方、トルコの意向（および中国・ロシアとの関係）が不透明であることに鑑み、キプロス共和国は、英軍のプレゼンスがあった方が望ましいと考えるかもしれない。

キプロスは複数の当事国が絡む複雑な領土問題を抱えている。しばしば注目を浴びるのは国境をまたいだ犯罪や、グリーンライン沿いでの局地的な事件だが、本当の焦点は沖合だ。原油やガスの開発、

ＮＡＴＯの盟友であるトルコと米国の関係悪化、トルコと（ギリシャとキプロス共和国が加盟する）ＥＵとの緊張関係などによって、将来的に軋轢が増大しかねない。

キプロス共和国にとっての地政学的な悪夢のシナリオは、米国がＮＡＴＯの盟友トルコに背を向ける一方で、トルコが中国およびロシアの緊密な同盟国になることだ。２０１９年にトルコはリビアと手を結び、二国間で安全保障とエネルギー関連の協定に調印した。さらなる制裁をちらつかせるＥＵに立腹したトルコ政府が、陸地の国境とその周辺でこれまで以上に好戦的になったり、海洋資源を開発しようとするキプロス共和国の試みをことごとく妨害したりする可能性もある。従ってキプロスに関しては、再統一はもとより、いかなる和平協定も当分は実現するように思えない。トルコはまた、カステロリゾ島などのように、トルコの海岸線にごく近く、そのためエーゲ海と東地中海におけるトルコの大陸棚と排他的経済水域にかかっているギリシャ領の小さな島々を、いずれ占領するかもしれない。

エルドアン大統領は、トルコの南岸に近いギリシャの（たとえばロードス島のような最大の島ならともかく）小島をめぐって、ＮＡＴＯがギリシャやトルコとの戦争に踏み切ることは当面ないと決め込んでいるかもしれない。ギリシャのどの政権も認めるように、トルコはＮＡＴＯで2番目に大きな常備軍を持つ国であり、同国南東部のインジルリク空軍基地に１９５５年から米軍を駐留させている。事を起こして何になるだろうか。トルコはその点を材料にギリシャを説得し、リビアと共同で東地中海の広大な海底を開発する計画に邪魔が入らないようにするかもしれない。クレタ島やロードス島のようなギリシャの島々は、オフショア原油とガスの開発および漁業権を支配しようとするトルコとリビアの壮大な計画から除外されている。国境の引き直し、海底の開発、海の分割、小島の占領など、東地中海には気の重い見通しが目白押しだ。

承認されざる国境としての南極

南極はノーマンズランドだと見なされている一方で、承認されていない国境が非常に数多く存在するという曖昧な特性も持っている。承認されざる国境からの影響を被る世界最大の地域は、実は南極大陸であるとさえ言えるだろう。

１９０８年以来、アルゼンチン、チリ、ノルウェー、フランス、ニュージーランド、オーストラリア、英国の７カ国が南極の領有権を主張してきた。真っ先に主張したのは英国であり、最大の取り分を主張しているのはオーストラリアである。南米のアルゼンチンとチリが本土を延長した領域を南極における自国領だと主張しているのに対し、欧州とオセアニアの各国は、これまでの探査や発見、開発、科学目的での継続的な占有などの歴史を、主張の論拠にしている。

南極は、寒くて風の強い、乾燥した辺境の地だと考えられがちだが（そして実際にそれらの特性をすべて備えてはいるが）、一方で並外れた資源の宝庫だとも想像されてきた。18世紀のジェームズ・クック船長は、恐るべき氷山や海と遭遇して南極の価値に疑問を抱いたかもしれないが、そうではなかった人々もいた。

1820年代に人類が南極大陸に到達した後、南極半島北部と周辺の島々（特にサウスジョージア島）は、アザラシ猟師や捕鯨者のメッカとなった。キャプテン・クックの報告書には、海と海生哺乳類についての記述があふれている。アザラシの毛皮と油脂や、鯨油はグローバルな産品になった。1820〜30年代には何十万頭ものアザラシが殺され、毛皮は北米や欧州に輸出された。衣服や帽子の素材として人気が高かったためだ。中国市場には、主として広東（現在の広州）の港から供給された。アザラシ猟師は夏季に集中的に狩りを行い、長く暗い冬の間はキャンプを放棄した。捕鯨者は極地の海岸沿いに、クジラの屠殺と処理を容易にするための基地を設置した。鯨油は暖房用に使用され、19世紀後半になるまで灯油などのほかの燃料に取って代わられることはなかった。また、爆薬の製造にも大いに役立つことが判明し、後にはマーガリンの材料にも転用された。南極大陸北部での商業捕鯨産業は、主としてノルウェーと英国によって確立され、1960年代前半まで脈々と続いた。

1908年に初めて英国が南極の領有権を主張したのは、資源絡みの理由からだった。捕鯨とアザラシ猟に規制をかけ、ノルウェー人はロンドンの規制当局を尊重せよと主張することによって、両産業からさらに利益を挙げようとしたのだ。その後の30年間に、さらに6カ国が、南極の様々な領域に対して独自の領有権を主張した。そして1943年までに、いかなる国からも領有権の主張がなされていないセクター（経度を基準にした扇形の範囲）は1カ所だけになっていた。太平洋側のその広大なセクターは、南極大陸の中でも最も遠方の、最もアクセスしにくい場所にあり、英国は、米国のような友好的な大国が、いずれその領有権を正式に主張することを期待した。

かくして南極大陸はセクターごとに分割されたが、南極半島に関しては英国、アルゼンチン、チリの領有権主張地域がかち合っている。見逃せないのは、米国と当時のソ連がどの国の領有権主張も承認せず、独自の主張を後に行う権利を留保したことだ。各国が領有権を主張したセクターは、欧州とオセアニアの主張国が相互に承認し合っていることを除けば、他のどの国からも正当性を認められていない。

第2次世界大戦の足音が近づくに連れて、世界は南極に関わる問題に直面した。ただ、それに取り組むことに関心を寄せたのは、一握りの国々のみだった。ドイツはかねて極地探検を盛んに行っており、英国はナチス・ドイツが南極大陸の領有権を独自に主張するのではないかと危惧していた（もっとも、その時点では南極の地図はほとんど作られておらず、複数の大きな島から構成されていると考えられることも多かったのだが）。1930年代前半、ノルウェーは英国とオーストラリアの主張地域に挟まれた空白のセクターについて、領有権を主張してはどうかと英国に勧められた。そして39年1月にそれを行った。同年秋にドイツがポーランドに侵攻するまでに、南極における帝国間の領土争いの構図はすっかりできあがっていた。敵対する各国は、陸海の極地の領土を地図化し、測量し、探査し、開発することに奮闘した。事態が制御不能に陥っていく危険の中で、複数の国々が探検隊を派遣する。米国もまた、この地域における戦略的プレゼンスを示すために、40年代後半に海軍の小艦隊を送った。

1959年の南極条約という比類なき取り決めの下で、南極大陸とそれを取り巻く海洋は、平和と親善のゾーンと宣言された。12の原署名国は、57～58年の国際地球物理学年（日本での呼称は「国際地球観測年」）の協力精神を受け継ぎ、科学と国際協力の力で南極の領有権という厄介な問題に対処することを目指した。７カ国から出されていた領有権の主張は保留された。どの署名国も、７カ国の主張の正当性を認める必要はなかった。冷戦の最中とあって、特に米国は、南極が新たな不和を生む恐れがあることを承知していた。だが、それ以前には米国も、南極を核実験場や資源採取場にすることを考えていた。南極条約は、すべての締約国が非武装化と非核化を誓約することを求めた。一方、鉱物については、条文で言及されなかった。

その後の60年間で、南極条約の締約国は12カ国から50カ国を超えるまでに拡大した。特に注目されるのは、80～90年代にブラジル、インド、中国などの国々が署名したことだ。こうした第三世界の国々は、最初に条約の交渉が行われた50年代後半には、ほとんど蚊帳の外に置かれていた。未解決の領有権と承認されざる国境がトラブルを招かないようにするために、締約国は段階的に、資源、特に漁業をめぐる交渉の進め方を見出していった。鉱物資源は80年代に激しい議論の的になったが、その後、締約国は、あらゆる形の鉱物採掘と鉱物開発を禁止する「環境保護に関する南極条約議定書」を採択した。それに代わって成長したのが、バイオプロスペクティング（生物資源探査）や観光などの産業だ。商業漁業が南極海で比較的未開拓の地平を発見してきたのに対し、観光産業は南極の生物学的・美的価値に乗じようとするものである。

今後はどうなっていくのだろうか。この問いに答えるにあたり、ほとんどの識者が目を向けるのは、南極で積極的な活動を展開する中国だ。領有権主張国ではない中国は、南極条約の統治メカニズムを利用して、自国の利益を追求しようとしている。その好例が、ドームアーガス（南極の氷床の最高地点）にある観測基地「崑崙」の周囲を、特別管理区域に指定するという提案だった。中国はそれを、環境保護の名目で南極に独自の境界線を設ける好機と見ていた。この一件は、一国が観測基地を利用して理論的に何ができるかを実証するものだった。広大な氷の広がりの中の「島」である観測基地は、特別な保護区を創設するための中心点にもなる。中国の提案は、約2万平方キロメートルの範囲で特別な環境管理とモニタリングを実施するというものだったが、他国からは好意的に受け取られなかった。ほかの利害関係国は、中国がその特別管理区域を利用して、独自の主権を固めるものと確信していたからだ。ドームアーガスはあまりに遠く、その近辺で活動する国はほかになかったのだが。

中国は海洋保護区の拡張計画に最も強く抵抗する国でもあり、2016年のロス海の海洋保護区の協定では、ロシアと共に消極姿勢を示した。中国の反対論の根底には、領有権を主張するニュージーランドのような国々が、海洋保護や空間計画を、主権の代用品として利用しているのではないかという不信感があった（中国はまさにそれをドームアーガスでやろうとしているとして、他国から批判された）。中国は将来的にも海洋保護区の提案に反対するかもしれない。南極海での漁業が、保護を名目に妨げられるのではないかと懸念するためだ。南極条約は全会一致を原則に運用されるため、ほかの締約国は中国の扱いに注意する必要があるだろう。

ロス海の海洋保護区は、くすぶっていた緊張を白日の下にさらしただけだった。米国とニュージーランドによるその提案は、2つの非常に異なる南極観を際立たせた。一方は南極を未開発の資源の宝庫と見なすものであり、もう一方は環境保護の拡大と強化を望むものである。

中国の意図に特に不安を抱いているのがオーストラリアだ。オーストラリア政府は中国政府に協力して、タスマニアを経由した南極への物資輸送を支援してきたが、一方で中国の今後の振る舞いに懸念を表明してもきた。最も広いエリアに対する領有権を主張するオーストラリアは、南極大陸で増大していく中国の科学、観光、物流面でのプレゼンスに、最も被害を受けやすいように見える。

承認されることのなかった南極の国境が、１９５９年の南極条約と、それに関連した統治体制を可能にしたのだとも言える。条約締約国は主権を棚上げにすることに合意した。７つの領有権主張国は、それぞれのセクターについての主張を放棄する必要はなかったが、国境を含む自分たちの主張がより広範な国際社会から承認されないことを受け入れなければならなかった。結果的に、南極の陸と海で行われる活動で、紛争の可能性を秘めていないものはほとんどない。主権と国境が承認されていない中では、環境の管理や漁場の保護、観光業のプランニング、科学的活動などのすべてが、国際社会が南極の将来的な利用法についての合意をいかにして確保していくかに影響を及ぼすのだ。

不法占拠と承認されざる国境

かつてスペイン領サハラと呼ばれていた西サハラは、英国とほぼ同じ面積（約26万平方キロメートル）を持つ係争地域だ。ただしその人口は、英国が６０００万人を超えるのに対し、56万人ほどでしかない。領域のほとんどは砂漠であり、世界で最も人がまばらな場所の1つである。以前はスペインの植民地だったが、フランコ統領の死去（1975年）によって権力の空白が生じた後に、モロッコに併合された。当初はモロッコとモーリタニアが混乱に乗じて西サハラに進出したが、モーリタニアが後に撤退したのに対し、モロッコはしなかったのだ。それ以来、モロッコは西サハラの先住民族（サハラウィ）との間で対立を続けてきた。西サハラ人のコミュニティは、ポリサリオ戦線に率いられ、サハラ・アラブ民主共和国（SADR）の建国運動を展開してきた。SADRはアルジェリアとの国境をわずかに越えた場所に亡命政権を樹立し、70～80年代にはモロッコの占領に対抗して、長く反乱を続けた。公式には、SADRはドイツやスウェーデンを含む約80カ国から承認されており、1982年にはアフリカ統一機構にも加盟している。しかし、米国やロシア、中国、総体としてのEUなどからは承認されていない。

90年代前半、西サハラの独立を問う住民投票の実施を前提に、国連が停戦を仲介した。しかし投票はいまだ行われておらず、その間に係争地域は緩衝地帯によって二分された。漁業やリン酸塩の採取が可能な西部のモロッコ支配地域と、ポリサリオ戦線が支配する東部である。クリミア半島に侵攻・併合したロシアへの対応とはまったく対照的に、EU諸国は住民投票の問題に関わることには消極的だった。モロッコは地中海を渡ってくる移民やドラッグの統制戦略に欠かせないために、関係を損ないたくなかったのである。特に、かつてモロッコを植民地にしていたスペインとフランスは、この北アフリカの国を批判したがらなかった。スペインは経済的にも戦略的にもモロッコと緊密な関係にあり、多くのモロッコ人がスペインの農業部門やサービス部門で働いている。スペインはまた、北アフリカにセウタとメリリャという2つの飛び地を持ち、それがモロッコと国境を接している。この地理的な近接性と経済的な関わりの深さゆえに、スペインはＥＵに対し、モロッコに国境警備用の資金を提供するよう働きかけてきた。

モロッコによる占領に異議が唱えられるとすれば、それは欧州司法裁判所のような司法ルートから直接もたらされるものだった。同裁判所は２０１６年12月、ＥＵとモロッコの農業協定は、係争地域である西サハラには適用されないとの裁定を下した。ＥＵはこれを無条件に受け入れようとはせず、モロッコとの関係に及ぼすダメージを和らげるために、激しい外交を展開した。一方、西サハラの代表者との交渉には、明らかに消極的だった。18年2月の別の判決では、欧州司法裁判所は、ＥＵとモロッコの漁業協定が西サハラの沖合には適用されないと断じた。同裁判所は事実上、西サハラはモロッコの一部ではなく、モロッコ政府によって不法に占領された「非自治地域」であるとする国連の裁定に従ったのだ。モロッコは西サハラの正当な占領者とは認められないという点に関して、国連の立場は実に明確だ。

18年の判決の直後に、モロッコとＥＵは相互の戦略的パートナーシップの重要性を再確認し、西サハラの問題についてはほとんど言及しなかった。移民や漁業、共通の安全保障（テロ対策を含む）はこのパートナーシップの試金石であり続け、セウタとメリリャの飛び地によって生じるスペインとモロッコの陸地の国境もまた、双方にとっての大きな関心事となっている。ＥＵが懸念しているのは、ＥＵの内部と見なされるスペインの飛び地の警備用インフラを突破した移民が、難民認定を求めるのではないかということだ。ＥＵが西サハラを承認しないのは、モロッコからの支援に対する代償なのである。

世界のほかの「非自治地域」も認めることだろうが、強力な隣国が領土を不法に占領し続けたり、ＥＵなどの第三者がモロッコのように戦略的に重要な隣国に味方して、その領域の正当な代表者や政府を無視したりするなら、その代償は高価なものになりかねない。１９６３年以来、国連は西サハラを、いまだ植民地状態から脱していない領域のリストに載せている。係争解決の見通しは暗い。２００８年に最初に提出されたモロッコの自治計画は、係争地域の将来を決する住民投票の実施を約束するものではなかった。代わりにモロッコは、停戦の期間を利用して、自国の「応援団」を増やした。ペルーなどの国々が代表団を派遣し、モロッコへの支持を公に表明している。西サハラでのプレゼンスを正当化するために、モロッコは言葉も慎重に選んでいる。「国民」ではなく「住民」について語り、「願望」よりも「関心」を強調するのである。西サハラの独立要求に言及する時には、決まって「相談」という言葉が使われ、モロッコ側が西サハラの人々から、民主的な信任や同意を進んで取り付けることはない。

西サハラが現在のような袋小路に陥っているのは、国際法の支配を擁護するべき圏域組織（ＥＵ）とその加盟国が、第三国に不法占拠されたコミュニティを承認しようとしないためだ。しかしＥＵとしても、北アフリカからの不法移民を規制しないことには窮地に陥るため、モロッコなどの支援を得るために経済的な手段に頼っている。ＥＵはモロッコに有利な貿易契約を結び、同国の漁業に対する財政支援も申し出た。そうした資金の一部は西サハラの港湾施設などのインフラ整備に使われている。言い換えれば、モロッコの不法占拠を固定化するために使われているのである。

モロッコによる不法占拠を事実上容認していることに恥じ入ってか、欧州議会は2019年に西サハラにも特恵関税を拡大することを決めた。おかげで現在ではモロッコのそれと同条件になっている。欧州司法裁判所の判決と西サハラの独立を支持する大衆運動を受けて、欧州委員会は、ある製品が西サハラ産である場合、「モロッコ南部」産ではなく、それと認める新たな貿易協定を、モロッコとの間で結ばざるをえなくなったのである。

欧州議会のある決議では、政治的解決が図られている間、EUは西サハラの人々とその自律的な経済発展を支援すべきであるとも宣言された。ただ、これらはいくらか割り引いて受け取るべきだろう。というのも2019年6月に、EUとモロッコは「繁栄を共有する」ための新たなパートナーシップ協定を締結した。同時にEUは、西サハラの人々との紛争によく対処していると、モロッコ政府を称えてもいる。同年にはそれに先だって、持続可能な漁業パートナーシップも新たに合意されていた。要するに、EUはモロッコとの関係を損なわないようにしながら、西サハラの政治状況に対するジェスチャーを示したということなのだ。

長期的には、EUとモロッコとの関係は、モロッコ国内の緊張や、(スペインなどのEU加盟国への危険な旅をする代わりに)モロッコにとどまることを選択した移民に対する同国政府の対応次第で、損なわれる可能性がある。スペインは、不法移民の活動の抑制を目的に、モロッコに対する3000万ユーロ相当の特別交付金を承認した。スペイン政府はまた、公費を投入し、モロッコ政府のためにドローンなどの装備品を購入している。スペインのカナリア諸島の領土や、北アフリカの飛び地、地中海に面する南部の国境などは、パトロールや規制が地理的に難しい地域なのだ。

西サハラの運命は、承認の地政学にまつわる、より広範な真実を明らかにしている。2020年2月、日本はモロッコの領土の保全に対する支持を——つまりは西サハラを独立国として承認しないことを——改めて表明した。考慮すべきほかの事情よりも、モロッコとの貿易関係を優先することを決めたわけだ。日本はモロッコの再生可能エネルギー産業や自動車産業への主要な投資国である。西サハラを承認することは、モロッコと永遠に敵対し、同盟する政府との関係を害することを意味する。国連でさえ、この件に関しては何をしたらいいのかまったくわかっていないようだ。西サハラを担当する国連特使のポストは、2019年5月以降、空席になっている。誰が任命されるにせよ、新特使は関係する当事国から受け入れられ、かつ世界屈指の難題を進んで引き受けようとする人物でなければならない。

承認されざる未来

上記のすべてを踏まえたら、次に見るべきはクリミア半島と、その他のロシアの保護領だ。それらは、なぜ承認されざる国境が今後も重要であり続けるのかの豊富な証拠を示してくれる。2014年

2～3月、ロシアはクリミアを不法に併合し、ウクライナの治安部隊を蹂躙した。ＥＵと米国はウクライナの領土の保全と国際的に承認された国境に対する支持を表明しているが、ロシアはクリミアを事実上支配したままである。14年以降、ロシアはこの係争地で軍備を固め、ケルチ海峡を通ってアゾフ海に出入りするウクライナ船の自由な通航を尊重しない構えを見せてきた。18年に、ウクライナとロシアは、比較的小さなアゾフ海と比較的大きな黒海の間の隘路となるケルチ海峡へのアクセスをめぐって衝突した。ウクライナは報復のために、ウクライナ船の妨害目的で使われたと見られるロシアのタンカーを拿捕した。ロシアは18年の衝突後、今に至るも最大24人のウクライナ人船員を拘束したままだ。ロシアは港湾や海洋でのウクライナの活動を断固妨害する決意であり、制裁を科されながらも、クリミアから立ち去る気配をほとんど見せていない。

一方、ジョージアには、ロシア系住民の多いアブハジアと南オセチアという2つの離脱地域がある。ジョージアを巻き込んだ短い戦争の後、ロシアは２００８年にそれらを独立国として承認したが、２つの包領を承認しているのはほかに3カ国しかない。そしてジョージア政府はそのうちの１つではない。しかしながら、ジョージアとアブハジアの間の境界線は、今や公式な国境としての性格を帯びている。この自治共和国が、実質的にはロシア連邦の保護下に落ちているためである。

このアブハジアの存在自体によって、いくつかの奇妙な出来事が発生している。約４００人の北朝鮮人出稼ぎ労働者の小グループが、アブハジアで継続的に雇用されているのだ。彼らは旧ソ連時代の保養地に宿泊し、主要都市スフミのインフラ建設に従事している。彼らを雇い続けることは、北朝鮮からの出稼ぎ労働者の放逐を求めた国連制裁に違反する。ところが、ほとんどの国から承認されていないアブハジアは国連加盟国ではなく、従って国連決議には縛られない。ロシアも彼らの存在を喜んで許容する。なぜなら、それが北朝鮮や東アジアとの戦略的な関係を築く上でのてこになるからである。ロシアには何千人もの出稼ぎ労働者がおり、彼らの送金は北朝鮮の体制存続に欠かせない。より広い視点で言えば、北朝鮮の労働者は、極東を中心に長期的な人口減少を経験しているロシアの全域で、重要な役割を果たしているのである。

離脱した共和国や保護領はロシア連邦に戦略的な選択肢を提供する。マネーを迂回させたり、流入させたりすることも可能だ。そこではロシア・ルーブルが事実上の通貨になっている。人々を留めることもできるし、制裁をすり抜けることもできる。同時に、それらの承認されざる国境は、ロシア軍が近くにいるために安全だ。ロシアはまた、アブハジア軍の近代化の費用も負担してきた。

一方でアブハジアは、たとえば未承認国家同士のスポーツイベントに参加したり、主催したりすることで、一定程度の国際的な承認を得ることができる。アブハジアは、クルディスタン、北キプロス・トルコ共和国、南オセチアといった未承認国のチームとサッカーで対戦している。彼らは「独立サッカー連盟（ＣＯＮＩＦＡ）」と呼ばれる独自のサッカー連盟さえ持っており、アブハジアは２０１６年にＣＯＮＩＦＡワールドフットボールカップを主催して、優勝を果たした。

かつての領土を長期にわたって占領されていることに関して言えば、ジョージアには選択肢がほとんどない。ＮＡＴＯの集団防衛条項がジョージア政府の統治下にある地域にのみ適用されるのでなければ、ジョージアが望みどおりにNATOに加盟することは認めないと、ロシアは強硬に主張している。分離したアブハジアと南オセチアは事実上、NATOの安全保障の傘から外れるだろう。NATO加盟の(ロシアが言うところの)「代償」は、従って、承認されざる国境を承認することなのだ。

承認されざる国境は、世界の政治的景観に断続的に立ち現れ、既存の法体系や政治体制を試し続けるだろう。すでに指摘したように、南極大陸とその周辺の海洋には、解決も承認もされていない何本もの国境線が引かれている。領有権争いを管理するために50年代に作られた条約の体系が今後も持つかどうかは、非鉱物資源の——そして、ことによると鉱物資源さえ含めた——開発についての合意が維持されるかどうか次第だ。対立する国々が、資源開発をさらに推進するか、これまで以上の環境保全を求めるかで議論を続けている限り、南極海での漁業権をめぐる論争は、今だけではなく、将来にわたって続くだろう。状況は今後、さらに難しくなっていきそうだ。

北キプロス・トルコ共和国に目を転じれば、国家承認されない状態が続いていることにより、トルコが軍事資産を長期的に配備することが可能になってきた。現在、約3万の兵員が北キプロスに駐留しており、トルコ政府は新たな海軍基地の建設も公言している。より広範囲の戦略的不確実性を考えれば、シリアとの国境の管理に注意を向けたり、米国やEUとの危うい関係から最大限の利益を引き出すことに腐心したりしているトルコが、キプロスに関して妥協的なムードになることはないだろう。ロシアとの良好な関係を維持することも、トルコを地域の超大国の地位にとどめようとするエルドアン大統領の計画にとっては有益であるはずだ。

最後に、承認されざる国境は、そのただ中に住んでいる人々に種々雑多な帰結をもたらす。ジョージアは国土の一部がもはや自分たちの支配下にないことを受け入れなければならないだろうが、一方ではそれによって利益を得る人々もいる。別のあるコミュニティは、過去の闘争と非承認の歴史から、永遠に立ち直れないかもしれない。1960年代後半、ビアフラの人々は、ナイジェリアの南東部に自分たち自身の共和国を樹立し、独自の領土を確保しようとした。内戦の遺産は恐るべきもので、少なくとも10万人が戦闘によって死んだほか、その何倍もの人々が飢えや病気、苦難によって命を落とした。最終的には200万人以上の死者を出し、ビアフラ共和国は70年に崩壊。それから50年が経過したが、南東部のコミュニティにナイジェリアの一部にとどまりたいかどうかを尋ねる「ビアフレグジット」の住民投票を求める人々が、今でも少なくない。

北キプロスのような事実上の国家が国際的な承認を得られていない場合、渡航はより一層難しくなる。インフラや資源関連のプロジェクトは、第三者が係争地域への参入に二の足を踏むケースもあるため、遅れたり、未完成に終わったりする可能性もあるだろう。納入業者がまったく支払いを受けられないケースもあるかもしれない。衝突は様々な問題をめぐって起こるだろうし、国際法の公式な枠組みが適用されない場合には尚更だ。第三国が近隣国との関係悪化を懸念することにより、抑圧された人々が望みどおりの支援を受けられない事例も発生するだろう。西サハラやソマリランドのような国は、独立や、国際的に承認された国境を手にすることは永遠にできないかもしれない。他国がモロッコやソマリアとの関係を危険にさらしたがらないためである。

承認される国境と承認されざる国境との差異は紙一重である場合もあり、究極的には他国の反応に左右される。詰まるところ、承認とは常に政治的なプロセスなのだ。とはいえ、商業的なものから戦略的なものに至る、ほかのあらゆる考慮事項から切り離されることは決してない。次の事例は、承認が固定的な結果ではなく、1つの過程に過ぎないことの簡潔な例証だ。2008年2月にコソボがセルビアからの独立を宣言して以来、セルビア政府はコソボの承認を覆すことに専心してきた。彼らは他国に働きかけ、20年3月には、少なくとも18カ国に独立の承認を撤回させたと胸を張っている。コソボがそうしたセルビアのキャンペーンに対抗してセルビア産品に100％の関税を課した後、セルビアとEUとの関係は悪化した。この種の衝突と、関連する活動家のキャンペーンは、将来の潜在的な不安要因になる。

第7章

スマートボーダー

空港はスマートボーダー技術を率先して取り入れてきた。1999年に中国の海南省に開港した海口美蘭国際空港には、最先端のスマートボーダー技術と5Gの通信ネットワークが導入されている。この空港では乗客認証システムや自動化された出入国管理システム、生体認証システム、高度に自動化された手荷物受け取りシステムなどの新技術が実験されている。「スマート・トラベル・サービス」のシステムがすべてそろっていると言われてきた。

「スマートさ」のコスト

国際空港や港、国境の検問所などを訪れる旅行者にとって、そこでの煩雑な手続きはもはやおなじみだろう。半ば閉鎖された空間でのパスポート・チェックや保安検査、ほぼ常時の監視。国旗、国境に近づいていることを警告する標識、そして行列。空の旅が増加するに連れ、斬新な技術への関心が高まっている。遠からず多くの読者が、世界中の空港でセルフサービス・キオスク（自動チェックイン機）を実際に体験するようになるだろう。今や航空会社や空港、国境管理当局に代わって、乗客自身がより様々な国境での業務をこなすようになっているのだ。

とはいえ、私たちはセルフサービス・キオスクに到達するはるか以前に、「国境」に遭遇している。オンラインでフライトのチェックインをする人なら誰もが証言できるだろうが、航空会社は予約システムにログインする人々に、「事前パスポート情報（API）」を要求してくるのだ。それにより、航空会社は乗客をより効率的に処理できるようになる一方で、各国政府は国境を越える旅客をより詳細に監視できるようになる。セルフサービス・キオスクは「より良い空港セキュリティ体験」を推進するものだと、乗客に喧伝されている。長い行列はなくなり、複数の言語で説明が聞け、移動に障害を抱えた人々でもアクセスがしやすくなると。

毎年恒例の「旅客ターミナル・エキスポ」は、生体認証、手荷物スキャン、バーチャル警備員、セルフサービス式の国境管理システムといった「次に来るもの」を知るのにうってつけの場所だ。2019年のエキスポには7000人以上の参加者が集まり、数多くの企業が自社の製品を展示・宣伝した。未来の空港にははるかに多くのタッチポイントが設けられ、乗客が自らそこで生体認証データを提示して、保安ゲートや搭乗口を抜けていくことになりそうだ。顔認証技術の利用もますます拡大しつつある。乗客の画像が撮影され、「監視リスト」に登録された人物の画像と照合されてはいるが、そのデータが空港や保安当局にどのように利用されるのかは明らかではない。2017～20年に、米国の空港当局は少なくとも2000万人の乗客の画像を生成した。だが、そうした顔データの過剰または悪意ある利用に対抗するために、市民や第三者がどのような法的手段を取れるのかは、いまだ不明確なままだ。英米の活動家と法律団体は、顔認証技術を導入している空港や都市、捜査機関を記載したインタラクティブ・マップを更新してきた。20年には、米国自由人権協会が米国国土安全保障省を相手に訴訟を起こし、無差別な監視と適切な説明の欠如を批判している。

スマートボーダーは海外旅行に関わる企業などにとっては納得のいくものだ。プランどおりに機能すれば、「信頼のおける」乗客や事前に審査を受けた乗客は、それほど煩わしい思いをせずにすむだろう。航空会社は顔認証の試行に参加し、大型旅客機に乗客を乗降させる時間を、以前より短縮できたと胸を張る。行列はなお残るかもしれないが、空港や航空会社は、手続きを可能な限り円滑化させるインセンティブには事欠かない。なぜなら、それによって乗客が今後も旅に出たり、空港にお金を落としたりする可能性が高まるからだ。

ロンドンのヒースロー空港は、2018年中に8000万人以上の乗客を迎え、200以上の目的地にフライトを送り、170万トンの貨物を取り扱った。この空港の訪問者なら誰もが気づくとおり、欧州連合（EU）および欧州経済領域（EEA）の市民には、「eパスポート・ゲート」と呼ばれる優先ゲートが用意されている。20年1月のブレグジット（英国のEU離脱）後、一部の非EU／EEA市民もeパスポート・ゲートを利用できるようになったが、それは「信頼のおける」国家であるオーストラリア、カナダ、日本、ニュージーランド、シンガポール、韓国、米国から来た人々のみだ。それ以外の国の市民は、「レジスター・トラベラー制度」と呼ばれるものに登録しない限り、英国の空港に到着時に、非EUパスポート保持者の長い列に並ぶことになる。

スマートボーダー産業で働く人々は、新たな技術を、摩擦のない安全な移動体制《モビリティ》を生み出すものとして擁護する。しかしスマートボーダーを称える主張は、「スマートさ」のコストや隠れた意味合いと相殺されねばならないだろう。2001年9月11日の同時多発テロの後、米国やその他の国々は国境に関わるジレンマに直面した。一部の国境はしばらく閉ざしておくことができたが、米国は数日後に自国の国境の再開を決めた。その後、ジョージ・W・ブッシュ政権は、いかにして信頼できる個人や貨物や貿易品の越境を続けさせつつ、危険で望ましくないものを排除するかについての決断を下した。それが「スマートボーダー革命」と呼ぶべきものの触媒になった。なぜなら、それと時を同じくして愛国者法のような法制面の変化が起こり、捜査機関や連邦政府が市民の電話の記録にアクセスできるようになったからだ。それを受けて監視技術が瞬く間に広がり、公民権運動家が「かつてはテロとの戦いで使用されていたものが、今では日常的なものになった」と、しばしば指摘するほどになった。米国の州警察は、顔認証技術や携帯電話の位置情報、ナンバープレートの自動読み取りシステムなどを駆使して、市民の動きを追っている。

人やサービス、商品の監視は、現代の資本主義と歩調を合わせて進んでいく。グローバル産業は、高度に統合されたサプライチェーンと、商品や技術や人の流れを認可・規制するモビリティ体制の上に成り立っている。ＥＵなどの圏域組織は、加盟国間の域内移動を奨励する。彼らは生体認証データの共有や、第三国の市民の監視をさらに求める「スマートボーダー・パッケージ」の利用を促進したがっている。旅行者は空港をスムーズに通過することを、そして消費者は世界中から商品やサービスを注文できるようになることを期待する。他方では、政府間組織である世界税関機構が、国境管理の同調化や、関税知識の共有を推進している。これらはすべて、サイバー攻撃やハイブリッド戦争の脅威に対応した新技術の売り込みに余念のない企業にとっては朗報だ。スマートボーダー技術は、空港や国境検問所や海港が、増加する旅客や貨物を処理する上で不可欠なものとなるだろう。それと同時に、不審な行動を予測し、望ましくない旅行者を排除するアルゴリズムへの投資は増大していくだろう。

スマートボーダー技術はしかし、国境紛争や敵対者による攻撃の可能性をいささかも低くするものではない。サイバー攻撃やフェイクニュース、ドローン攻撃の時代には、テロリストを含む第三者が世界中のどこであれ攻撃することができるのだ。２０１９年９月には、サウジアラビアの国営石油会社、サウジアラムコの施設がドローン攻撃で破壊され、製品の供給に大きな混乱が起こるとともに、株価が暴落した。軍事的緊張や国境紛争が存在する地域では、自律技術や生体認証、遠隔操作兵器の配備施設、対ドローン技術、予測分析、海洋・航空監視などの分野への投資を増やす動きが出てくるだろう。軍事的な安全保障は、スマートボーダー技術を介した民間の空の旅のマネージメントと密接に関係しているのだ。

スマートボーダーの定義

スマートボーダーを実用面から定義するなら、「情報通信技術を活用してその管理を容易にし、拡張し、強化した国境」ということになるだろう。スマートボーダーを構成する情報通信技術には、生体認証や情報共有のシステムが含まれることが多い。空港は、スマートボーダーの技術革新およびお披露目の中心点となってきた。２００４年に導入された「米国渡航者及び移民状況特定技術（ＵＳ－ＶＩＳＩＴ）」プログラムは、乗客の指紋と画像データを、訪問者のパスポートやビザに紐付けるよう設計されている。ビザ免除プログラムで米国に入国するすべての乗客は、入国港で生体認証を登録しなければならない。トランプ大統領は、２０２１年までにすべての米国の空港で顔認証技術を使用可能にすることを求めてきた。全乗客を「生体認証出入国システム」で処理できるようにするためだ。そうなれば、毎年何億人もの乗客が、このシステムを介して身元を明かすことを求められるだろう。ただ、その顔認証データがどのように保存され、また他者から利用されるようになるのかについては、それほど明確になっていない。

スマートボーダーは、基本的に地政学的な原動力と技術的な原動力の両方によって推し進められている。テロとの戦いをきっかけに、各国は監視能力への投資を増やしたり、ビッグデータ分析の利用を拡大したりしてきた。生体認証分析や画像処理、顔認証技術は、基盤となるITインフラだけではなく、処理能力にも依存する。膨大な量のデータを保存・処理・評価しなければならず、そのすべてに資金や資源の投入が必要なのだ。米国などの国々やEUなどの圏域組織は、地政学的な観点から、これらの分野への投資を重ねてきた。テロや移民危機に取り組む責務を負っているためだ。米国の南部国境であれ、EUの近隣諸国との国境であれ、そのセキュリティは物理的にも電子的にも、紛れもない熱意を持って強化されてきた。

データの収集と処理、知識の蓄積と同時進行で、知識集約型の統治と呼ばれるものへの移行が起こった。「スマートさ」を指向する流れは、2008年の金融危機後にさらに勢いを増した。国家や政府がいかに起業家精神を持てるか、また、生成したデータをいかに斬新かつ、より有益な方法で活用できるかに注意が向けられたのだ。これが意味するのは、国境が2つの仕事をすることを求められているということだ。

第1に、国境は一国の領土の限界を画す伝統的な標識として働く。米国とメキシコ、トルコとEUを区分する境界線は、基本的な安全保障や資源開発、移民管理などの点において引き続き重要である。軍は、これらのラインや国境線が領土管理の上で極めて由々しきものであるという認識に基づき、活動を続けるだろう。

第2に、国境はデータを収集・取得する機会としての役割も担う。電子的な国境は、伝統的な陸海の国境よりもずっと範囲が広く、また連続的である。それらは要注意とされる物や人を、公式な国境線から何キロも離れた場所で捕捉することができる。国境についてのこの2つの理解は相補的だ。たとえば国境警備隊は、国境地帯から遠く離れた場所で生体認証データの収集と処理にいそしむ別の機関と協力し合うことができるのである。

鳴り物入りで登場はしたものの、実際のスマートボーダーは、国境警備当局や各国政府が昔から専心してきたこと――すなわち、望ましからぬ移動や無届けの移動をより確実に把握し、より強力に規制すること――のアップデート版に過ぎない。だが理想的な世界においては、スマートボーダーは国境警備機関の「単調な作業」を駆逐しもするし、さらに重要なことには、望ましからぬ越境者が飛行機や船、列車などに乗る前に、彼らを思いとどまらせたり、その来訪を予測したりするようにも働くのだ。

デメリットは従前から変わらない。データ分析には、判定ミスの恐れを含むいくつもの課題がある（たとえばデータ報告の誤りにより、無害な当事者に不適切な措置が取られることもある。時には別の要注意人物と同じ姓を持つというだけでだ）。監視データや生体認証データの山を管理することも常に求められ、しかもその要求は強まっていく一方だ。国境の近くに住んでいるコミュニティや、民族、宗教、市民権などに基づいて要注意と判定されたコミュニティは、国家安全保障の名の下に市民的自由を侵害される懸念が拭えない。

スマートウォール

米国とメキシコの間の国境地帯では、スマートボーダーが移民や亡命申請者を標的にしている証拠を、数多く目にすることができる。2016年11月の大統領選勝利に先立ち、トランプ大統領は国境警備を選挙公約の中心に据えていた。「美しい壁」の建設は、米国人が――特に南隣の国に対して――より安心感を得られるようにするための政策パッケージの一部だった。同大統領はしばしば物理的な壁や柵を問題にしたが、国境警備計画もまた、より拡張的かつ侵略的なものになった。国境危機のさなかに、同政権下の国土安全保障省は、亡命申請をしようとする人々からDNAを採取することを目的としたプログラムを試験導入している。偽装家族をあぶり出すことを念頭に、国土安全保障省はこのプログラムを（任意と表現されてはいたが）計画的に利用し、DNAサンプルが家族と称する相手と一致するかどうかを確認した。亡命申請をする家族の主張の真偽を確認することは、依然として国境管理の重要な柱だ。スマート技術は究極の真偽確認法だと想定されている。人は家族の出自や市民権については嘘をつくことができるが、DNAについては嘘をつけない。同省の介入は、こうした知識を武器に、偽装カップルが「我が子」を利用して勾留条件を緩和しようとするのを押しとどめるためのものだった。この施策は違法な人身売買を抑止するものに見えるかもしれないが、悪用されたり乱用されたりする可能性もある。DNAサンプルの提出を拒んだ場合は、亡命申請が米国政府に受理されないリスクも負わなければならない。

市民的自由の擁護団体が懸念しているのは、スマートボーダーを口実に、政府が米国市民を含む他者の生活への介入をますます強めていくことだ。国土安全保障省の監督下にある税関・国境警備局(CBP)の管轄範囲は、カナダやメキシコとの国境線には限られない。彼らが抑止や介入を行う可能性のある一連の区域が存在する。メキシコとの国境線から40キロメートルの範囲内では、CBPの捜査官は「限定的な免責」を享受できるのだ。捜査官は私有地をパトロールすることができ、牧場主たちは、時には国境線から40キロメートル以上離れた場所でも、監視用の機器を発見すると話している。CBPは活動域をさらに広げることも可能だ。すでに触れたとおり、米国のすべての国境線と海岸線から最大160キロメートルの範囲内なら、捜査官は検問所を設置したり、「もっともな理由」に基づいて容疑者を拘束したりすることができるのである。約2億人の米国人がこの拡大された国境外縁部に住んでいる。ハワイ州とフロリダ州は、全域がCBPの管轄範囲内に入る。

最近の3つの動きを見ると、スマートボーダーの将来が、そして市民と非市民両方の生活にますます介入を強めてくるスマートボーダーの能力がうかがい知れる。第1に、CBPはドローンを飛ばして、米国の国境地帯や沿岸部をパトロールしている。2014年の米国会計検査院の報告書によると、ドローンによる監視は160キロメートルの範囲を超えても行われており、プライバシーと権限からの逸脱に関する懸念が持ちあがっている。地元警察とCBPが顔認証技術や、ナンバープレートの読み取りシステム、監視用ドローンなどを使用しているために、「国境のコミュニティ」はほぼ常時監視下に置かれている可能性がある。

第2に、CBPはこの「国境ゾーン」を利用して、米国の内陸部を走る自家用車やバスを停車させ、乗っている人々の移民としての地位をチェックしてきた。シカゴやフィラデルフィアなどの都市も、サンディエゴやマイアミなどの「国境の都市」と同様に標的にされる可能性が高い。米国内陸部のかなりの範囲に広大な捜査の網がかけられており、非営利の国際的なデジタル権利擁護団体である「電子フロンティア財団」のような活動家グループは、CBPの監視活動とその活動範囲のデータを定期的に更新・公表している。バスや自家用車を調べることはスマートボーダーとは無関係に思えるかもしれないが、それができるのは、CBPの管轄範囲と、「不審な」個人や貨物の動きを監視するための技術があってこそなのだ。

最後に、そして最もけしからぬことに、CBPは2017年に、民間企業が所有・運用するナンバープレートのデータベースへのアクセス権を購入した。これは事実上、CBPが米国のハイウェイ上を走る車の動きに関するデータを、それを利用するための法的な許可を求める必要なしに、さらに幅広く入手できるようになったことを意味している。

先に触れたとおり、これらの多くは9・11テロの直後の環境から生み出されたものだ。国境と国土の安全保障が重んじられる中、ジョージ・W・ブッシュ政権は、新しいスマートボーダー技術への投資を（議会の承認も得て）命じた。米国―メキシコ間の国境に沿った「仮想フェンス」も計画された。

２００７年には、ボーイング社が国土安全保障省から「プロジェクト28」（可動式センサータワーや地上センサー、スマート通信機器、監視パトロール車両のネットワーク）のテストを委託されている。プロジェクト28はより包括的な「安全な国境イニシアチブ」の一環であり、その目的は、最終的にはメキシコとの国境地帯全域をカバーすることになる「共通運用画像」を作成することだった。

このプロジェクトは、10億ドルが投じられた後の２０１１年に、最終的に中止された。あまりにも費用が高額であり、また国境地帯の多様な地形に必ずしも柔軟に対応できないことが判明したためだ。約３２００キロメートルに及ぶ陸上の国境には、大規模な河川や広大な砂漠、山脈、長大な海岸線などが含まれている。風に吹き流される枯れ草《タンブルウィード》や動物は、不審物と思われるものを検知する上での障害になった。また、過酷な天候はセンサータワーを傷めたり、カメラの機能を阻害したりすることがわかった。レーダー基地は不具合を起こしやすく、司令センターの要員は生成されるデータの山に圧倒された。辺境にある無人のインフラは、様々な破壊行為にもさらされた。それに「安全な国境イニシアチブ」が展開されるに連れ、移民は南部の国境地帯のより辺鄙な場所を横切る、より危険な旅を選択するようになった。彼らが同イニシアチブのセンサー網から逃れようとすることによって、必然的に死者数が増加した。

その10年後、スマートボーダーの技術とインフラは、トランプ大統領の「壁を築く」という公約に欠かせないものとなった。監視技術は、スマートボーダーの初期の実験以来、進歩を続けた。イラクやアフガニスタンでの戦争によって、新たなドローンやその他の監視技術を国外の、それもしばしば辺鄙な山間の環境でテストすることが可能になった。トランプ政権がこれらの改良された技術に投資するのと時を同じくして、米国のハイテク企業は「仮想国境」の実現可能性に対する確信を強めた。

アンドゥリル・インダストリーズ社は、「ラティス」システムを売りこむことに余念がない。このシステムは、車両をタンブルウィードや人間とは区別して検知することをユーザーに約束する。カメラや赤外線センサー、ＬＩＤＡＲ（「光による検知と測距」の略語。パルス光を使って距離を測定する技術）を駆使して収集されたデータは、司令センターのアナリストの手で、人工知能（ＡＩ）を用いて処理される。同社は２０１８年にテキサス州とメキシコの間の国境地帯にある牧場でこの技術をテストし、その検知システムが不法移民の疑いのある人々の逮捕に貢献した事実を喧伝した。

技術の専門家の中には、スマートボーダーや仮想国境の有効性に疑問を呈してきた人々もいる。しかし、なぜそれが一部の政府にとって魅力的なのかは想像に難くない。かねて構想されてきたような大西洋岸から太平洋岸まで連なる「スマートウォール」は、国境警備隊や警察組織を補完するために設計された、ドローンとセンサー技術のネットワークを含むものとなるだろう。この「スマートウォール」というアイデアが超党派の支持を受けているのは、占有する物理的な面積が要塞のような巨壁よりも小さくてすむという点で「スマート」だからだ。そのため、国境沿いのコミュニティや土地への直接的な影響が軽減されると言われている。また、（メキシコ政府が国境の壁の費用を負担する気配を見せていない中で）物理的な障壁よりも安く、弾力的に造れる可能性もありそうだ。

一方、「スマートウォール」の批判者たちは、そうした監視技術がプライバシーとデータ共有の問題を引き起こすことや、監視体制が国境の都市やコミュニティに過度に集中していることを指摘する。ドローンによる監視では移民とそうでない人々を区別することができないため、アルゴリズムに人種やその他の形態のプロファイリングが組み込まれるかもしれない。少数民族のコミュニティを狙い撃ちにするために、顔認証が利用される可能性もある。ナンバープレート読み取り技術を使えば、不法移民を捜索するだけではなく、誰であれ監視することができる。

ＣＢＰ自身は、メキシコとの国境線から40キロメートル以内でしかドローンを使っていないと語っているが、法的には米国の陸海の国境から最大１００キロメートルまで配備することが可能だ。２０１９年に、ＣＢＰは、比較的小型で安価なドローンの発注を増やすと明言した。戦地で好まれる大型のドローンと比較して、より短い距離を、通常は数時間にわたって飛べるからだ。国外の戦場で使われているのと同じドローンを単純に移入したのでは、批判にさらされるとも考えたのだろう。

香港などの別の地域では、生体認証技術が新世代のスマートＩＤカードに採用されてきた。「香港ＩＤカード（香港身分證）」は、２０１８年以降、若年層や、既存のＩＤカードを紛失したり破損したりした人々に交付されている。この施策は、表向きには不法な移民や雇用を防ぐためのものとされていたが、市民権の擁護団体は、最終的にはすべての香港市民が悪影響を受けることになると異議を唱えた。なぜなら、いずれは誰もが合法的な居住者であることを証明するためにこのＩＤカードを持たなければならず、そのために、さらなる生体認証データを差し出すことを強いられるためだ。このカードは住民が医療や教育などの公的サービスを受ける場合に必要になるため、誰もが従わざるをえなくなっていくだろう。

スマートボーダーの受益者

ＥＵ域内で合意された１９８５年のシェンゲン協定は、国境を取り払ったゾーン内を自由に移動することができる、勇敢で新たな政治世界の幕開けを告げた。国境管理を省いて、ＥＵ市民はＥＵの全域で自由に暮らしたり働いたりできるようにし、域外からの訪問者もシェンゲンビザを申請することによって、全参加国（ほとんどのＥＵ加盟国と、ノルウェーやスイスなどの近隣諸国）に入国できるようにするという構想だった。だが２０１６年、欧州移民危機と呼ばれる事態を受けて、オーストリアやフランスを含む７カ国が国境管理を再導入する。そのことにより、商業的・政治的利害関係者が利益を上げる、新たな機会が生まれたのだった。

マーク・アッカーマンは「国境戦争」に関する２０１８年の痛烈なレポートの中で、国境警備の投資の受益者と、ＥＵがシェンゲン原則から遠ざかることの意味合いを探った。欧州委員会は、権限を強化した欧州国境沿岸警備機関（欧州対外国境管理協力機関〔ＦＲＯＮＴＥＸ〕の後身）への投資を計画しており、27年までに要員を１万人に増員する予定だ。この新たな機関を補完することになるのが、すべてのシェンゲン協定加盟国の状況認識能力を統合するべく設計された、ＥＵＲＯＳＵＲと呼ばれる国境監視網である。ＥＵはまた、欧州に向かう移民や難民の流れを抑制するために、リビアを含む北アフリカ諸国やトルコなどの域外各国と緊密に連携を取っている。

EUが国境警備と監視への投資を拡大している現状では、防衛支出や情報通信技術、要員の雇用などの分野で、国境警備産業がますます有用になっていくと予想される。欧州国境沿岸警備機関が1万人の要員を集めたり（現在は約700人）、状況認識能力を拡大したりしようとしていることから、EU圏は今後7年間に、少なくとも200億ユーロを支出すると推定されている。域外の国々と連携して移民や難民を抑止するというのがEUのプランだが、それとは別に、より積極的に国境の規制と警備を行おうという明白な傾向も表れている。2019年の「欧州国境沿岸警備の日」の年次会議では、その方向性をよく示す場面が見られた。ポーランドとウクライナの国境近くで開催されたその会議の参加者たちは、「デジタルボーダー」や「スマートボーダー」の技術が、広大な南部と東部の国境地帯を守る責務を負ったEUの国境警備隊員の仕事を、どれほど支援しうるか考えるよう促されたのだ。その話題はポーランドのテレビ局がすでに架空のドラマ「ザ・ボーダー」（2014年制作）で取りあげたものだった。このドラマでは、ウクライナからの不法移民や密輸を阻もうと、人里離れた凍てつく山岳地帯で奮闘するポーランドの国境警備隊員の仕事ぶりが描かれていた。

EUは2021年に新たな出入国システムを導入しようとしている。国境管理に生体認証を取り入れ、「eパスポート・ゲート」や「生体認証式セルフサービス・キオスク」を広範囲に導入する予定だ。このシステムの対象となるいわゆる第三国の国民（ブレグジット後の英国市民を含む）は、シェンゲン協定加盟国の国境において生体認証データの登録を求められる。空港や駅、港に到着した訪問者は、事前にデータを登録した上で、セルフサービス・キオスクで手続きを取ることになるだろう。キオスクで取得された生体認証データは、その後、顔認証などのほかのデータと一緒に保存される。生体認証データと顔画像の提出は拒むことができない。この出入国システムに対応した技術や設備への投資額は、数億ユーロになる見込みだ。ただ、欧州委員会はすでに、指紋や顔画像が改変される可能性を考慮すると、人の目による監視は今後も大いに必要とされるだろうと注意を促している。

欧州のIT企業は「デジタルボーダー」に向けた動きの受益者となるだろう。一方、スマートボーダー技術の先頭を行くEUと米国は、さらなる訪問者情報を要求するようになる可能性が高い。米国への旅行者は、顔と生体認証のデータのみならず、一定のソーシャルメディアのアカウントまで明かさなければならなくなっていくだろう。

2014年以降、米国当局は、望むならソーシャルメディアの投稿に捜査の網をかけることができるようになっている。ソーシャルメディア上の行動を捜査することが求められるようになったのは、1つには、15年にカリフォルニア州サンバーナーディーノで発生した銃乱射事件のような国内のテロがきっかけだった。連邦捜査局（FBI）がアップル社に対して加害者の携帯電話のロック解除を支援するよう求めたことから、顧客のプライバシーと警察組織の緊急のニーズとの間の、危うい緊張関係があらわになった。捜査機関の側は、個人的なソーシャルメディアのアカウントや通話の履歴にアクセスすることで、加害者の動機および潜在的な支援組織についての重要な手がかりが得られると主張している。

不法移民やテロリスト、犯罪者との布告なき戦争を戦う中で、スマートボーダー技術とそれへの投資は衰える気配を見せない。この「スマートボーダー」への転換から誰が利益を得るのかを知るのは難しいことではない。ポピュリスト的な指導者や民族主義的な政府は、不法移民や無届けの移民、あるいは自分たちが潜在的なテロリストだと考える人々を抑止する手段になるとして、スマートボーダーへの投資を支持するだろう。

米国とメキシコの間の国境地帯では、監視や勾留、国境パトロールの強化によって、それに巻き込まれた人々が重大な影響を受けている。2019年7月、ヤスミン・ファアレスというグアテマラ人女性が、テキサス州南部の勾留施設から解放後、幼い娘がどのようにして死んだのかを、米国下院の委員会で証言した。嘆き悲しむその母親は、重篤な呼吸器感染症にかかった娘に適切な治療を施さなかったとして、米移民・関税執行局（ICE）を相手取り、20年に訴訟を提起した。彼女の証言はまた、勾留施設の生活環境や衛生状態が、とりわけ子どもたちにとって悲惨なものであることを明らかにした。人権団体も、ICEの運営する勾留施設が非人道的で残酷だと繰り返し警告している。下院の監督・改革委員会の所属議員たちは、取り乱した母親の話を聞きながら、目に見えて動揺していた。スマートボーダーのインフラはさらに多くの命を奪うことだろうが、そこから生じる人道上の危機が、より強靱な壁とより堅固な国境警備を公約して当選した政治指導者たちを押しとどめる可能性は低い。

スマートボーダーをハッキング

スマートボーダーはデータを——それもビッグデータを取得する。既述のとおり、すでに世界中の国境取締機関が、指紋や網膜などの生体認証データを日常的に収集しているのだ。さらに陸路のスマートボーダーでは、越境者やその車両の写真を大量に撮影している。たとえば米国とメキシコの間の国境は、毎週何十万人もの人々が通過するのが通例だ。

2019年6月、越境者の画像やナンバープレートのデータなどが入ったCBPの請負業者のデータベースがハッキングを受けたと伝えられた。報道によると、その業者はナンバープレートのスキャンデータや越境者の画像を自社のデータ保存ネットワークにコピーし、それらにアクセスできるようにしていたという。同社はCBPの許可を受けずにこれを行っており、流出したデータは推定10万人分にのぼった。

たとえ国境取締機関が法的な指針に従ったとしても、データ収集を大規模化すれば、それらを集めたデータベースが、最初にそれを導入した担当者の意図とは異なる形で使われるリスクがついて回る。ご承知のとおり、人為的なミスや見落としは、多くのハッキングの機会を生み出すのだ。今回のハッキングが示すように、請負業者に業務を委託すれば、スマートボーダーの運用にもう一層の脆弱性が加わる。ハッキングされたのが主として運転者とそれぞれの車のナンバープレートの写真だけだったのは、まだしも良かったのかもしれない。しかし、この基本的な情報からでさえ、強固な意志を持つハッカーであれば、車両の登録住所や運転免許証の記載事項などの追加的な個人情報を手に入れる可能性がある。

ＣＢＰのデータ漏洩は、より不吉な未来をも展望させる。ＣＢＰのような機関がますます多くの個人データを収集し続ける中で、私たちは敵対的な第三者が生体認証やその他の個人情報データベースをハッキングする可能性に直面しているのだ。スマートボーダーのインフラは、個人とその車両に関する膨大な個別データを収集しており、そうした人々の大多数は市民か合法的な旅行者である可能性が高い。しかし生体認証データの収集には潜在的な欠陥がないわけではない。日常的にマスクを着用して顔認証技術をすり抜けようとする者が現れるかもしれないし、個人データは、犯罪者や不当利得を得ようとする者たちにとって常に貴重なものになる。従って、指紋や顔画像のごまかしを防ぐことに重点を置いたＡＩ技術への投資は、今後も継続されるだろう。

さもないと大きな代償を払うことになるかもしれない。ナンバープレートのデータやその他の個人的な情報を盗まれるだけではなく、国家機密に関わる航空監視データがハッキングされることも十分に想像できる。インドのメディアは２０１５年に、中国が裏で糸を引くハッキング工作が、インドの政府機関や大学に対して仕掛けられたという疑惑を報じた。ハッカーが標的にしたのは、北部で進行する国境紛争に関する機密情報だった。インドの約70の機関が狙われたと考えられている。インドの当局がこのようなデジタル攻撃を受けたのは初めてではなかった。12年には、政府や軍関係者の数千の電子メールアカウントがハッキングされたことが明らかになっていた。

スマートボーダーの安全性を確保することは大きな課題であり、ナンバープレートのデータなどが漏洩した前述の事例は、副次的に、情報のセキュリティがいかにたやすく損なわれるかを思い出させた。捜査機関のデータが盗まれるかもしれないし、ドローンが乗っ取られるかもしれない。センサーシステムが停止させられるかもしれない。スマートボーダーは、国家、市民、企業の優先順位をめぐるせめぎ合いを如実に映す。グーグルやアマゾンのような米国企業は、スマートボーダー技術に関わる事項を含めて、連邦政府にとって不可欠のパートナーだ。市民や従業員は、そうした企業が行う監視活動の規模や範囲、あるいは政府との協力関係に疑念を抱けば、それらの企業に背を向けるかもしれない。

しかし、いかなる個人であれ、被害から免れうるようには見えない。２０１９年３月、サウジアラビアの情報機関が、なんとアマゾンのジェフ・ベゾスＣＥＯの個人用の電話を、前年4月にハッキングしていたことが明らかになった。情報機関がハッキングによって何をつかんだのかは不明だが、それが可能になったのは、ベゾスがスマホアプリの「ＷｈａｔｓＡｐｐ（ワッツアップ）」でサウジアラビアのムハンマド・ビン・サルマン皇太子と交わしたメッセージに、マルウェアが仕込まれていたためだった。『ワシントン・ポスト』紙のオーナーでもあるベゾスが、サウジの反体制派のジャマル・カショギに、王家に批判的なコラムを書かせていたことを、サウジ当局は不満に思っていたのだ。カショギは18年10月に、イスタンブールのサウジアラビア総領事館で殺害された。

国境で始まるものが、そこにとどまるためしはまずない。劣悪なソフトウェアや暗号化されていない通信システムは、有害なハッキングの行われる機会を豊富に提供する。企業は、ターゲット型の広告やサービスの精度を上げられるとなれば、しばしば進んで私たちに安全ではないデバイスを使わせる。敵対勢力も同様のことをして、たとえば個人やグループが蓄積した膨大なデータを盗み取ったり、スマートボーダー技術をハッキングしたりすることが可能なのだ。

スマートボーダー技術がハッキングされなかったとしても、代わりに外国のハッカーは、今後の紛争において、重要なインフラやエネルギー供給者を狙うかもしれない。たとえばサウジアラムコなどは、2012年に大規模なハッキングに見舞われた。スマートボーダー技術への投資によって、ただちに国家安全保障が強化されるなどと決め込むべきではないだろう。実際、中東では、ほかにも数多くのハッキングやサイバー攻撃が発生してきた。17年には、国営カタール通信のデジタル業務が妨害されたと、カタールがアラブ首長国連邦（UAE）のハッカーを非難している。UAEは攻撃の後ろ盾になったことを否定した。この一件が発生したのは、テロ組織への支援疑惑や、衛星放送局アルジャジーラへの資金提供、イランへの接近などのために、カタールが近隣諸国から国交を断絶されていた時期だった。空域閉鎖を含む断交への対抗策として、カタールは、スマートボーダー技術や食料自給、軍備などへの投資額を増やした。

スマートボーダー技術が問題解決の秘薬ではないことを、こうしたすべてのことが示している。賑やかな商業空港でより良い旅行体験ができるようにするという一面も確かにあるかもしれないが、地政学的な混乱が常態化した時には、問題がはるかに複雑化するのである。国境紛争が長く続いている地域では、「包括的統合国境管理システム」などと呼ばれるものに資金を注ぎ込んでいる国々の実例が見られる。たとえばインドは、バングラデシュやパキスタンとの国境沿いの地上センサーやスマート障壁、電子的情報収集と監視に、より多くの資金を投じると明言している。目的は越境テロを含む「違法行為の脅威」を粉砕することである。その一方では、パキスタンが巡回警備と独自のスマート障壁への投資を拡大させると公言してきた。スマートボーダー技術の軍拡競争が起こることは避けられまい。

ブレグジットとスマートボーダーの希求

課題は山積しているが、隙のない効率的なスマートボーダーの開発は依然として続けられている。ブレグジットの生み出したドラマは、国境管理の問題を技術によって解決することを望む人々がいることを明らかにした。2016年6月にEUとの将来的な関係を問う国民投票が英国で実施され、僅差でEU離脱が決定すると、そのためのメカニズムが考案されねばならなくなった。国民投票の運動期間中にはそれほど広く議論されなかったが、北アイルランドとEU加盟国であるアイルランド共和国との関係には、慎重な注意が必要だった。EU離脱後の世界において、両国の間の国境はどのように管理されるべきなのだろうか。国境の両側のコミュニティは、1998年の聖金曜日の和平合意にもとづく信頼醸成の努力が、この国民投票の結果によって損なわれるのではないかと、痛切な懸念を覚えった。「ハードな国境」と、数十年に及んだ暴力の再来を望む者は、アイルランド島には誰ひとりいなかったのだ。

英国のEU離脱計画の策定を担当する人々は、スマートボーダーを潜在的な解決策ととらえた。人や商業的な往来に対する厳格な国境検査を回避できるような、新たな国境体制を設計・導入することは可能だろうか。EU加盟国と非加盟国が相互の関係を維持していく中で、そうした体制で国境の軍事化が防げるだろうか。一部の人々は、ノルウェーとスウェーデンの間の国境が参考になるのではないかと考えた。そこではEU非加盟国と加盟国が「認定事業者制度」を用いて、国境を挟んだビジネス・コミュニティが可能な限り円滑に協力し合えるようにしている。発想としては、人と車両の物理的なチェックを最小限に抑えようということだ。しかし、この制度は事業者に事務的・金銭的な負担を強いたし、この枠組みに参加する者は、密輸や脱税の抑止のために、事業所の検査に同意しなければならなかった。

北アイルランドとの国境が人、貿易、サービスの自由な移動を制限・制約するものとならないことを、どうすれば各当事国が請け合えるのか——。この問いは、アイルランド政府内で激論を呼んだ。2018年には、ノルウェーとスウェーデンの例をアップデートし、「スマートボーダー2・0」を作ろうとの主張が盛んになった。すなわち、アイルランドの国境地帯のデリケートな性質を考慮に入れて、商品固有の託送番号や、両政府間のデータ共有、国境から離れた場所での事前通関といった追加的な追跡手段を導入しようというものだった。

アイルランド政府はしかし、ブレグジットの全過程を通じて、国境の物理的なインフラや有人の検問所に、投じたくもない資金を投じるはめになることへの懸念を表明した。議論は、いわゆる「バックストップ」をめぐって白熱した。これは英国がＥＵの規制に服さない形で離脱を断行した場合にも、できるだけ自由に貿易ができる状態を維持する保証のようなものである。アイルランド共和国にとっては、経済的に大きなものがかかっていた。同国から見て、英国は3番目に重要な輸出相手国であり、最大の輸入元でもある。全体としてはＥＵや米国の方が重要だが、英国とアイルランドの貿易関係も、従って軽視するわけにはいかないのだ。

地政学的には、摩擦なき国境は、１９７０〜80年代のそれとは別世界だ。当時は英国軍がせわしなく国境地帯をパトロールし、ネットワーク化された監視塔から動向に目を光らせていた。２０１７年の英国の総選挙で保守党が単独過半数を失い、それを受けて同党のテリーザ・メイ前首相が北アイルランド地盤の民主統一党の閣外協力を仰いだことは、問題をさらに複雑なものにした。民主統一党にとって、北アイルランドにアイルランド共和国と同じ規制を残すことは、同地域が実質的にＥＵに残留する一方で、ＥＵとの陸続きの国境を持たない英国の残りの地域がそれとは異なる関係を持つことに等しい。これは北アイルランドが英国の一部にとどまることを強硬に望む同党にとって、耐え難い状況だろう。

たとえば北アイルランドとアイルランド共和国の間の国境の取り決めを可能な限り円滑化するような技術的解決策が見つかったとしても、どんなスマートボーダーにも、できることには常に限界がある。

アイルランド島の大衆の間ではスマートボーダーの解決策を求める声は高まらなかったし、国境やその先で何らかの物理的なチェックが行われないスマートボーダー解決策など、世界のどこにも存在しないのだ。

EUは英国政府との交渉の中で、バックストップは、英国がEUとの関税協定を締結しないまま離脱した場合にアイルランド共和国を保護するためのものだと明言していた。英国の離脱支持派は、英国がEUの貿易圏に縛られたままになることを恐れて、バックストップに反発した。2020年現在、英国の(アイルランド島を含む)EUとの関係が将来的にどうなるのかについての議論はまだ続いている。しかしロンドンとダブリンの両政府が、いかにして貿易やサービスの事前通関を含む国境検査を回避し、また民間人の国境通過を広くフリーパスにしていけるのかは、容易には見通せない。

英国がEUから離脱しようなどとは誰も想像しなかった時代に交渉された1998年の聖金曜日の和平合意は、アイルランドの最大の関心事だ。当時はEUならぬ米国の果たす役割が絶大であり、どちらかと言えばEUは、地政学的にさほど重視されていなかった。しかし2019年の英国総選挙を受けて、この地域の政治はさらに混迷の度を増した。民主統一党が、今や北アイルランドにおける少数派に転落したのだ。北アイルランドでは、16年6月の国民投票でEU残留を希望した人々が多数派だったので、ブレグジットの結果、世論がアイルランド共和国との統合支持に転じることも考えられる。ゆえにスマートボーダーの解決策は、使い物にならないことが判明するのみならず、ロンドンの政治指導者たちが国民投票時には想像だにしなかった結果を生み出す可能性をも秘めているのである。

1日に推定3万人が通過する、広く開放されたこの国境に何らかの干渉を加えることは、結局のところ、あまり賢明《スマート》なことではないのかもしれない。

ブレグジット後の時代におけるアイルランド国境の問題は、技術的な解決策には常に限界があることを思い起こさせずにはおかない。ナンバープレートを読み取ったところで、アイルランドの国境地帯の暴力的な地政学史をなかったことにはできないのだ。それにスマートボーダー技術は、貿易やサービスの分野で使用されるばかりではなく、極めて個人的なものでもある。ノルウェーとスウェーデンの間で認定事業者制度が機能しているのは、近年、この両国間に紛争や衝突が発生していないからだ。電子情報や個人データ、リスク評価などを交換するには、高いレベルの政治的信頼を要する。98年の聖金曜日の和平合意はアイルランド島内の信頼醸成に不可欠であり、それが損なわれれば、歓迎されざる暴力の再来がもたらされかねない。

未来のスマートボーダー

世界の国境地帯を見ればわかるとおり、スマートボーダー技術は様々な理由で開発されている。たとえば麻薬カルテルの活動や、不法移民、国境を越えたテロなどを抑止するためである。新たなスマートボーダーやスマート障壁技術に投資することはまた、インドとパキスタンのような敵対する近隣国やライバル国の間にしばしば見られる、技術的・軍事的な軍拡競争の一部ともなっている。

米国では、スマートボーダーを利用して、政府が人々の「飼いならし」を進めた。「国境」は、空港や国際的な境界線からますます後退し続けている。今や政府機関には、監視活動の舞台をより一層内陸部に広げる許可が与えられている。トランプ政権下の移民政策には、米軍と手を広げすぎた国境警備隊が、かつてなく連携を高めることが求められた。「国家の緊急事態」が宣言される中で、例外的な措置を発動することが次第に普通になりつつあるように見える。不良な視界や荒れた天候への対処能力がかつてなく高い最新世代の赤外線カメラのようなスマートボーダー技術や、有人監視への投資は、ますます増額されていくことだろう。

不法移民のみならず、おそらくは企業や市民までが、このスマートボーダー革命に巻き込まれ続けるはずだ。旅行をする際には、私たちは自ら出発前のチェックを実施する。「信頼のおける貿易業者」や「信頼のおける旅行者」の地位を確保するためには、政府のデータベースにより多くの情報を登録しなければならない。ゆくゆくは私たち全員の情報が国家間でより一層共有されるようになり、必然的にプライバシーとデータ保護に関する問題が持ちあがる。虹彩や指紋、顔などを利用した生体認証システムを備えていることが、空港や国境検問所の常識になるだろう。

スマートボーダーの標的にされた人々が被る影響は非常に現実的なものであり、また空港から遠く離れた場所にまで及ぶ。たとえば英国の大学や雇用主、民間の家主などは――個人データの確認と処理を依頼される形で――気がつけば無給の国境警備隊員の役回りを演じるよう求められる場合がある。国境管理の裏をかこうとする者たちにとっては、虚偽の情報や、誤解を誘うような情報を生成することは、今後も大きなビジネスとなるだろう。外国政府を含むハッカーにとっては、国境で収集される山のようなデータを盗み取ることへのインセンティブが増大している。スマートボーダーをハッキングすることは次世代の紛争の一環となり、その一部は悪さをしたがる国家ばかりかテロ組織の興味を引くようになるだろう。

スマートボーダーは伝統的な意味での国境を除去するのではなく、単にその役割を変えるだけだ。パンデミックの時代には、旅行者は十中八九、サーモグラフィーでの検温や、免疫パスポートのチェック、厳格な健康診断、検疫の要請（第9章で詳述）などに直面する機会が増えるだろう。しかし未来のスマートボーダーはまた、「信頼のおける旅行者」が携帯電話を介して身元や健康状態の証明を行うことを許容する一方で、追跡用アプリに国境地帯の内外で生体認証監視を実施させるものともなっていくだろう。

第8章

宇宙空間

月面で敬礼する宇宙飛行士のジェームズ・アーウィン（1930～91）。1971年のアポロ15号のミッションで、月着陸船のパイロットを務めた。米国、英国、ソ連が署名した1967年の宇宙条約により、宇宙空間の探査および利用は平和的になされるべきことが宣言された。同条約第2条には、「月その他の天体を含む宇宙空間は、主権の主張、使用若しくは占拠又はその他のいかなる手段によっても国家による取得の対象とはならない」と謳われている。中国とインドを含む110カ国が、この条約の当事国となっている。

新世界の「征服」

1969年7月、アポロ11号の宇宙ミッションにより、2人の宇宙飛行士が月面に降り立った。それは歴史に残る出来事だった。ジュール・ベルヌは1865年の小説「月世界旅行」で月着陸に思いを馳せたが、2人の人間をはるかな月面まで到達させるには、約260億ドルの投資と、アポロ1号の死亡事故、そして膨大な技術的実験が必要だったのだ（3人目の飛行士は月を周回する司令船にとどまった）。最初に月着陸船イーグルの外に出る栄誉に浴したのは、テストパイロットで航空エンジニアのニール・アームストロングだった。月着陸船を離れ、月面に降り立った時、彼は「小さな一歩だが、人類にとっては大きな飛躍だ」という有名な言葉を口にしている。アームストロングが口にしなかったこともまた、それに劣らず重要だった。彼は、その一歩を踏み出したのが米国人だったと主張することもなかったし、月は米国のものだと宣言することもなかった。その2年前に、米国とソ連が天体の領有を禁じることに合意していたためだ。アームストロングが示した普遍主義的な精神は、ニクソン大統領のそれを映していた。69年1月に、ニクソンは聴衆の前でこう告げている。アポロ計画は、「共に新世界を」探査したいという願望に支えられたものであり、新世界を「征服」し、宇宙空間を新たな植民の最前線に変えようとするものではないと。

さはさりながら、これは熾烈な競争が繰り広げられていた冷戦期の話であり、発言と行動が食い違うことなど、いくらでもありえた。アポロのミッションでも毎回、組み立て式の国旗掲揚キットが携行されている。宇宙飛行士がアルミニウム製のチューブをつなぎ合わせ、そこにナイロン製の星条旗を取り付けられるようにしたものだ。旗の大きさは約1メートル×1・5メートルだった。このキットは降下用の梯子の近くのカプセルに収納されていて、ロケットのモーターや排気ガスが生み出す極度の熱から保護されるように設計されていた。ニール・アームストロングが撮影した最も象徴的な画像の1つは、イーグルを背景にしたバズ・オルドリンが、69年7月21日に星条旗に敬礼する姿を撮ったものだった。

このミッションに至る数カ月の間に、いみじくも「初の月面着陸のための象徴的な活動に関する委員会」と名付けられた組織が、宇宙飛行士の取りうる選択肢を検討した。国連旗を掲げる方が、米国人が「人類」を代表して行動しているのだと示唆する目的にはかなったかもしれない。だがアポロ計画に投じられた時間と資金を考えれば、ニクソン政権は国家的大勝利の瞬間を空費したくなかった。米航空宇宙局（NASA）の多くの人々は、ソ連が1957年10月に世界初の人工衛星スプートニクの打ち上げに成功したことや、59年9月に無人探査機ルナ2号を（搭載されたソ連の国旗と共に）初めて月面に到達させたことに、なおも自尊心を傷つけられていたのである。

冷戦下の宇宙開発競争の最盛期には、宇宙はおおむね米国とソ連の独壇場だった。人工衛星は大型で長持ちするように作られ、宇宙計画は秘密主義のベールに包まれていた。50年後の「新たな宇宙時代」は、当時とは大きく様変わりしている。商業セクターの関与が格段に大きくなり、何らかの形で宇宙に関わる国家の数もずいぶんと増えた。今やあらゆる形状や大きさの人工衛星があり、打ち上げコストも60～70年代に比べて大幅に低下している。昨今は衛星の部品を「既製品」で済ませられる余地も広がり、民間セクターもそれに応じた対応を取ってきた。商業衛星は今やブロードバンド接続や地球観測に欠かせない。低軌道の衛星を運用し、地球の画像を販売する業者が、けっこうな利益を上げることも可能だ。軌道上に打ち上げられる衛星が数を増すのに応じて、宇宙空間にあるインフラに対する、ハッキングやスプーフィング（なりすまし）、電波妨害などの攻撃が増加してもきた。

関心や投資が増大すれば、次に出てくるのは宇宙入植の遠大な計画か、宇宙の兵器化への懸念だ。人類は氾濫原や山、川、海底、谷間といった地球上のあらゆる地形や景観を戦い取る方法を見出してきた。宇宙空間も例外ではないかもしれない。地図の作成は、現代の植民や入植にも依然として不可欠だ。月や火星の高精細の地図が、地球の海底のそれよりもはるかに数多く存在することは、覚えておくに値する。技術的には、前者を作る方が容易なのである。その情報から何を引き出すかは人それぞれだ。英国ＢＢＣの人気天文番組のプレゼンターだったパトリック・ムーアなどは〝夜の空〟に驚嘆したが（訳注：「夜の空」《ザ・スカイ・アット・ナイト》はムーアが出演した番組のタイトル）、ドイツ系米国人の科学者ベルナー・フォン・ブラウンなどは、宇宙空間を利用してこの惑星の覇権を握るという思いつきに夢中になった。

現在の宇宙は、フォン・ブラウンやＳＦ作家アーサー・Ｃ・クラークの時代などよりもはるかに複雑な作戦環境になった。しかしフォン・ブラウンが思索したことの重要性は薄らいでいない。宇宙の安全保障は今なお喫緊の課題だ。たとえばノルウェーは、北極圏内の領土の通信網をより強靭化する計画の一環として、２０２２年に衛星へのさらなる投資をしようとしている。ロシアが、データの送受信を妨害する電波妨害や、偽データを生成するスプーフィングを繰り返し仕掛けてくることは、戦略的生活の現実なのだ。ロシアはノルウェーが北大西洋条約機構（ＮＡＴＯ）の軍事演習を自国で開催したがることに不快感を抱いている。そこで、その不満を表明する手段として電波妨害を用い、すべての人々の安全を脅かしているのである。

他所に目を転じても、攻撃衛星やサイバーハッキング、電磁パルス、レーザー兵器、次世代のミサイル防衛システムなどがひしめく悪夢のような世界は、もはや60〜70年代のジェームズ・ボンド映画のような想像の産物ではなくなった。今回、レースの先頭を走っているのは米国、ロシア、中国だ。米国防情報局は、中国とロシアが宇宙ベースの兵器システムの開発を、さらに進めるだろうと考えている。トランプ大統領は宇宙空間における米国の優位を確保しようと、２０１８年に宇宙軍に目を向けた。故フォン・ブラウン博士なら、間違いなくそれに賛同したことだろう。

今はしかし、天空を仰ぎ見て、これから起こりそうなことの隠れた手がかりを探してみよう。

最後のフロンティアへの期待

アポロ11号が月面着陸の準備をしていた頃、カーク船長率いる架空のＵＳＳエンタープライズ号は、忙しく宇宙空間を旅していた。エンタープライズ号の米国人乗組員と、彼らの「奇妙な新世界」への旅は、私たちの多くを釘付けにした。NBCで「スター・トレック」の放送が始まったのは1966年9月だったが、同じ時期に、米国とソ連が共同で主導した画期的な条約、「月その他の天体を含む宇宙空間の探査および利用における国家活動を律する原則に関する条約（宇宙条約、67年）」の交渉が行われていた。国連宇宙空間平和利用委員会（58年に設立）は、宇宙条約の目的と精神が確実に尊重されるようにする役割を担った。これは60年代後半から70年代にかけては、比較的容易な仕事だった。

宇宙条約の第2条には、「月その他の天体を含む宇宙空間は、主権の主張、使用若しくは占拠又はその他のいかなる手段によっても国家による取得の対象とはならない」と謳われている。従って、宇宙飛行士たちが月面に国旗を掲げることはできたが、それが財産権の取得と解釈されることはなかった。この条約は、ルールと制限の明快さが特徴的だ。宇宙探査とそれに付随する技術はまだ揺籃期にあり、宇宙の地政学もまた同様だった。有人宇宙飛行を行う国家などほとんどなく、ロケット打ち上げ能力を持つのは米国とソ連の2カ国に限られていた。

今日、宇宙開発者のコミュニティは当時よりもずっと多様化しており、世論もかつてほどルールや制限を強く求めなくなっている。ルクセンブルク大公国のような小国までが、将来的に宇宙から収益を得ることを計画しているほどだ。最大手の衛星運用会社2社を擁するルクセンブルクは、宇宙通信産業をリードする存在であり、〝最後のフロンティア〟での採鉱も計画している。基本計画の「宇宙資源イニシアチブ」を発表し、国家宇宙予算を創設する一方、民間企業に働きかけて宇宙採掘の実施と調整に向けたプラン作りも行った。ルクセンブルクは、一時は（2018年に他社に買収された）プラネタリー・リソーシズ社と出資協定を結んでおり、両当事者共に、この分野への関心がますます高まっていくと自信を持っていた。17年、ルクセンブルクは米国に倣って、ある法的な枠組みを導入し、大公国に拠点を置く企業が宇宙資源を採掘する権利を――彼らが国際法を遵守する限りは――承認することとしている。

宇宙空間における私たちの未来は、ルクセンブルクから宇宙大国の中国、ロシア、米国などに至る多様な場所で形成されている。民間企業も非常に重要な存在であり、カリフォルニア州のプラネット・ラボ社などは、顕著な野心と能力を備えている。同社が目指すのは、トリプル・キューブサットと呼ばれる小型衛星を使って、地球の継続的な観測データを提供することだ。彼らは350基以上の衛星を保有し、宇宙から撮影した息を呑むような画像を、自社のツイッター・アカウントで日々公開している。

いずれにせよ、宇宙は地球上の私たちの生活になくてはならないものなので、宇宙に関心を持つ者が、それを失うことなどありそうにない。大国と小国が等しく月や宇宙空間に目を向け、SF作品で見たものを（70年代のテレビドラマ「スペース1999」や81年の映画『アウトランド』を想起されたい）、機会と利益に変えようと懸命になっているのである。月の表面からヘリウム3を採取することについては、様々な推論が飛び交っている。ヘリウム3は次世代の核融合炉の主要な燃料として話題に上ってきた。太陽エネルギーを活用する機会にも事欠かない月は、今や一部の人々から開発すべき新たな資源だと見なされることも珍しくない。

いずれ宇宙空間は、独自の国境問題や論争を生み出すだろう。宇宙で入植や開発などを行えば、海洋底などのほかの無人の遠隔地と同様、支配と管理の問題が問われることは避けられない。米空軍指揮幕僚大学のエヴァレット・ドルマン教授は、90年代に著書でこう警告した。宇宙の地政学には、戦力投射（兵力を動員、輸送、展開する一連の活動）、資源の開発、他者へのアクセス拒否などの諸点を含めて、より大きな注意を払うことが求められると。

2019年、NATOは、陸、海、空、サイバーに加えて、宇宙空間も自分たちの作戦領域であることを認めた。それに先立ち、フランスのマクロン大統領は、宇宙を「真の国家安全保障問題」と表現し、「新たな対決ゾーン」への注意を呼びかけていた。トランプ大統領は19年8月にホワイトハウスの中庭で演説し、「これ（宇宙）は大事《おおごと》だ」と述べた。なぜなら宇宙空間は「次の戦闘領域になるからだ。それは誰にとってもかなり明白なことだと思う」。

そうだろうか？　トランプ大統領は、宇宙での協力の歴史についてはあまり時間を割かなかった。しかし、それは冷戦期にさえ存在していたのだ。東西両陣営の反目と相互破壊の脅威が最高潮に達した1980年代に、2つの超大国を含む45カ国が、人工衛星の支援で捜索・救助活動を行う「国際的なコスパス・サーサット計画」を発足させている。衛星のネットワークを共有し、地球の観測や、救難活動の調整に役立てようというものである。これを補完した2000年の「自然または人為的災害時における宇宙設備の調和された利用を達成するための協力に関する憲章（国際災害チャーター）」は、災害救援を目的に、関連する宇宙ベースの情報を共有することを、参加国に奨励している。これらは皆、宇宙での競争や対立の新時代が懸念されているにもかかわらず、今も続けられているのだ。宇宙空間のような過酷な環境では、人間性の最悪の面ばかりではなく、最良の面もまた引き出されるのだろう。

「混雑し、争われ、競争的」

国連は2013年に、宇宙がますます「混雑し、争われ、競争的」になっていく恐れがあると報告した。この推論は、いくつかの見たままの事実に依拠している。

宇宙の混雑は確かに問題だ。現在稼働中の人工衛星は2500基以上あり、その数は増加の一途だろう。米国の科学者団体「憂慮する科学者同盟」は、これに関連するデータベースを作成している。それによると米国が世界最大の衛星運用国にランクされており、中国がそれに次いでいる。用済みになった衛星や危険な宇宙ゴミは――古い衛星が軌道上から除去されずにいる場合は特に――この「混雑感」をいや増すものとなる。

初期の宇宙探査の時代から大きく様変わりしたのは、夢想家肌の超富裕層の役割だ。イーロン・マスクの率いるスペースX社は、1万2000基の衛星を配備することによって、いわゆる「スターリンク」を形成し、世界中の数十億人の人々に高速のインターネット・アクセスを提供するという大胆な計画を認可されている。その数字は3万基まで増やされており、2019年5月には最初の60基のスターリンク衛星が宇宙空間に打ち上げられた。本書の執筆時点では、約480基の衛星が軌道上に乗っている。マスクの計画では、衛星の大半は比較的低い高度を周回することになっており、それによってスペースデブリや宇宙ゴミの問題を回避できると期待される。しかし彼の計画は、宇宙空間がさらに混雑することを意味している。

２０２０年１月には、宇宙観測を手がける新興企業が、用済みになった２つの衛星のニアミスを予測した。その現象自体は目新しくはなかったが、ここで注目すべきは、そうしたニアミスが、自らの状況認識能力をアピールしたい民間企業に格好の機会を提供したことだ。このケースでは、一方の衛星の重量は１トンを超えており、もう一方は約85キロと比較的小型だった。専門家たちは、この出来事を例に、スペースデブリが廃衛星ならぬ現役の宇宙インフラと衝突する危険性が増すのに応じて、さらに多くのスペースデブリが発生するという極めて現実的な可能性を指摘した（いわゆるケスラー症候群）。スペースXは天空をさらに多くの人工物で満たそうとしているが、それは同社に限った話ではない。アマゾン（ジェフ・ベゾスとブルーオリジン社）やヴァージン・ギャラクティック（リチャード・ブランソン）も、それぞれに独自の構想を持っている。

１９５７年のスプートニクの打ち上げ以来、宇宙は国家間の対抗意識や競争に巻き込まれ、争いの対象となってきた。アポロ計画を推進させたのは、冷戦期の地政学的な反目だった。大学や公的機関には科学予算が投じられた。米国の文民組織であるＮＡＳＡは、58年の設立以来、およそ６５００億ドルの連邦資金を受け取っている。現在、米国が懸念しているのは、宇宙空間における彼らの支配的な地位が、もはや無条件で手に入るものではなくなりつつあることだ。２０２０年１月、国防長官のマーク・エスパーは、「その領域での米国の優位を維持することは、今や（空軍の管轄下の）米国宇宙軍の使命である」と述べた。

大衆文化は、ここに提供された創造の機会に、たちまち飛びついた。動画配信サービスのネットフリックスは最近、ドラマシリーズの「スペース・フォース」を公開し、トランプ大統領と、彼がぶちあげた宇宙支配計画に茶々を入れている。とはいえユーモアに隠して、重要な論点を提起してもいた。新たな「宇宙競争」には、いくつかの固有の危険が伴うのだ。「スペース・フォース」は月面での中国の抜け目のなさもネタにしており、中国の月面車がアポロ11号の立てた星条旗を倒すという忘れがたいシーンもある。世界最大の植民国家の1つでさえも、宇宙では立場を逆転されることがあるという証明だ。このシリーズでまず米国人の怒りを買ったのは、中国が月面の広い範囲を科学的に重要な場所だと宣言し、他国にその範囲内への着陸や立ち入りを禁じたことだった。「スペース・フォース」は、中国が「科学」を隠れ蓑に月の土地を分捕るかもしれないぞと、疑惑を提起しているのである。同作のシーズン2では、米中の宇宙飛行士がどのように静かの海での生活に適応していくのかが、さらに掘り下げられるに違いない。

宇宙は極めて競争の激しいフィールドでもある。そこには米国、ロシア、中国、インドなどの主要な宇宙開発国や、イスラエルのような新参の国家ばかりか、数多くの非国家勢力が存在する。弾道軌道の宇宙旅行を計画するイーロン・マスクのスペースXとリチャード・ブランソンのヴァージン・ギャラクティックから、リモートセンシング技術のマクサー・テクノロジーズや、遠距離通信事業を手がけるグーグルに至るまで、宇宙はビッグビジネスのメッカだ。最後に欧州宇宙機関（1975年に設立）のような圏域組織も挙げておこう。同機関は多くの加盟国を代表して宇宙の問題に対する発言をしているほか、リモートセンシングや地球観測の事業を手がけ、フランス領ギアナに自前の宇宙港も保持している。

宇宙に息づく競争精神は、1つには、グローバルな通信ネットワークが人工衛星群に依存しているという認識から来ている。衛星群があってこそ、私たちはテレビを見たり、インターネットや携帯電話を使ったり、車や飛行機や船で安全に移動したり、地球の気候やバイオーム（生物群系）の状態に関する戦略的な情報を手に入れたりすることができるのだ。グローバルな経済と社会は、こうした通信と情報のネットワークに依存しており、漁業や銀行業、捜索・救難活動、食料生産、災害救援活動などは、すべてその受益者となっている。

国粋的なアイデンティティ政治や、圏域的な国際機関の地位の問題も絡んでくる。たとえば、インドが宇宙大国でいることはモディ政権にとって好ましいことだし、欧州人は独自の宇宙機関を保有しているという事実に——たとえその宇宙港がフランス帝国の「残滓」に置かれているのだとしても——喜びを覚えることができるのである。

「宇宙時代」の黎明期に起草された条約は、宇宙旅行や資源願望、防衛技術などが進化し続ける中で、多くの新たな課題に直面することになる。自然は空白を嫌うと言うが、人間もまた同様だ。その空白を埋めるために「柔らかい法《ソフトロー》」と呼ばれるもの（たとえば原則声明や行動規範、フレームワーク、国連総会決議など）が登場してきた。宇宙法が最初に策定された60年代には、民間企業や非政府組織に宇宙開発の能力があるとは認められていなかった。ソフトローを使う利点は、国家でなければ署名者になれない法的拘束力のある条約と違って、国家と非国家の両方に適用できる行動規範作りを目指せることである。

宇宙観光や宇宙輸送、長期にわたる宇宙入植は、有人飛行が可能な一握りの国家の領分だと考えられていた。宇宙に関わる条約は、しかし宇宙空間や天体を「国家の保有を超えたもの」と呼んでいる。そうした条約は、民間企業が宇宙で事業を行うことを禁止しているわけでもなければ（大半の国家と宇宙問題の弁護士は、民間企業が宇宙での採鉱を禁じられていることに同意するだろうが）、民間の一個人が月や火星の大統領になる夢を持つことを止めてもいない。その気になりやすい人々は、望むなら隕石や星に対する「権利」を購入することもできる。たとえば２０１９年には、米国の民間企業のムーン・エクスプレスとシャクルトン・エナジーが、月の水を採取して長期的な月への入植を促進するという漠然たる響きの計画に取り組んでいた。こうした諸々の事柄のために、やがて月が――そして、より可能性の高いところでは火星が――いつかライバルの入植地に支配されるのではないかという憶測が膨らむのである。

宇宙の平和利用

1958年、国連に宇宙空間平和利用委員会（特別委員会）が設置された。人類の宇宙への進出が、宇宙空間の管理という点はもちろん、地球で暮らす私たちの関係にどのような影響を及ぼすのかを考察するためだった。それから1年も経たずに特別委員会は常設委員会となり、58年12月にはオーストリアのウィーンに国連宇宙部が開設された。現在の部長は、イタリアの著名な天体物理学者のシモネッタ・ディ・ピッポである。60年には、宇宙法の発展を促すべく、独立した非政府組織の国際宇宙法学会が設立された（国家や個人の会員が資金を拠出）。2020年代以降は、この国連委員会と学会の双方が、「宇宙空間の平和利用」とは何を意味するのかという課題に取り組むことになるだろう。

現在のところは、1967年の宇宙条約が依然として宇宙法の要になっている。この条約の下では、宇宙は自由に探査でき、主権の主張は禁じられている。核兵器やその他の大量破壊兵器は禁止され、個々の国家は宇宙空間にある自国の物体や国民についての責任を負うこととされている。68年に、国際社会は「宇宙飛行士の救助および送還並びに宇宙空間に打ち上げられた物体の返還に関する協定（救助協定）」を締結し、72年の「宇宙物体により引き起こされる損害についての国際的責任に関する条約（宇宙損害責任条約）」と、74年の「宇宙空間に打ち上げられた物体の登録に関する条約（宇宙物体登録条約）」がその後に続いた。進展が足踏みしたのは79年の「月その他の天体における国家活動を律する協定（月協定）」で、これを批准した国は一部にとどまった。国連宇宙空間平和利用委員会もまた、宇宙空間についての議論を続け、加盟国が互いに協力して活動することを奨励している。

１００カ国以上が署名する宇宙条約は、宇宙空間での行動の規範を確立した。だが諸事は変わりうるものだし、現実に変わっている。習近平国家主席は、中国が最も進んだ有人宇宙飛行国家になると明言してきた。２０４５年までには中国の影響力を、月やさらに遠くの天体まで広げたい考えだ。もっとも、この種の野心を抱いている国は中国だけではないし、私たちは民間企業（その一部は国家に後援されている）の野心にも、もっと注意を払うべきかもしれない。

たとえば、日本は宇宙大国としての地位を得ようと努めてきた。２００８年以降、日本は防衛力を確立したり、ロケット技術に投資したり、独自の衛星測位システムの開発に取り組んだりしている。宇宙が21世紀の経済と社会に必須であることは、すべての国家が認めているところだ。だが、その種の概括的な認識によってのみ、日本は投資と行動に駆り立てられているわけではない。その根底には、米国を安全保障上のパートナーとして信頼していけるのかという不安や、中国と北朝鮮の攻撃性に対する恐れがある。日本はまた、宇宙を自国の技術力と防衛力をアピールする場と見てもいる。韓国は21年中に新型ロケット「ヌリ」（ＫＳＬＶ－Ⅱ）の打ち上げを予定しており、衛星産業の発展に向けた野心的なプランを持っている。

国際社会にとっての今後の課題は、宇宙大国が計画していることに宇宙法が追いついていけるかどうかだろう。地球の周回軌道の軍事化は顕著だが、宇宙空間の兵器化は今のところそれほど進んでいない。67年の宇宙条約には、宇宙空間は「平和的な目的」で利用されるべきだと明記されていたが、そこには解釈と疑問の余地が多分に残されている。今後に向けてのコンセンサスはない。宇宙での軍拡競争を避けられるかどうかは、何が「対立」ではなく「戦略的な競争」に当たるのかについて、当事者が合意できるかどうかにかかっている。地球の周回軌道へのアクセス、潜在する鉱物、地政学的な優位性（軍の指揮、通信の掌握、グローバルな監視など）の確保をめぐっては、熾烈な競争も繰り広げられるだろう。

ならず者たちは、今や社会生活の運営に欠かすことのできないＧＰＳや通信衛星などの重要インフラを、サイバー攻撃を通じて危険にさらし始めるかもしれない。抜け目のない者たちが、自分の組織や個人の利益を守るために、どれほどのことをするのかも不透明だ。２０１４年9月には、中国のハッカーが米国の気象衛星を攻撃し、データの送信を妨害した。攻撃は米国当局によって「隠蔽」され、通信の混乱は「臨時のメンテナンス」のためと説明された。

国境なき管理

今後、宇宙空間にますます多くの商業的、戦略的、技術的な野心が向けられることは間違いない。特に宇宙観光産業は、国境のない宇宙に独自の難題を持ち込む可能性がある。国家や企業は、宇宙空間（月などの天体や惑星を含む）での採掘権を主張するかもしれない。また、人間の宇宙空間への入植が拡大すれば、軍事活動が活発化するのはほぼ必定だ。宇宙で暮らしたり働いたりする人々は、何がほかの宇宙ミッションへの妨害に当たるのかについて議論するかもしれない。問題の原因が地球上で実行されるサイバーハッキングである場合は尚更だ。のどかだった国際宇宙ステーションと米ソのデタント（緊張緩和）の時代から変わったのは、軍事や宇宙の支配についての話題が増えてきたことだ。そのことは、スパイ衛星や大陸間弾道ミサイルがグローバルな覇権争いの重要部分を占めていた、冷戦時代の別の一時期を思い起こさせる。

将来的には、数を増す人工衛星を保護するために、規制の枠組みを継続的に発展させてほしいという要望が、地球上の市民からも出てくるだろう。そうした枠組みが、後にはおそらく人間の恒久的なコミュニティを——期待どおりに誕生したとしてだが——保護することにもなる。地球の低軌道の管理には、より一層の国際調整が必要になるだろうし、分担して宇宙ベースの情報収集を続ける強力なインセンティブが存在するという点には、誰もが同意することだろう。

長期的には別種の圧力がかかってくるかもしれない。たとえば採掘反対派のコミュニティが、月を月面公園や保護区に指定し直すよう求めることも考えられる。月への入植が加速すれば、地球上の習慣が持ち込まれることによって、軋轢が増えていくかもしれない。人権を月や宇宙空間でも適用してほしいという要求が出されることも考えられる。人間の行くところ、地球上の権利も付き従うというわけだ。さもないと、月面居住者を含む宇宙空間での被雇用者たちが、契約書にサインをしただけで、一切の権利を放棄することにもなりかねない。宇宙の居住や労働は本質的に難事であり、人間や人工生命は、地球上なら危険で不健康だと考えられるような活動環境で暮らさなければならないかもしれない。私たちは、宇宙に入植しさえすれば必ず繁栄の時代が訪れるなどという自己欺瞞に陥るべきではなかろう。

ジェームズ・ボンド映画の作り手たちは、1960年代に1本のスリリングなシナリオを世に問うた。資金力豊富な犯罪組織が米ソの宇宙船の強奪に狂奔する『007は二度死ぬ』(1967年)だ。英国のスーパースパイの007は、超大国の対決を誘発するために計画された凶悪な陰謀を阻止するために、日本へと向かう。当時は突飛に思えたものだが、この映画には宇宙空間の安全がどのようにして脅かされるかという現下の懸念が描かれている。幸いにして、ボンド中佐と日本の「忍者」は、スペクターの邪悪な計画を頓挫させた。それから約10年後の『007/ムーンレイカー』(1979年)では、ボンドは米国人宇宙飛行士とコンビを組んでスペースシャトルに搭乗し、何機もの宇宙船で運ばれる毒ガスから世界を救うことを強いられる。こちらで陰謀を企てるのは、ヒューゴ・ドラックスという大富豪と、彼が私有する宇宙帝国だ。この両作の間には、月面基地アルファ1での未来生活を描いた英国のテレビドラマ「スペース1999」が制作されたが、これはさほど面白くなかった。

宇宙法は、国際社会のメンバーが平和的に協力し合うことを前提にしている。宇宙地政学の暗い衝動とは好対照をなすものだ。国際社会は、宇宙飛行士への緊急支援をできる限りの場所で提供することや、事故に対して責任を負うことを誓約している。国連は、各国が人工衛星の安全な通過にどのように貢献すべきかや、増大するスペースデブリの脅威にいかに対処すべきか、他国の衛星放送能力への干渉をいかに避けるべきか、宇宙空間の状況認識にいかに貢献すべきかなどの点に関して、精力的にガイドラインの策定に取り組んできた。大変な難題を引き受けてきたのである。

地球の周回軌道上には、何百万個もの物体が、時速1万7500キロメートルで飛び交っている。スペースデブリは人工衛星や宇宙船に、この瞬間にも脅威を与えているのだ。2007年、中国は余剰になった衛星1基を意図的に破壊し、宇宙での軍事活動に関わる厄介な問題を提起した。中国軍はこの任務を遂行するために、地上に設置された弾道ミサイルを使用した。隣国の日本と韓国はこの行為に対する懸念を表明し、どちらもそれを契機に宇宙関連の支出を増額している。弾道ミサイルが破壊したのは中国自身の所有物ではあったが、それは挑発的な行為であり、爆破の高度を考えれば危険も潜在した。これは宇宙空間における蛮行《バンダリズム》であり、すべての関係者にとってのリスクを伴うものだったのだ。その翌年には、米国が用済みになった自国の衛星1基に対して同じことをした。

比較的規模の小さな国々は、自分たちの宇宙へのアクセス権が宇宙大国によって侵害されていることを懸念してもいる。1976年、ブラジルを含む赤道直下の8カ国は「ボゴタ宣言」を布告し、自国の領土上空の静止軌道（衛星の周期が地球の自転周期と等しくなる高高度の軌道）に対する主権を主張した。静止軌道はそれぞれの国家の「天然資源」だと論じたのである。この宣言は米ソからのいかなる支持も得られなかったものの、人工衛星へのアクセスと電波干渉が政治的な難問であることを、国際社会に思い起こさせる役割を果たした。自国の衛星を打ち上げ・制御するために地球の軌道にアクセスする自由を阻まれることなど、どの国も望まなかった。だが国際電気通信連合は厳格な基準を定めており、地球の周回軌道上には、それほど多くの衛星を乗せることはできない。規制がなければ第三世界の国々は排除されていただろう。

１９７９年の月協定は、月が「国際紛争の領域となる」べきではないと宣言しており、その点で59年の南極条約や67年の宇宙条約と同趣旨である。月協定の第11条にはこう記されている。

月およびその天然資源は人類の共同財産である。（中略）月は、いかなる主権の主張によっても、国家の専有の対象にはならない。（中略）月の表面または地下は、いかなる国家の所有にも帰属しない。

この月協定は、発効するに足る数の批准国は確保したものの、米国やソ連などの宇宙大国では、第11条に対する議論が大きく分かれた。70年代後半までに、米国内（厳密に言えば上院）では、「人類の共同財産」原則への支持が、月に関わる問題に限らず衰えていた。深海底の問題に関しても、とりわけ共和党の上院議員は、この原則をまったく支持しなかったのだ。月協定は、米ソからは是とされなかったが、ルーマニア、チリ、モロッコ、グアテマラ、オーストリアなどを含む少数の国々が署名した。

米国が「人類の共同財産」原則に反対するのは、米国企業の活動を制限したり、国連に超国家的な権限を与えたりしたくないためだ。２０１０年代後半、米国企業のディープ・スペース・インダストリーズとプラネタリー・リソーシズは、小惑星採掘の将来性を調査する計画を公表した。その後の

２０１５年にオバマ政権が承認した「米国商業宇宙打上げ競争力法（宇宙法）」では、鉄鉱石やニッケル、貴金属を含むとされる小惑星を、米国の市民や企業が探査・開発するための法整備がなされた。ロケット燃料の原料になる可能性のあるものは、中でも重んじられている。はるばる地球からサプライチェーンを延ばすことなく、それ以遠の宇宙活動が可能になるからだ。領有は不可だが、採掘は可というわけだ。

宇宙法規の専門家の間では、この法律自体の合法性について意見が分かれている。また、この種の民間・商業部門の介入が、法的な規範である宇宙条約の規定を骨抜きにし、米国が民間・商業部門の代理人を介して宇宙空間の領有を主張するための「裏口」を作ることになるのではないかと不安視する声もある。その場合、ＮＡＳＡのような宇宙機関と民間企業との関係は、状況に応じて補い合う形にも、競い合う形にもなるだろう。

市民や企業が――相互を相手とするものばかりではなく、中国のような第三者を相手とするものも含めて――宇宙空間での争議をどのように解決していくのかについても不透明だ。地球上の国際法廷の枠組みをもって、地球外に永住するコミュニティ間の領土や資源、知的所有権に関わる争議を裁くことになるのだろうか。それとも国際宇宙法廷を新設して、それらに対処することになるのだろうか。いかなる手段をとるにせよ、少なくとも時間と広大な距離が大きな障害となることは間違いない。

２０２０年４月のトランプ大統領の大統領令は、「宇宙資源の回収と利用」を奨励するとともに、「アルテミス協定」の概要を示した。この協定は、月でのミッションや宇宙空間での活動に向けた枠組みの共有を促すためのものであり、特に商業的な宇宙採掘に乗り出したい米国の立場に基づいている。このイニシアチブが私たちに思い起こさせるのは、これからの月と宇宙空間の利用法が、開発、財産権をめぐる争議、史跡保護を視野に入れた新時代によって規定されるようになるのかもしれないということだ（過去の月面ミッションの歴史的な現場や記念物が、第三者に尊重されないのではないかと懸念されている）。米国の利害関係者が月やその他の天体で資源を採取する横で、中国政府や（巨万の富を持つ個人が出資・支援したものを含む）民間企業の経営する採掘団が活動を行っているという状況を想像してほしい。この種の宇宙活動に後れを取らずについていくのは大変な仕事になるだろう。なにせそれらは地球とその大気圏ばかりか、さらにその先までまたにかけているのだから。

国境なき混雑

ジェームズ・ボンド映画の大騒動はさておくとして、人工衛星の増殖や、電波干渉、スペースデブリなどは、宇宙を「混雑し、争われ、競争的」な場所にする、より直接的な問題となる。ひいては、いかにして宇宙空間に境界線が引かれるかをあらわにする。

１９７０年代に開発途上の国々が気づいたとおり、地球の静止軌道（ＧＥＯ、高度３万６０００キロメートル）や低軌道（ＬＥＯ、高度２０００キロメートル以下）を周回できる衛星の数には限りがある。電波干渉は、独自の衛星を打ち上げ・運用しようと望む後発組にとって、境界ないし障壁として働く。宇宙空間との双方向通信に使える周波数帯は限られていて、通信能力を確保するだけの周波数帯や時間枠が得られないのだ。惑星の表面に旗を立てずとも、何が共有され、何が共有されないかは明確に伝えられるのである。各国の主流メディアとつながりを持つことの多いラジオ局やテレビ局は、いち早く周波数の利用権を獲得した。時を経るに連れて、独自の周波数帯の取得を望む民間の商業的な衛星事業者が大幅に増加した。低軌道がスターリンクのようなブロードバンド・インターネット衛星群で埋め尽くされていくに連れて、アクセスと制御をめぐる闘いは激化するだろう。

米国の衛星産業協会が2018年に公表したレポートによると、世界の衛星サービスは、17年中に約1300億ドルの収益を生み出した。これには一般に、低軌道衛星から行う農業や漁業、都市管理、鉱業、国家安全保障計画などの用途のリモートセンシング画像の生成が含まれる。この年には345基程度の衛星が宇宙空間に打ち上げられており、地上ベースの機器の売上は約1200億ドルに上った。これらを含め、衛星産業セクターは全体として年商2700億ドルの市場規模を持つが、これは20年代中にさらに成長していきそうだ。業界は、5Gブロードバンド接続の普及に伴って事業が一層拡大するものと楽観している。

宇宙空間の利用を熱望する商業的な事業者や新興の宇宙国家は引きも切らず、20年代後半までに、年間数千基に上る大小の衛星がロケットで打ち上げられるようになると考えられている。ここでまたもや提起されるのは、宇宙の混雑と、いかに低軌道を監視・規制するのかという問題だ。論争の一部は、国家ではなく、周波数使用権を守ることに懸命な営利企業同士の間で発生している。低軌道を埋め尽くす小型で比較的安価な人工衛星群を追跡し、何が「干渉」に当たるのかを判定するのは、おそらくそれほど単純な仕事ではないだろう。

スペースデブリは文字どおりの意味で、宇宙への「参入障壁」になる。ほんの小さな破片でも、人工衛星や宇宙船に多大な損傷を与える可能性があるからだ（物体の大きさではなく、衝突の速度が問題になる）。宇宙空間には60年にわたる人間の活動の廃棄物が浮かんでいる。2007年に中国がミサイルで破壊した衛星もその一例であり、中国はその一件によってスペースデブリ問題の最悪の「お尋ね者」となった。それに次ぐ「大悪人」がロシアと米国だ。デブリは無期限に宇宙空間にとどまり、消滅するのは地球の大気圏に引き込まれ、再突入によって燃え尽きた時だけに限られる。

宇宙空間にさらに多くの衛星や宇宙船が増えれば、「ビッグ3（米国、中国、ロシア）」に対して、デブリの回収にもっと注意と資源を振り向けよとの圧力が高まるかもしれない。これは単なるゴミ処理の問題ではなく、法的責任感や、脅威の認識、さらには地球上の生命の未来にとって欠かせない領域をケアする倫理観といった、ほかの様々な問題にも関係しているのだ。前途には2つの道がある。1つは、スペースデブリをめぐって争い、その後に電波干渉に悩まされる道。そしてもう1つは、誰もが宇宙空間を平和的に共同利用したくなるような強力なインセンティブを導入する道である。

データの採掘から宇宙の採掘へ

アポロ計画が先鞭をつけたデータサイエンスを、中国が今、新時代に持ち込もうとしている。２０１９年１月、中国の無人探査機「嫦娥４号」から送り出された探査車「玉兎２号」が、月面に降り立った（「嫦娥」は月の女神の名にちなむ中国の月探査計画の名称）。このミッションは、人類の月探査の歴史上、初めて月の裏側に着陸するという先例のないものだった。探査車は岩石のサンプルを調査し、月の起源や進化の歴史を知るヒントを提供した。中国の「月・深宇宙重点実験室」、国家天文台、中国科学院の学者らは、権威ある科学誌『ネイチャー』に、月の地殻とマントルについての発見を発表している。嫦娥４号は、巨大な隕石が衝突したことで知られる月の一角を、意図的に着陸地点に選んでいた。その衝突によってできた盆地で行われるミッションは、大いに期待をかき立てた。集められた証拠によって、月の元素組成についての手がかりが明らかになるかもしれないからだった。

２０１９年の中国の月探査はゲームチェンジャーになると考えられた。国外の専門家には、中国が息を呑むほどの野心を抱いているように思われた。中国は宇宙採掘にも関心を持っていると考えられている。ウランとチタンは「欲しいものリスト」のトップだが、お目当ての物質はほかにもある。中でも注目されるのは、氷や水を含む鉱物だ。月の組成がなぜ重要なのかは、20年11月にＮＡＳＡが明言したとおりだ。月の資源に水が含まれるなら、月面を占有し、人間の命を支え、さらなる探査と開発に乗り出す計画に、文字どおりの意味でも比喩的な意味でも、力が与えられるからである。20年には、嫦娥5号が月の表側から岩石のサンプルを採取することになっている。将来的には、中国は月面のどこか（おそらくは月の南極）に、半永久的な研究ステーションを開設するつもりでいるかもしれない。しかし、そのすべては不確実だ。

宇宙資源は今後の活動の大きな推進力になるかもしれないが、小惑星開発に関心を持ついくつかの企業が、すでに現れては消えていることは指摘に値する（たとえば2018年に破綻した米国のプラネタリー・リソーシズ社）。19年に、マイク・ペンス副大統領は、米国が有人月探査の再開を目指すと宣言した。そして、そのことにより、探査や資源、戦略、宇宙ナショナリズムなどに向けた米国の意図を探る動きに火がついた。「米国を再び偉大に」は、宇宙空間にも簡単に当てはめられるスローガンだ。ペンスはその演説の中で、中国が「月での戦略的な優位」を確保したがっていることに鑑みれば、中国の宇宙開発投資には強烈な刺激を受けるとした。米国が24年までに宇宙飛行士を再び月に送ることができたなら、それに続いて、ＮＡＳＡは28年までに基地を新設したい考えだ。

この有人月探査構想には、イーロン・マスクのスペースXやジェフ・ベゾスのブルーオリジンといった、企業や民間の利害関係者が手を貸すことになるだろう。両社はロケット技術や無人の月着陸船に自前の投資を行い、それを通じて構想を支援すると言明している。ベゾスは宇宙観光のみならず、月面の恒久的な有人インフラの開発計画についても率直に語ってきた。マスクはどちらかと言えば火星に関心があり、いささか楽観的にではあろうが、２０２８年までに最初の有人コロニーを造りたいと望んでいる。極寒や薄い大気、磁気圏の欠如、強烈な太陽風、重力の弱さなどを考えれば、火星での「テラフォーミング」（小説家ジャック・ウィリアムスンの造語。人類が住めるよう惑星の環境を改造すること）は、難しい課題に直面することになるだろう。壮大な計画はいくらでも立てられるが、それを実現することはまた別の問題なのだ。

宇宙の資源の所有権や、その適切な利用法は不明確だ。すでに見たように、宇宙条約は平和的な利用や、普遍的なアクセス、非領有についてのコンセンサスは確保している。しかし宇宙採掘は、1960年代の同条約の交渉時に、明示的な議題となってはいなかった。宇宙技術と地政学的野心は大きく変化した。進行中の気候変動や地球上の人口増大も相まって、今後は従来とはまるで違った宇宙開発計画が策定されていくだろう。

ロシア、日本、インド、中国、米国といった有人宇宙開発国家は、2020年代前半に、こぞって月や宇宙関連の計画を拡大しようとしている。インドは月の地形や元素組成、鉱物の潜在性などに関する情報収集を目的に、月の南極に探査機を着陸させるつもりだ。日本は「小型月着陸実証機（SLIM）」を使い、月の両極に着陸することを目指している。詰まるところ、これらの宇宙計画は皆、資源開発を事業化したいという願望に支えられているのである。

将来、宇宙弁護士たちは、小惑星や月の採掘、半永久的な人類の入植、ロケット燃料の生成といった様々な進展に対処しなければならないだろう。宇宙へのアクセス、開発、利用は、より多くの論争を巻き起こすに違いない。例によって、それを先取りしたのは大衆文化だった。キム・スタンリー・ロビンスンの火星三部作（1992～96年）から、人類初の月面着陸に合わせて出版されたアーシュラ・K・ル・グィンの『闇の左手』（1969年）に至るまで、創造性豊かな作家たちは、地球外での資源争奪戦や共同生活に想像の翼を広げてきた。読者の多くはまた、息の長い『スター・ウォーズ』シリーズをはじめとする無数の映画にも触れているだろう。それらの作品は、月や火星を舞台に、闘争や入植、災害、国際的な救難ミッションなどを包んだ、地政学的なドラマを描いていた。私たちは皆、人類が宇宙空間で互いに仲良くやっていけるのかどうか決めかねているように見える。

宇宙空間の取り締まり

今や宇宙条約の加盟国は100カ国を超えているが、同条約やその他の関連条約・協定を遵守させる国際的な宇宙警察は存在しない。適用されるのが宇宙空間であれ地球であれ、条約というものは加盟国および非加盟国の集合的な意思に左右される。これまでのところ、宇宙に関わる地政学的な情勢は比較的落ち着いたものだった。これは主として、アクセスのしにくさと、地球外の環境で活動するコストの高さのおかげである。

宇宙空間は21世紀の軍事ドクトリンに不可欠なものであり、宇宙を利用した軍事作戦の支援に戦略的な焦点が当てられる中で、より一層の軍事化が進みつつある。宇宙はすでに早期警戒システムや通信、指揮統制、兵器の照準、監視、状況認識などに欠かせない。中国と米国は弾道ミサイル防衛システムや対衛星兵器システム（ＡＳＡＴ）を開発しつつあり、ロシアは宇宙配備型のレーザー兵器システムの計画策定を続けている。彼らだけではない。インドもサイバーハッキングを含むＡＳＡＴ能力を有している（２０１９年３月にナレンドラ・モディ首相がそれを宣言した）。

米国のレーガン大統領は１９８０年代に「スター・ウォーズ計画」と呼ばれる戦略防衛構想を打ち出したが、それから30年以上が経過した今、いくつかの国々が衛星を破壊したり、射程の長いミサイルを発射したり、宇宙配備型のシステムに投資したりする能力を持つことが証明されている。宇宙の軍事化に関心を抱くのは「ビッグ３」だけではない。インドは隣国の中国が将来的に持つであろう能力への懸念を募らせ、「２０２５年に向けた宇宙ビジョン」を策定した。19年3月にはＡＳＡＴ兵器のテストを行い、この技術を試した世界で4番目の国となった。その主眼は、ほかならぬ中国にそうした技術力の保持を見せつけることだったと語る向きもある。低軌道でＡＳＡＴを使えば、広範な、また複数の国々への巻き添え被害が出かねない。その点、サイバーハッキングや電波妨害は、懸念の的となっているスペースデブリを発生させないので、対立する国々にとってははるかに安全なオプションである。

宇宙が「戦闘領域」になるという前述のトランプ発言は、彼が宇宙条約を絶望的に時代遅れだと考えているのではないかという興味深い疑問を提起する（彼がその種のことを考えると仮定してだが）。持論に熱中した大統領は、新たな宇宙軍が「我が国の精神」に好影響を及ぼすと、様々な聴衆に語った。宇宙軍の発表のタイミングは、どうやら国防総省には歓迎されなかったようだ。トランプ政権は実に多くのことを述べてきたが、その中には宇宙飛行士を再び月に送ることばかりではなく、新たな弾道ミサイル防衛システムについての話題もあった。彼らは中国やロシアをはじめとする戦略的なライバル国家が、近い将来、宇宙空間で何をしそうかを、常に念頭に置いているのだ。これらすべては、国防支出を利用して米国経済を押しあげ、超大国の地位を取り戻そうとする大統領の決意とも、ぴったり合致していた。

同様の野心を抱いているのは米国大統領だけではない。中国の指導部もまた、「百年国恥」と呼ばれる時代（１８３９～１９４９年）の亡霊を払拭するために、宇宙をもう１つの舞台として利用したがっている。習国家主席は、中国が地球上および宇宙においても世界的な大国になるという野心を明確に表明してきた。２０１５年以降、中国は宇宙太陽光発電のような新技術や、宇宙での戦力投射について語っている。習主席によれば、中国は２０４５年までに世界をリードする宇宙大国になるという。ただ、これも少し割り引いて受け取らなければならないだろう。習は中国が達成を目指すべき一連の目標を概説しているが、その多くは米国の技術力と戦略的野心に肩を並べることを目指したものだ。彼らの目標の中には、火星探査機の開発と派遣（20年）、小惑星の探査（22年）、木星探査計画の開始（29年）、再使用可能な打ち上げロケットと原子力スペースシャトルの実用化（35～40年の間）などが並ぶ。宇宙の「買い物リスト」の標準に照らしても、これは恐ろしく野心的で高額だ。彼らの計画は、早い話、中国が向こう30年間に宇宙のあらゆる資源を探査・開発できるようにすることを、極限環境下での長期的な居住実験を行うことと合わせて目指したものなのである。

映画『オデッセイ』（2015年）で火星に取り残された宇宙飛行士（マット・デイモン）に降りかかった運命を思い起こせば、中国が取り組んでいると思われることの一端がわかるだろう。すなわち、月か火星向けの生物再生型生命維持システムに投資し、宇宙での長期滞在を実現させることだ。これまでのところ、中国はロケット技術や、中国人宇宙飛行士、月探査計画、人工衛星の配備活動、衛星測位システム「北斗3号」、嫦娥4号による月の裏側への軟着陸などを通じて、堂々たる宇宙大国としての地位を確立することに成功している。中国では毎年4月24日が「宇宙の日」に指定されており、2019年版の公式動画は、エンディングに「中国はウィンウィンの協力関係のために宇宙の夢を追いかけています」という宣言が掲げられた、大層きらびやかなものだった。

「最後のフロンティア」における国境紛争

1960年代後半に撮影された「地球の出」の象徴的な写真が世に知られ始めた頃、人類は同じ1つの故郷を分かち合っているのだという見方が養われた。宇宙から眺めれば国境線は消え、陸と海、そして地球の気象システムが織りなす、より自然な区分だけになる。人工衛星は「相互のつながり」や「1つの地球」というテーマに関連するリモートセンシングや意味づけを提供してきた。

しかし子細に見れば、衛星画像はインドとパキスタン、北朝鮮と韓国などの国家間の人工的な国境線を——各国が国境警備用の照明群を点灯させる夜間は特に——くっきりと視覚化することもある。

境界線は事実上、中国の万里の長城から読者の庭先のフェンスに至るまで、宇宙からでも見えるのだ。とはいえ下ばかり見ていると、周囲を見回すことを忘れてしまう恐れがある。人工衛星や宇宙ステーションはまた、私たちが地球やその先に目をこらすための、そして月や火星やその他の天体を入植・管理するべき新たな形の不動産だと見なすための、より重要なインフラともなるのである。私たちは言うまでもなく、何千年も空や天を見上げてきた。

新たな国境紛争を引き起こしかねない課題と脅威がふんだんにある。宇宙条約や月協定が成立した背景には、天体は平和的に利用されるべきであり、国家の占有の対象にするべきではないとする強烈な感情があった。地上の冷戦を大気圏内やその先にまで拡大させないようにしたいという願いが、その動きを駆り立てていた。67年に宇宙条約が締結される数年前に、米ソは大気圏内核実験を禁止することで合意している。大気がこの惑星の将来の健全性に欠かせないことを、両国共に認めていたからである。

2000年の「国際災害チャーター」も、協力体制の構築に向けた注目すべき一里塚の1つだ。拘束力こそないものの、衛星のデータが災害に対応する救援機関に迅速に提供されるようになった。同チャーターには国別および国際的な宇宙機関が参加しており、洪水や地震、ハリケーン、感染症の流行、さらには謎の失踪を遂げたマレーシア航空370便の捜索などといった無数の場面でデータが共有されている。

国際社会が衛星を基盤にした通信ネットワークへの依存度を高めるに連れて、遠距離通信の妨害は絶えざる懸念事項となっていくだろう。これまでのところ、宇宙空間はある程度、闘争とは無縁でいられた。冷戦期にも、国際宇宙ステーションや、ソユーズとアポロのドッキングなどを通じて国際協力が育まれ、開花しさえしたのだ。一方ではしかし、平和に背を向ける方向への圧力も常に存在していた。宇宙技術の多くは諸刃の剣だ。衛星を打ち上げる能力は、ミサイルを発射する能力でもある。2020年4月、イランが自前のミサイルシステムを使って初の軍事衛星を打ち上げ、同国がその種の技術をさらに発展させたがっているのではないかとの懸念を引き起こした。近年、イランの衛星はロシアの手で打ち上げられていた。

将来的には、新世代の対衛星兵器の脅威や、サイバーハッキング、月や火星やその他の天体の潜在資源などをめぐって抗争が勃発する可能性がある。そこではミサイル防衛技術や電子的な形態の戦闘も使用されるかもしれない。月やその他の天体への入植が実現可能となれば、地球上の法律や政治との決別を目指すコミュニティが、独自の植民地主義のモデルを確立する可能性も出てくるだろう。将来、月や火星に自分たちの入植地を造ろうとする人々が現れたとして、誰がそれを止められるだろうか？　それは気に病むことだろうか？　宇宙観光はより身近で安価になり、いずれは月面にホテルや観光客用のインフラができるかもしれない。自らを月の新大統領に指名した人物が、地球からの一方的な独立を宣言し、地球とその住民を脅かすような計画の実現を目指したりはしないだろうか？

中国の果たす役割が、以上のすべてにおいて重要なものとなるだろう。数年前、中国の月探査計画の責任者である葉培建《イエペイジエン》の、こんな発言が伝えられた。

宇宙は海、月は釣魚島（尖閣諸島）、火星は黄岩島（スカボロー礁）だ。行く能力を持ちながら今そこに行かないなら、子孫から非難されることになるだろう。他の者たちがそこに行けば、彼らがそこを占拠し、我々は行きたくても行けなくなる。そのことだけでも（行くべき）十分な理由になる。

たちまち指摘がなされたとおり、係争中の島々（釣魚島は日本が占有し、黄岩島はフィリピンが領有を主張している）へのこうした言及は、宇宙空間と天体が、天体政治学的な計算や地球上での戦略的立場と無縁ではいられないことを、痛烈に思い出させた。各国の共同事業としての国際宇宙法規の先行きは、注意深く見守られる必要があるだろう。

未来の国境戦争は、中国のＳＦ小説の中で続々と書かれるようになっている。郝景芳《ハオジンファン》の*Vagabonds*は、地球と火星が別個の経済と社会を持つライバル惑星となった２２０１年の世界が舞台だ。両者の大規模な戦争に続いて、最後は惑星間の外交と和解の物語が綴られる。重力が地球側の人間にとって不利に働くというのは厳然たる現実。火星や月、宇宙ステーションに向けてミサイルやロケットを放つよりも、地球に向けてミサイルを放つ方がよほど容易なのである。

第9章

ウイルスの国境

新型コロナウイルスのパンデミックを受けて、多くの国々が国境の閉鎖を含む非常手段に打って出た。2020年3月、ブラジル陸軍は、ウルグアイとの国境にかかるコンコルディア国際橋で、公衆衛生を目的とする厳格な審査を開始した。

「ウイルス・ナショナリズム」は進行するのか

1994年、ローリー・ギャレットは『カミング・プレイグ』を出版し、現在と不気味なほど似通って見える世界を活写した。将来に対して悲観的なギャレットは、黄熱病やエボラ出血熱、豚インフルエンザ、エイズ、マラリアから、今後も確実に現れるであろう新顔の細菌やウイルスに至る、何波もの地域的・世界的な大流行を想定した。ギャレットは、先々の感染爆発に対する人類の脆弱さが案じられると説く。なぜなら科学や輸送手段の発達が、パンデミックを起こりにくくする方向にではなく、むしろ起こりやすくする方向に働くからだ。

たとえば、当初は驚異の治療法と喧伝された抗生物質は、広範に使用されることで、知らず知らずのうちに耐性菌を増やした。また、DDTの散布から巨大なダムの建設に至る様々な行為によって、動植物や微生物の多様性が意図することなく損なわれる結果となり始めている。冷却塔などの都市型のインフラもまた、時には病院内でまで、レジオネラ症の局所的な流行を引き起こしてきた。グローバルな空の旅と、混雑した都市の人口増加が結びつけば、ウイルスの巣窟が繰り返し大増殖するのに最適の条件ができあがると、ギャレットは主張する。

『カミング・プレイグ』の出版以降、ニパウイルス（1998年）、SARSウイルス（2003年）、豚インフルエンザウイルス（09年）、エボラウイルス（14年）、新型コロナウイルス（20年）などの深刻な流行が発生してきた。気候変動は未来の疾病や感染症を生み出す元になると広く考えられている。温暖化・湿潤化する環境は、新世代の病原体や寄生体の誕生につながる可能性が高い。繁茂した藻類は簡単に水質を悪化させるし、世界各地の共有された水源にさらなるストレスと緊張をもたらすだろう。土壌の温度が上昇するに連れて、植物はヒ素や水銀などの重金属系汚染物質をますます取り込むようになるのではないかと、科学者は懸念する。食料と水の不安定化は、将来起こりえる国境紛争の強力な要因となるはずだ。水ストレスは、とりわけ水源が複数のコミュニティに共有されている場合、緊張を悪化させる。

事態をさらに危うくしているのは、生命の生存に不可欠な水と土壌が、環境の劣化や疫病、疾病によって毒され、損なわれていることである。将来、国境をまたいだ監視活動を行うのであれば、単に使用量を共同でモニターするだけではなく、河川や湖沼、あるいは氾濫原や谷間などの地形のバイオセキュリティに、一体となって取り組む必要があろう。ただしそれは、各国政府が新型コロナウイルス感染症の大流行と、それに関連する社会的・政治的秩序の混乱に対処している今、かなり難しい注文に思える。

２０２０年に本書を執筆しながら、新型コロナウイルスのパンデミックを考察しないまま筆をおくことなど、およそ考えられない。私たちは皆、今後当面の間、パンデミックがもたらす影響と共存していくことになるだろう。流行を免れた場所は世界的にもほとんどなく、南極でさえ――ここまで感染者こそ記録されていないものの――物流や科学、観光などの面で混乱が生じた（訳注：２０２０年12月になって、南極大陸での初感染が報じられた）。南極大陸に近接した国々が国境を閉鎖し、国際線の運航を停止する中で、極地の科学者たちはとにかく帰国しようと試み、へとへとになった。だが彼らを見舞った試練など、感染して命を失った人々はもちろん、その惨禍と共に生きる人々の悲劇に比べれば何ほどのこともない。もともと移民や難民に国境を閉ざしがちだった政府にとって、公衆衛生戦略は、より厳しい監視や取り締まり、国境管理を実施する格好の口実となっている。

新型コロナウイルスのパンデミックは、それ以前のエボラやポリオ、ジカウイルスの流行と同様に、国境の限界をはっきりと示している。基本的に、ウイルスは国境に無関心なのだ。しかし、そうした病気の流行に対する人間の反応は違う。ウイルス感染症は主権国家の絶対性を揺るがす危険性を秘めており、世界中の政府は困難な選択に直面してきた。入国者に対して完全に国境を閉ざすのか？　国民に厳格なロックダウンや夜間外出禁止を課すのか？　パンデミックによる影響に差異があったり、感染症の深刻さについての見解を共有しない政治家が率いていたりするほかの主権国家と、どのように付き合えばいいのか？

国民国家が普段のやり方で自国の領土を管理できなければ、「ノーマルな」生活自体が成り立たない。私たちは世界の多くの場所で、ある種の脱社会化が起こるのを目にしてきた。次に何が起こるのかは、国や状況に応じて変わる。２０２０年３月、英国のジョンソン政権は個人の移動に厳しい制限を課した。大半の店は休業を強いられ、市民は食料品の買い出しや医薬品の受け取り、限られた運動などをする時以外は自宅を離れてはならないと指示された。国内での暮らしの中に、「境界」が至る所で発生した。人々はマスクを着け、離れて立ち、場合によっては家から出ること自体を恐れた。自宅で仕事ができる人もいれば、公共の場に出入りしなければならない人もいた。その後、国外で足止めされた数千人の英国市民の帰国便を用意するために、あるいはマスクから人工呼吸器に至る様々な医療機器を確保するために、輸送面の一連の緊急行動が取られた。多くの市民は食料品や医薬品、トイレットペーパーを含む消耗品のパニック買いや、買いだめに走った。

英国政府は２０２０年３月17日に発した不要不急の外国旅行の自粛勧告の中で、他国との調整の乏しさを認めた。

今回の旅行勧告の変更は、他国が世界的なコロナウイルスのパンデミックに対応して、急速に国境を閉鎖したり、制限措置を導入したりしていることを反映したものである。

各国はこれらの手段に踏み切る際に、ほとんど、またはまったく予告をしてこない場合が多い。また、制限措置はコロナウイルスの症例がまだ報告されていない地域でも課されつつある。従って、予測は非常に困難である。

公衆衛生上の緊急事態は、国境警備や移民規制、国家的な監視を強化する強力な誘因となる。集会や移動に厳格な規制をかける必要があることに疑問の余地はない。市民はパンデミックのただ中にあって、感染の拡大を抑えるために市民権や政治的権利を停止する必要があることを、おおむね快く受け入れてきた。移動や集会、あるいは宗教的礼拝に出席する権利は、世界中の様々な国々で、禁止されたり、厳しく制限されたりしている。大半の国々では、経済回復のために制限を緩和するのか、それとも感染抑制の名の下に辛抱するのかの間で、意見が割れている。

英国では、2020年の春から夏にかけて、スコットランド、ウェールズ、北アイルランドの各自治政府が、イングランドとは異なる公衆衛生戦略を追求していることが明らかになった。同年6〜7月にはイングランドが先頭に立ち、国内旅行や社交的な集まり、店舗の営業に関する制限を緩和した。地域の境界を越えたウェールズでは、状況は大きく異なっていた。イングランドの居住者が国内のどこであれ行くことができたのに対し、ウェールズの居住者は8キロメートルを超えて移動しないよう指示されていたのだ。スコットランドもウェールズと同様のルールを定めていた。両自治政府は、イングランドの居住者がそれぞれの管轄区域に入り、感染者を急増させることへの懸念を表明した。一方、ボリス・ジョンソン首相は、長引く「ソーシャル・ディスタンス」ルールの名において英国の経済生活を「犠牲に」すべきではないとの決意が顕著で、2メートルの基準をできるだけ早く1メートルに短縮したいと熱望した。

ロックダウンの多くの期間中、英国市民は高度に分断された日常生活を経験した。友人や家族は会えないままになり、バスや列車を避けるよう言われたために、公共交通機関の利用は激減した。人々は「ステイ・ホーム」を呼びかけられ、多数の社会的自警団が、ソーシャルメディアで言うところの「#Covidiots」（訳注：Covid-19〔新型コロナウイルス感染症〕とidiot〔愚か者〕の合成語。感染を拡大させたり、パニックを煽ったりするような行動を取る人々を指す）をネット上にさらすことに血道を上げた。

公衆衛生上の規則は、しかし場合によって無視された。「ブラック・ライブズ・マター（黒人の命も大切だ）」を訴えるデモや、それに対する反デモ、違法な乱痴気パーティー、サッカー選手権の優勝祝いなどは、いずれも主流メディアのコメンテーターや英国政府高官の怒りを買った。だがそれでもなお、英国は個人としても集団としても移動が制限される、前例のない4カ月間を経験することになったのである。

世界各地を見回せば、指導者の対処法にも、夜間外出や移動の禁止といった各種の制限措置に対する大衆の態度にも、ずいぶんと違いがあった。トランプ米大統領は「中国ウイルス」という表現を用いて、パンデミックを政治的な主張に利用した。ニュージーランドのアーダーン首相やドイツのメルケル首相の慎重な物言いは、それとは完全に対照的だった。これにはウイルスに対する実地での対処法の違いが反映されている。米国のような連邦制の国家では、個々の州が独自の戦略を実行できるような分散型の権力構造になっているため、州レベルでの差異があった。米国では少なからぬ数の市民が、国家の介入に対して抵抗を示してきた。多くの場所でロックダウンに対する抗議の声が上がったし、検疫措置の導入には目立って消極的だった。

それに対して、ニュージーランドのように、より小規模で、比較的他国から隔絶された中央集権的な島国は、包括的かつ断固たる行動をとることができた。アーダーン首相は２０２０年3月19日に極めて厳格な国境閉鎖措置を実施し、21年に入っても国境は厳しく制限されたままである可能性が高いと予告している。オーストラリアはニュージーランドの閉鎖政策に足並みをそろえた。両国間の距離の近さや、協力関係の深さ、そして相互の貿易や移民の多さを考えれば、両国はおそらく今後も公衆衛生と国境に関わる戦略を一致させていくだろう。20年7月の時点で、ニュージーランドの入国管理当局は、この簡潔な来訪者向けのメッセージを出していた。

ニュージーランドの国境は現在、空路または海路でのニュージーランド来訪を望むほとんどすべての旅行者に対して閉ざされています。

対処法は国ごとに大きく異なっていたかもしれないし、医薬品や医療品、福祉支出をめぐる議論が世界中で噴出したことも事実だ。しかし一般には、ウイルスと戦うためには他国との国境を閉鎖し、輸送は最も「基本的な《エッセンシャル》」ものだけに制限する必要があるという点で、意見は一致していた。見解が分かれたのは、どれだけ早く（または遅く）国境を再開するべきなのか、また、一定の国や旅行者だけが「安全」だと判定されることがあるのか否かという点だった。意思決定をより困難にしたのは、ギリシャやポルトガルのように、欧州各国からの来訪者が落とす観光収入に高度に依存する国々があることだった。

パンデミックを考察する際には、先進諸国の公衆衛生上の経験だけに目を奪われないよう注意しなければならない。たとえばナイジェリア北部やパキスタン、アフガニスタンなどの極めてデリケートな地域では、疾病の流行やワクチン接種プログラムなどの陰に、地政学や国境警備面での考慮が色濃く表れる。特にポリオの撲滅などは、外部の権威者が公衆衛生を「隠れ蓑」にして悪意ある介入を行おうとしているのではないかとの疑惑と結びつけられたままだ。

ナイジェリア北部の宗教・政治指導者たちは、配下のコミュニティに対し、ワクチン接種は多数派のイスラム教徒を傷つけ、エイズなどのほかの感染症や不妊を引き起こすように設計されたものだと警告した。パキスタンでは、外国主導の公衆衛生面の支援活動は——2011年のオサマ・ビンラディン殺害に道を開いた米中央情報局（CIA）の捜索活動のような——米国による偽装工作だと主張されてきた。そうしたこととの結果、陰謀論めいた地政学的ストーリーが花盛りとなり、そのストーリーの中で、公衆衛生面の支援活動は、植民地時代や冷戦期、対テロ戦争などの歴史および、今まさに中国のウイグル族を含む世界各地の無防備なイスラム教徒コミュニティが社会的・保健的に経験していることと深く関連づけられている。その種の経験が、新型コロナウイルスのパンデミックに対する大衆の反応や国際的な反応に影響を及ぼしているのである。

こうしたすべてのことにより、グローバルな地政学の未来に関心を持つ人々は熟慮を促されている。私たちはパンデミック後に新たな形態の多国間協力が生まれるのを目にすることになるのだろうか？それとも国家やその指導者がワクチン開発、医療品、個人用防護用品といったニーズの高い分野での競争優位を希求するがゆえに、さらなる地政学的な分断と、各種の「ウイルス・ナショナリズム」が進行するのだろうか？

最後に、今回のパンデミックは分離と接続の両方を誇張する驚くべき能力をあらわにしたが、それを踏まえた場合、将来の紛争線はどのようなものになるのだろうか。パンデミックや疾病はそもそも人類史の主要な位置を占めてはいた。だが新型コロナウイルスのパンデミックは、ウイルスが日常生活の社会規範を骨抜きにするほどの力を持つことを暴露するとともに、各国に検疫や監視、勾留やほぼ完全なロックダウンなどの劇的な緊急措置を取ることを余儀なくしている。たとえばエルサルバドルは、ロックダウンの規則違反が判明した人々に対する最大30日間の勾留措置を伴った、極めて過酷な統治体制を導入した。検疫やロックダウンなどの措置は、私たちの移動性の高さや経済発展、政治システムなどが持つ政治的・生態学的限界を明らかにしている。

内外の境界線

新型コロナウイルスはもともとコウモリに由来し、別の動物を経由して、最終的に２０１９年後半に、中国で初めて人間の感染者を発生させたと考えられている。パンデミックが最初に乗り越えたのは、その異種間の境界線だったと言ってもいいだろう。

ウイルスの拡散した正確な時期については、報告の不確かさ（および中国がその情報を世界保健機関〔ＷＨＯ〕などの国際社会に提出・共有したかどうかをめぐる論争）を考えると、永遠に不明のままかもしれない。武漢市周辺が感染の主な火元になったらしいということが世界的に知れ渡り、その「ウェットマーケット（生鮮市場）」が感染・拡散源として取り沙汰されるようになると、中国当局は2020年1月に一連の劇的なロックダウン措置を開始し、1100万人の住民が暮らす武漢市も数週間にわたって隔離された。市域内の移動制限も厳しく、その壁が中国の多くの市民の日常生活に重くのしかかった。中国の地方の村々までが、入村しようとする者に対して独自の制限を課したり、バリケードを築いたりしたことにも驚かされた。次第に明らかになっていったのは、中国全土の市民と地域社会が一連の公式・非公式な制限を課され、同時に地元のグループがそれぞれの形の監視や自警活動に邁進していたことだった。

それから6週間以内に欧州、韓国、日本での感染例が報告され、その最初期の症例によって、国内外のビジネスやレジャー目的の旅が感染拡大の一翼を担っていたことが明らかになった。よく知られたある一例では、シンガポールを訪ねた中年のビジネスマンが、一度英国に帰国した後に、フランスにスキー旅行に行っている。「スーパー・スプレッダー（多数の人々にウイルスを拡散させるホスト）」と呼ばれたこの男性は、国境を越えて移動することによって、意図せず3カ国に感染を広げたのである。20年1〜2月には農村部の住民たちが村を閉ざし、国外に旅行する人々は自主隔離や、接触確認手段（有効性と強制力はまちまち）への同意を求められた。

欧州では2020年3月前半までに新規感染者数が大幅に増加し、もはや一部の有名人の症例だけに注目していることはできなくなった。移動の自由が重んじられる欧州連合（EU）のような圏域内においてさえ、公衆衛生当局によって厳しい移動制限が導入された。EUの司法裁判所は、加盟国が公衆衛生に責任を負っていること、そして地域社会や国民の保護の名において国境を閉ざすことができることを確認した。

ＥＵ加盟国は独立して行動してはいたが、一部の市民が治療や医療品の共有のために国境を越えることは認めた。20年3月後半には、イタリアの医療体制が逼迫したため、一部のイタリア人患者がドイツの病院で治療を受けている。ドイツの病院はフランスからも患者を受け入れており、地元の州首相らは、それが欧州横断的な連帯の力を示すための申し出であることを強調した。ドイツ軍は両国から、人道目的の特別なフライトを飛ばした。

ＥＵの加盟各国が課した措置は、国ごとの危機の深刻さや公共医療の能力に応じてまちまちだった。イタリアでは国土北部の危機を抑え込もうとする試みが早々に失敗し、感染が南部にまで拡大。20年3月に全国的なロックダウンを実施した。

スペインでは家族を自宅から出さないよう指示が出され、特に14歳未満の子どもは同年3月から5月にかけての6週間、ずっと家の中で過ごした。同国では6月後半になってようやく非常事態が解除されたが、その後も症例の報告数に応じて、店舗の営業や移動に地域ごとに違った制限がかけられた。

ギリシャでは政府がいち早く行動し、2月後半から3月前半にかけてロックダウンを実施。4月後半には一部の制限が緩和された。欧州全域では、商店や宗教施設、さらには性風俗店への立ち入りに関して、対応にかなりのばらつきがあった。ギリシャでは6月15日から訪問できるようになったが、短時間（最大15分）に限られ、現金での支払いは禁じられた。だが客足の戻りを妨げたのは、そうした点ではなかったかもしれない。感染経路の追跡という公衆衛生上の理由から、すべての顧客が性風俗店のオーナーに証明可能な連絡先情報を残すことを求められたのだ。

集会、移動、アクセスなどにこうした複雑な規制が設けられる中で、ロックダウンされた国に足止めされていることや、クルーズ船に缶詰にされていることを、ソーシャルメディアを介して世界各所から嘆く人々もいた。航空会社は、ある国からの離陸が許可されても別の国での着陸が認められないといった予測不能な環境での運航を余儀なくされた。一方、アイルランドの航空会社エア・リンガスは、医療品を積んで帰る役目を担わされ、初めて上海便を飛ばした。平時であれば、領空内の移動許可や新規ルートの開設許可を取るには、協議と調査分析が必要とされただろう。国境に関わる通常の行政ルールは、良くも悪くも棚上げにされた。

私たちは身の回りの範囲を超えた移動が厳しく制限されるという極端な境界政策の中で過ごした。一部の人々は戦時下の経験を思い出したことだろう。だが、アパルトヘイト下の南アフリカに住んでいた多数派の黒人コミュニティにとって、移動許可証は日々の現実だった。今日もなお、パンデミック関連の国内外の移動制限でさえ、平等に課されてはいない。英国では、ロックダウン施策への違反を疑われた政府の顧問らが、一般市民とはかなり異なる扱いを受けたことが注目を集めた。

医療の供給体制や高齢者施設の管理、医療保険加入の可否（およびそれらの組み合わせ）は、どれもコミュニティ別の疾病関連死亡率の格差を生む要因として挙げられてきた。英国では、人種的少数派のコミュニティが、新型コロナウイルスを原因とする死者数の中で、人口比以上のパーセンテージを占めている。そして、この明らかな不均衡を説明する上で、「不平等」や「貧困」ではなく、「基礎疾患」という言葉が使われることに怒りが表明されている。

私たちは医療外交が一種の国際的なソフトパワーになるのを見てきた。各国は、緊急のフライトおよび国外の提供者や提携者からの医薬品の配送を可能にするために、通常の手続きを省いた。そのため、絶望に駆られたイタリアなどの国が、中国とロシアに対し、あまりに拙速に支援物資の配送や、感染拡大地域への医療チームの派遣を認めてしまったのではないかという不安が一部で生じている。イタリアのジャーナリストらは、そうした外国の医療チームがどれだけきちんとチェックされるのかについての懸念を表明した。中ロ両国は医療外交を一種のソフトパワーとして活用しており、各国駐在の大使館や外務省は、ソーシャルメディアやハッシュタグを用いて、公衆衛生に対する自分たちの貢献をアピールしている。

ジャーナリストたちは、パンデミックのただ中にあってもそうした外国のチームのすることに目を光らせる必要があること、そして被害の大きかった国々が、パンデミックの収束後にまで不利益な貿易や金融取引に縛りつけられることのないように注意する必要があることを警告した。パンデミックの経済的コストが膨大であることに変わりはなく、負債比率は150％を超える可能性が高い。従って、特に中国が、ただでさえ多額の負債を抱えている国々に、より一層の融資や金融支援パッケージを貸し込むのではないかという懸念は避けられない。

分断に乗じて

かつてのポリオワクチンと同様、いかなる援助の申し出も、地政学的な裏があるのだろうという告発と無縁ではいられない。先に述べたように、冷戦期、米国とソ連は自分たちの影響力を中欧や東欧に、そして後には第三世界に広げるために、公衆衛生を利用した。その後、ポリオの生ワクチンの集団投与が原因で、アフリカのコミュニティからエイズが発症したという陰謀論が盛んになり始める。米ソは互いのワクチン開発を非難し合った。

2011年には、CIAがビンラディンの家族からDNAを採取するためにパキスタンで偽の予防接種キャンペーンを展開し、改めて陰謀論に火がついた。このような策謀は、ワクチンに対する信頼を多くの国々で損なうことにしかならず、時には外国人や地元の公衆衛生事業の従事者が暗殺される事態にさえつながった。命を救うことを目的としていた介入が、第三者からよこしまな活動だと申し立てられる例は珍しくないのだ。

病害、パンデミック、悪性の国境ナショナリズムは、互いに手を取り合う傾向もある。国境が閉ざされる時、民族主義、大衆迎合主義、移民排斥主義は、いわばそろってカンフル剤を打たれるのだ。19世紀前半のオーストラリアでは、病気の流行によって白人ナショナリズムの表出に拍車がかかり、中国からの移民が感染源だと責めたてられた。それに続いて移民規制の強化が叫ばれた。中国系の移民は２０２０年にも同様の脅威に直面した。たちの悪い市民から何らかの点でパンデミックに「責任がある」と見なされ、いくつもの国々で人種的な差別や暴力にさらされたのだ。英国内の中国系およびその他のアジア系市民は、ヘイトクライムの発生や、人種差別と外国人嫌悪の被害を報告した。ほかにも世界中の中国系コミュニティが、公共の場での嫌がらせや、悪意あるソーシャルメディアへの投稿といった反中国感情について報じた。

新型コロナウイルスのパンデミックのさなかに行われた緊急的な国境規制は、反移民的な議論をより一層助長した。ハンガリーはその最たる例で、「外国人」こそ同国内の感染の原因だと、オルバン・ビクトル首相が宣言した。国内経済が大量の雇用を失い、しかもウイルスが新たな「巨大波」として再来するのか、あるいは国家に財政的な負担をかけながらただじっと居座るのかが見通せない中では、他者を悪者にしたいという誘惑が大きく膨らむ。メディアは「ウイルス民族主義」や「パンデミック大衆迎合主義」に警鐘を鳴らしている。コミュニティ間の緊張を煽るばかりではなく、ワクチンや公衆衛生対策についての情報を共有しようとする各国の意欲を低下させるからである。

不幸を他者のせいにする傾向が見られるのは、新型コロナウイルスのパンデミック時に限ったことではない。しかし責任の押しつけ合いをしたところで、悪者にされた人々を一層孤立させることにしかならない。中国とロシアの関係は２０２０年に悪化した。そうした事態の最前線となるのは、えてして地元のコミュニティ間で非常に多くの社会的、文化的、経済的な交流が行われている国境の町や都市である。ロシアのような広大な国では、サンクトペテルブルクなどの大都市に住んでいるか、中国と国境を接するシベリアの町に住んでいるかによって、モスクワからの大統領令がずいぶん違って感じられるものだ。中国のビジネスと観光セクターは、多くのロシアの国境の町に、かけがえのない経済的、文化的刺激を与えてきた。だが20年1月、ロシアが中国に対して国境を閉ざし、同年4月には中国がロシアに対して国境を閉ざした。感染を拡大させていると双方が互いを非難し、ウラジオストクのようなロシアの極東都市の住民は、感染の疑われたモスクワ在住の中国人たちが、ウラジオストク経由で祖国に送り返された事実に憤慨した。さほど多くはない数の中国人が送還されたからといって、紛争にまで発展する可能性は低いだろう。しかし、この出来事は、外国人を悪者にしたり、敵対する政府を感染拡大の張本人に仕立てたり、感染源についての「フェイクニュース」を流したりすることへの誘惑が、将来の緊張の原因になりうることを示している。

こうしたすべてのことが示唆するのは、パンデミックが――多少の国際協力を生み出した可能性はあるにせよ――より誠意ある関係や、集団的連帯感の表出を促すことはないだろうということだ。しかし英国などの国々は、移民がしばしば医療や福祉、介護、農業、公共交通機関などの「最前線」の仕事に就くのを見てきた。そうした「エッセンシャル・ワーカー」の貢献は、国力の回復に不可欠なものと認められている。英国では、ブルガリアをはじめとする東欧諸国からのフライトが歓迎されていた。なぜなら農家が、アスパラガスや小果樹の収穫作業などのために、季節的な出稼ぎ労働者を必要としていたからだ。国民のニーズや産業部門の優先順位、地域経済の耐性などに応じて国が開いたり閉じたりしたのでは、国土の端部や国境が混乱してしまう。それを思えば、越境して新たな国に貢献しようとする労働者の価値が、パンデミック後には、より高く評価されるようになるかもしれない。だが新型コロナウイルスのパンデミックが続く間は、最貧困層はもちろん、難民や亡命申請者、非正規移民のような弱い立場の人々が、国境の混乱によって最も苦しむことになりそうである。

各国は迅速に国境を閉鎖したり、移動制限を課したりしただけではなく、亡命申請の処理を停止した。米国やブラジルから、すでに多数の移民を受け入れているウガンダやベネズエラなどに至るまで、大勢の人々が様々な国々で亡命申請の受理を拒まれた。シリア危機に伴う移民の受け入れによってすでに大きな打撃を受けているギリシャなどは、収容センターを維持してはきたものの、そうした施設の過密ぶりや、健康への有害さはよく知られている。ニジェールのような通過国は、多くの国々が公衆衛生の保護を理由に、新たな亡命申請の処理や、移民の受け入れ、長期的な保護などへの消極姿勢を保ち続けるために、人があふれてしまう可能性が高い。目端が利こうが利くまいが、移民集団はおそらく国境地帯で立ち往生するか、または山地や砂漠や海を越えるますます危険な旅に乗り出すだろう。ソーシャル・ディスタンスや隔離などの公衆衛生対策は、難民キャンプや移民収容施設では、ほとんど顧みられない。

ただ、多くの変化が起きはしたものの、「平時の地政学」が新型コロナウイルスのために完全に停止されたのでないことは明らかだ。パンデミックが国家や国民に苦痛を及ぼしたにもかかわらず、積年の地政学的不和は解消されていない。インドとパキスタンの例で言うなら、両国間の緊張を高める最新の原因となったのは、２０１９年８月にインドのモディ政権がジャム・カシミール州の自治権剝奪を決めたことだった。パキスタンはイスラム教徒が多数派を占める同州に強い関心を寄せており、両国は互いの停戦違反や、国境を越えた暴力行為の支援、ソーシャルメディアを使ったプロパガンダなどを非難し合ってきた。20年3月と4月、パキスタンのイムラン・カーン首相は、インドが「いずれPOK（カシミール地方のうちのパキスタンが実効支配する地域）を奪う」という挑発的な発言を続けるなら、さらなる軍事対決を招くリスクがあると警告した。「核による対決を引き起こしかねない」とまで口にした、報復主義の表明である。この例を見れば、パンデミックが既存の国境問題を先送りにしなかったことは明白だ。

インドは感染を受け、カシミールで隔離措置を課したり、いわゆる「レッドゾーン（汚染区域）」の指定を行ったりしてきた一方、パキスタンがパンデミックを利して武装勢力のためにより多くの武器を集めているのではないかとの懸念を表明してきた。平時にはインドの特殊部隊が地域を封鎖して実施する捜索作戦も、パンデミックの間は中止されている。陰謀説が盛んに語られ、相手国が「家禽がコロナウイルスを運んでいる」などの噂を広めているとして、相互に非難し合った。インドの農家は売上の減少を訴え、パキスタンは挑発的なソーシャルメディアの投稿を批判されている。パンデミックが原因でカシミール地方やパンジャブ地方での軍事衝突の可能性が増したのではないかとする見解を目にすることも珍しくない。

各国は公衆衛生が被る影響に対処しているが、パンデミックは地政学的な策謀の機会をもたらす。インドのメディアは、米国がアフガニスタンから撤退することで、パキスタンが武装勢力の活動を組織化したり、国境をまたにかけた訓練や麻薬の密輸を奨励したりするようになるのではないかと案じている。パキスタンと中国との関係は、後者がカーン首相に医療・技術支援を提供してきたこともあり、インドから見ればもう1つの懸念事項だ。最近インドで実施された市民権法の改正は、パキスタンの反インド感情をより一層強化した。パキスタンのソーシャルメディア上では、インドがパンデミックの期間中に、イスラム教徒の国民を公正に扱ってこなかったとの批判が渦巻いている。ヒンドゥー至上主義《ナショナリズム》のために、インドはパキスタンから「イスラム教徒やその他の少数民族にとって根本的に安全ではない、人種差別主義的かつ外国人嫌悪的な国家」との烙印を押されているのである。地域の超大国を自任するトルコなどは、第三国の立場ながら、パキスタンのインド観に対する支持を表明してきた。インドとパキスタンの国境地帯の見通しはかなり厳しい。パンデミック以前からの対立が収まる気配を見せず、感染の広がりによってさらなる不和が生み出された。

パンデミックから学ぶ国境

私たちはこれらすべてのことから何を学べるだろうか。そして、それは私たちの国境に対する関心にどのような影響を及ぼすだろうか。

第1に、パンデミック時に国境管理と警備を強化するのは、理解可能な公衆衛生上の措置だ。とはいえ、それは国境の制限や閉鎖に巻き込まれた人々に幅広い影響を与える。亡命希望者や移民はノーマンズランドで立ち往生をするはめになる。たとえばインドで働くネパール人労働者は、自国政府が早々と陸路の国境を閉ざしたため、祖国に戻り損ねた。インドでは、移民や市民や旅行者が、文字どおり数時間のうちに、厳格なロックダウンの開始を知らせる首相令に対応しなければならなかった。農村部の移民労働者や外国人労働者は、帰国すれば一緒に感染症を持ち込むのではないかと懸念し、世界各地の都市で身動きが取れなくなった。

海を渡ろうとする移民に対する人道支援活動は中止されるだろう。そしてパンデミックの収束後には米国や欧州に行き着くチャンスがますます乏しくなると考える人々が捨て鉢な行動に出るために、人命が失われることになるだろう。スコットランドでは、2020年6月、スーダン人の亡命申請者が数人を刺したあげくに、武装した警官に射殺された。当時の目撃者らは、彼の精神的な健康状態が数週間前から悪化していたと話している。慈善団体が懸念を表すのは、新型コロナウイルスの感染者への対応が優先されるあまり、難民をはじめとする立場の弱い人々に最低限のケアや支援が届かなくなっていることだ。ロックダウンで、単純に多くの人々が孤立感を深めている。

第2に、公衆衛生に関する世論が現下のごとき情勢下では、第7章で論じた「スマートボーダー」が、より一層活用されなければならないことは明らかだ。捜索・追跡技術は、公衆衛生および社会的統制の手段として急速に発展するだろう。国の当局は、パンデミックの人的被害が落ち着くのに合わせて(ワクチンの効果的な集団接種が実現しない限り、完全にはなくならないかもしれないが)、ソーシャル・ディスタンスやロックダウンの措置を全面的に解除するためには、その種の施策が不可欠だと主張してきた。

検討中の監視対策の中には、意図した効果が出るとは考えにくいものもある。たとえば異常な体温を検知するように設計されたドローンを飛ばすことなどだ（そのドローンは検温対象者のかなり近くを飛ばす必要がある）。より実現の可能性が高そうなのは、各人が携帯電話を使った追跡技術の導入を求められることだ。英国では、出足こそ鈍かったものの、今では携帯電話用の接触確認アプリが広く普及した。シンガポールでは「トレース・トゥギャザー」というアプリの導入が盛んに奨励されており、2020年7月までに全人口の20％がダウンロードした。シンガポール政府は、さらなる投資に加え、国民登録番号や市民の移動状況、個人の電話番号などを紐付けた、より高度なシステムの開発を提案している。

私たちの携帯電話はデジタルな公衆衛生環境の一部となり、各人の移動や行動を追跡する手段として使われるようになるだろう（たとえばQRコードを使って出入りを記録するシステムなどが考えられる）。公衆衛生の「境界」はあなたと共に移動し、間違いなく「健康」と「不健康」を分かつものとなる。私たちが2020年のロックダウンから学んだのは、一部の人々が「基礎疾患」を理由に自宅に閉じ込められたと感じたことだ。公衆衛生の専門家は、私たちが精神と肉体の健康を損なう新たな流行病に直面しているのだと警告した。しかし私たちは、同時に「境界」という流行病に直面してもいる。そのことで私たちは、このような市民生活への深い介入が、自由で民主主義的な国々の性格を大きく損なうことになりはしないかと、問わずにはいられなくなるかもしれない。

第3に、今回のパンデミックは大国同士がぶつかり合う可能性を改めて強調した。中国は今や、世界的な保健大国になろうとしている。ＷＨＯの設立を促したのは、両大戦間の感染症の経験と、欧米の戦勝国によって形成された自由主義的な国際秩序だった。中国がこの秩序に参入したことで、何十年にもわたって確立されてきたヒエラルキーが覆されかけている。この秩序の再構築の動きには２つの側面がある。

ＷＨＯの内部では、中国は上層部との緊密な関係を育んできた。トランプ政権が国連の枠組みに対して明白な無関心と軽蔑を示していたことは、この点で中国の利益になっていた。中国はＷＨＯを巧みに説得し、台湾をこの組織の活動に一切関与させないようにしている。

中国はＷＨＯの外部においても、一帯一路構想の一環となる、いわゆる「健康のシルクロード」計画を推進している。この活動を通じて、マレーシアやフィリピンのみならず、イタリアやギリシャなどの多くの国々に緊急医療物資が送達されており、連係する「馬雲公益基金会（ジャック・マー・ファウンデーション）」も、それ以外の、たとえばウガンダなどの国々に救援物資を届けている。

中国が健康監視用のデジタル技術などの追加支援を迅速に提供する可能性もかなり高い。これらはすべて、世界における中国の地位（国境を含む）に重要な意味を持つ。対外援助は、中国共産党の正統性を補強するばかりではなく、台湾やチベット、あるいは南シナ海などの紛争海域に関わる中国の立場への支持を集めるためのものだ。援助を受けた国々はまた、米国に追随し、パンデミック期間中に中国人により厳しい移動制限を課すといったことがしにくくなる。こうしたすべては、中国の戦略的利益や構想が他国によって阻まれたり邪魔立てされたりすることがないようにするための、国境審査の一形態であると考えられるかもしれない。インドやベトナムなどの近隣国が懸念するのは、中国がヒマラヤや南シナ海などで軍備を増強するのではないかということ、そしてそれが経済的要因（たとえば何百もの外国企業が新型コロナウイルスを恐れて中国から出ていきかねないという観測）によって促されるのではないかということだ。

最後に、米国が「世界の保健指導者」たることをやめたのは確かだが、話はそれでおしまいではない。世界を旅する米海軍のマーシー級病院船や、ビル＆メリンダ・ゲイツ財団のような影響力のある公衆衛生分野の資金提供者は、今後も米国が医療・保健外交を展開する機会を提供し続けるだろう。興味を誘うのは、この先、米国と中国が、自国の市民、ビジネス、観光業に対する国境を開放させておくために、他国にどれほどの圧力をかけるのかという点である。

国際協力の今後

今回のパンデミックによって、果たして現在の政治システムに集合的・協力的な対応が可能なのかという懸念が新たになった。科学や技術の面での協調や情報共有がなされた証拠はあるものの、各国政府の政治的意思にはばらつきがあり、そのばらつきの一因はパンデミックそのものに対する考え方の違いである。このことの別の一面に目を向ければ、第2次世界大戦の直後に確立された国際秩序への、より広範な疑問が浮かび上がる。国民国家が自国やそのコミュニティの利益の確保に動くに連れて、同盟関係に無理がかかるようになったのだ。

1948年に設立されたWHOは、第2次世界大戦後の自由主義的な国際秩序の中で、重要な地位を占めていた。米国とその同盟国が主導したこの秩序は、国際機関と国連憲章によって補強されていた。世界を危険な敵対関係や孤立主義から遠ざけることを目指したWHOの活動は、同時に1918年に発生したスペイン風邪の惨禍をも念頭に置いていた。当時の世界は、ウイルスが国境など意に介さないことを、集団として身をもって学んだのだ。推定で少なくとも5000万人の死者を出したスペイン風邪は、極めて拡散しやすく、また根強いことが実証された。死者は3年間にわたって累積し、無傷だったのは南極だけだった。世界で最も貧しいコミュニティが恐るべき重荷を背負わされ、独立前のインドなどは2000万人近くの人命を失っている。スペイン風邪の犠牲者の多くは比較的若い層だったため、世界中の社会が悲惨な影響を被った。一国の人口構成の中の、最も経済的生産力の高い年齢層が、5年を経ずして戦争とパンデミックに相次いで見舞われたのだ。WHOは気が遠くなるような責務を負っていた。すなわち、加盟国間の疫学的データの共有、公衆衛生対策の連携、そして予防接種や治療法の改善策に対する資金提供などを担ったのである。

2000年、国連安全保障理事会は、エイズが世界の安全保障と平和的共存を脅かす難題であると認定した。それから20年の間に、感染症はグローバル化に伴う移動性の向上ばかりではなく、資源の採取や生物多様性の喪失、気候変動、未開地域のさらなる開発といった人類の累積的影響によっても拡散しやすくなることが、はるかに広く認知されるようになった。新型コロナウイルスのパンデミックの時代には、中国と米国の双方が、それぞれの利益を増進する機会を手にし続けるだろう。トランプ大統領の気候変動否定論と厳しい公衆衛生対策への懐疑論は、彼の支持層にはアピールするかもしれない。だが医療や人道支援、生物多様性などへの投資を通じて、中国が世界中にさらに同盟国を増やすようなら、それも変わっていく可能性がある。

近年はＷＨＯの有効性に疑問が呈されてきた。指導部や資金不足についての不満が語られ、ＳＡＲＳやエボラ出血熱の流行時には組織運営面での遅滞がつきまとった。制度的な有効性を問われる機関はＷＨＯに限らないが、一方には、そうした国連機関への支援を怠り、指導力を損なっている中国や米国などの大国を批判する声もある。ＷＨＯのテドロス・アダノム事務局長は、新型コロナウイルスのパンデミックへの対応ぶりを酷評されてきた。批判派が槍玉に挙げるのは、彼が初期の症例に対する中国の説明を、批判的に検証しようとしない点だ。代表権の問題もまた大きい。中国の公衆衛生上の緊急事態を警告した台湾の声は、台湾が（中国との長年の紛争の結果として）ＷＨＯから締め出されているがために黙殺されたと言われている。ＷＨＯは、動物からヒト、ヒトからヒト、地域から地域という感染の各段階を認定しながら、２０２０年3月までパンデミックを宣言しなかった。この「パンデミック」宣言の明らかな遅れによって、他国の間に、ＷＨＯが水面下で中国からの圧力を受けているのではないかという憶測が生じた。

２０２０年4月には、中国がＷＨＯのスタッフによるパンデミックの発生源に関する調査を受け入れる可能性は低いと発表された。そのことにより、必然的に、国際的な公衆衛生管理が今度どのようになされていくのかという疑問が提起された。危機の対処への批判を受けて、WHOの内部で包括的な改革が始められたとはいえ、この国連機関が各国の協力に依存している事実に変わりはない。しかし私たちが見てきたとおり、パンデミックの発生中、各国は必ずしも協力的ではなかった。その間、中国の指導部は、自国が直接責任を問われるようなシナリオを懸命に回避した。そして、その代わりに、パンデミックを「運命を共にする人類の共同体」の発展の機会と位置づけることを選んだ。しかし、そのようなシナリオの書き換えは簡単には運ばないだろう。なぜなら中国の秘密研究所に関する噂や陰謀論は米国でたびたび蒸し返されるだろうし、誤報や偽情報は増え続けるだろうからだ。

今回のパンデミックによって、脱グローバル化や孤立主義、厳格な国境管理の再導入などが加速するのかについては、いまだ結論が出ていない。グローバルなサプライチェーン、観光セクターなどの主要産業および雇用主、気候変動や環境保護を含む諸課題などは、いずれも国境を超越したものであり、ウイルスと同様に、どの一国の規制範囲をも超えている。ニュージーランドが2020年に実施した厳格な国境規制にさえも例外規定が存在したように、国々の間の国境は決して真に閉ざされたりはしないのだ。

また、政治指導者たちが世界の「つながりやすさ」を、自分たちが好むもの（たとえばインターネットやビザなし渡航、オンライン取引、自国の輸出品に対する貿易障壁の撤廃など）と、好まないもの（たとえば不法移民やウイルス感染、他国からの干渉など）に確実に分別できるとはとても思えない。そのため国際社会は、この高度につながり合った——来るべき数十年の間に20億人ものさらなる人口増加や、破壊的な気象パターン、公衆衛生上の緊急事態、環境変化、資源絡みの重圧などに適応していかなければならない――世界において、いかにして集団的安全保障を可能ならしめるのかを、かなり近い将来に決する必要が出てくるだろう。

パンデミックはしかし、国際的な協力と共有を願う気持ちをさらに衰えさせてしまう可能性がある。各国政府は公衆衛生やパンデミック管理の名において他国との関係を激しく損ない続け、国境警備の強化や厳しい渡航制限を課すことに一層多くのリソースを投入しさえするかもしれない。逆に政治指導者たちが、国境での冒険主義に打って出るチャンスを嗅ぎ取る可能性も十分にある。２０２０年夏にヒマラヤ山脈の国境地帯で発生した衝突は、パンデミック対応への批判に気分を害した中国の指導部が、決意と指導力を別の場所で見せつけようとしかねないことを思い出させた。国境紛争が政治指導者に対し、主権を地政学化したり、意志の強さを見せつけたりする豊富な機会を提供し続けることは、誰も疑うべきではない。

トランプ大統領の発言をもじるなら、主権保護の範囲や強度に関する最終的な決定権を握るのは、愛国者でもグローバリストでもないだろう。現在の保護主義的な措置に代わって、公衆衛生や、旅行と移動、国境管理などに関する標準的な合意を得ようとする新たな努力がなされるかもしれない。実際、こうしたことは、はるかに遠い昔から共同で実践されてきた。「quarantine（検疫、隔離）」という英語は「40」を表すイタリア語に由来しており、ベネチアなどの港に到着した人々が40日間にわたって隔離されていた14世紀の慣習に根ざしている。すべての港の当局が船の検疫に要する日数を合意していたわけではなかったが、この慣行が広く普及し、19～20世紀の公衆衛生に関する国際合意に道を開いたという事実は変わらない。

不和よりも協調が尊ばれ、数世紀を経て感染や疾病についての共通の理解が進むうちに、いかなる国家や帝国も、一国では病気の拡散を抑えられないのだということが認識された。地域的な緊張をもたらすことがあるにせよ、パンデミックは地球を――その不平等ぶりを暴きながらも――1つにする力を持っているのである。気候変動についても、おそらく同様のことが言えるだろう。国境は今後も重要であり続ける。なぜなら政治的な判断は、私たちがコントロールできるものの規模と動きの速さに対してなされ、一方でコントロールできないものを露呈し続けるからだ。新型コロナウイルスのパンデミックと、それが国境に及ぼす影響は、今後何年にもわたって、何らかの形で私たちのそばにとどまるだろう。

終章

迫り来る「国境紛争」の4つの類型

2008年9月1日にジョージアの首都トビリシの共和国広場で開かれた平和集会の光景。集会はジョージア各地で同時開催された。トビリシの参加者たちは、ロシアがジョージア国内で軍事行動を起こしたことと、離脱地域のアブハジアと南オセチアの主権を承認したことを受けて、ジョージアの団結を示すために「人間の鎖」を作った。ジョージアとロシアとの関係は依然緊張しており、ロシアが2014年にクリミア半島を併合して以降は、より一層緊迫の度が高まったと言える。

地政学に欠かせない「国境の物語」

「美しい壁」の建設が大いに注目を集めたが、私たちの経験からすると、障壁や境界線がその建設者の望みどおりに機能することはほとんどない。一部の壁は長持ちするが、最終的には破られる。線は越えられ、侵され、引き直されるのだ。人は山地や砂漠や河川が、行く手を阻む障壁ではなく、乗り越えられる障害物に過ぎないことを見出してきた。世界の一部地域は、絶対的な支配権を行使したいという私たちの願望を今後も挫き続けるだろう。インドとパキスタンはヒマラヤの最果ての氷河をめぐっていがみ合うが、その出費や軍事的傾倒にもかかわらず、どちらも思いどおりに事を運べていない。膠着状態が常態化し、その極寒の地に駐留させられている人々は甚大な被害を被っている。

国境の物語は私たちの日々の地政学に欠かせない。なぜなら、そうした壁や柵は、国境が真に開かれたものになることを十分に妨げているからである。国境紛争の話題を聞かぬまま、1日が過ぎ去ることは滅多にない。扇情的なメディアは、それに加えて、どれほど難民が苦しんでいるかや、どの国が国境警備への投資を増やし、あるいはパンデミックや自然災害によっても滞ることのない警備計画を誇りにしているかを報道する。世間の注目は国境を越えようとする人々に集中しがちかもしれないが、重視すべき国境の物語はそれだけではない。国際的な金融界とビジネス界は、複雑きわまるルールと手続きを数十年がかりで静かに構築し、ペーパーカンパニーや海外金融センター、銀行秘密法、パスポートの購入、市民権の付与、政府や国際機関との共謀などの手法を組み合わせて、カネや投下資本を動かしてきた。金融改革が約束されてもなお、多国籍企業と超富裕層には一般人とはかなり違った国境のルールが適用されることを、世界中の市民が見て取ることができる。

新型コロナウイルスのパンデミックによって、数多くの特権的な人々が、通常はかいくぐっている移動性と国境の「網」に――少なくとも一時的に――かかった。また注目すべきことに、デンマークやドイツなどの国々が、節税のために国内に登記を行っていない企業には、政府による金融支援を与えないと、かなりあけすけに表明した。海外移転《オフショアリング》や租税回避地、便宜置籍、ペーパーカンパニーなどは近年、それが何を目的とするものなのか、すべて暴露されている。それらは手の込んだかくれんぼ遊びを利用して、国内の課税当局から逃れる一法なのだ。

犯罪者（特に密輸業者）もまた、国境から数多くのカネ儲けのチャンスを見出してきた。たとえばウクライナでは、ロシアとの間の国境をドローンが行ったり来たりしているが、その一因はウクライナの最東部が不安定化していることだ。スパイ用のドローンは、この国境地帯を厳しい監視下に置こうとするロシアの軍事戦略には欠かせない。一方、ウクライナの西部では、ドローンがかなり違った形で存在感を示している。煙草の密輸が一大産業になっているのである。安価なウクライナ製の煙草は、国境を越えてポーランドやルーマニアなどの国々に密輸され、中欧と東欧の全域で顧客に販売されている。煙草であれ、麻薬であれ、人身であれ、国境を超えた密輸は近隣の国々との関係を毒する。国境警備隊と密輸業者は、国境監視技術とその回避技術への投資を増やし続ける一種の「軍拡競争」に陥ることになる。

冷戦後の解体の歴史を逆転させようと躍起になっているロシアのような国にとって、国境は重要な関心事だ。プーチン大統領はソ連が失ったものを嘆く一方、世界におけるロシアの影響力を——エネルギー大国としてであれ、軍事大国としてであれ、地域の権力者としてであれ——拡大することを、自身の大統領としての主たる遺産《レガシー》にしようとしてきた。

ジョージアの一部地域では国境が目に見えて流動化しているが、そのすべての原因はコーカサス地方のこの小さな共和国と、巨大な隣国との間の緊張関係にある。2008年に短いながらも被害甚大な戦争を戦ったジョージア政府は、ロシアに手を緩める意思がまったくないことを知った。1週間足らずのうちに、20万人近い国民が居住地を追われたのだ。プーチン大統領は、ジョージア国内のロシア語圏の飛び地（南オセチアとアブハジア）の存在によって、「ロシア系住民を、どこに住み、どこで働いていようと守る」という誓約の本気度を示す豊かな機会を手に入れた。この誓約の最終結果が、ロシアが自国とジョージア、そして問題の飛び地の間の国境地帯に確保した足がかりだ。18年8月には、現状の国境を示す有刺鉄線のフェンスが一夜にして動かされていることが報告された。闇に紛れてフェンスの位置が変えられ、溝が掘られ、国境の移動を宣言する新たな標識が立てられたのだ。ジョージアの住民によると、その移動可能な国境は、時にはそれまでのジョージア領を何ヘクタールも取り込むほど大きく動かされることがあるという。この種の活動は衰える兆しを見せていない。

「開かれた国境」を求める人々

国境をまたぐ課題に取り組んできた実績は、国ごとにまちまちだ。各国は氷河や河川や湖沼のような共有環境に対する責任を分かち合い、協力を行っている。汚染の防止から世界的な漁業の管理に至るまで、国際レジームや共同管理の成功例は枚挙にいとまがない。だが、こうした協定は継続的にストレステストにかけられてもいる。国家や企業が資源の開発や活用を望む一方、そうした資源（魚やその他の生物など）のありかやその範囲は一定していない。気候変動が進行・激化する時代に足を踏み入れるに連れて、既存の協力体制は今以上に試されるだろう。たとえば北極海の中央部や、南極海、絶海の海域の海底などを規制する新たな協定が求められている。魚類と海生哺乳類の複雑な相互依存関係や移動の習性は、人間の国境など意に介さない。

「開かれた国境」を求める人々は、国境で人の移動を制限することは有害であると考える。1987年に発表した論文“Aliens and Citizens”の中で、ジョセフ・カレンズは「開かれた国境」を活発に擁護した。彼はこう問いかける。国家が自国領への立ち入りを拒むがゆえに、人々が国境を越えようとして死ぬことになるのを正当化できるのかと。カレンズは国境を「現代の封建主義」と評した上で、国境管理は自由な移動の権利を否定したり、出生地や市民権に基づく特権を固定化したり、恵まれない人々が身体的安全や貧困の軽減を求めることを妨げたりするものであると述べた。国境警備を固めれば、結果的にしばしば人権が損なわれたり、難民や亡命希望者に対する国際法上の義務がないがしろにされたり、公正性の問題が無視されたりすることになる。開かれた国境を採用することは、国境がなくなることを意味しない。それが意味するのは、国境管理をなぜ、また、どのように実施するのかについて、国家の説明責任が期待できるようになるということである。

それから30年が経過した今、多くの国々の世論は、国境を越える移動に追加的な制限をかけることを大いに支持するようになっている。2018年6月、『トロント・サン』紙は「事実を踏まえぬ狂乱」について書いた。記事の主題は、米国に不法入国した移民の親や家族から子どもを引き離すことをめぐる論議だった。同紙はトランプ政権による勾留と引き離しの政策に共感を示す一方、引き離し政策の導入を決めたのは、90年代のクリントン政権だったことを読者に思い出させた。移民の家族の引き離しは、抑止効果や身元調査、監視の容易さなどの見地から擁護されてきた。しかし非人道的な勾留環境と行政の混乱は、引き離された家族の福祉に意を用いるべき連邦政府や州の機関の能力の限界を露呈している。同紙の記事は、海面上昇と酷暑が本格化し、世界的な大量移民が現実のものとなった時、受け入れ国はどのように対処すればいいのかという問いに答えていなかった。国境での紛争はありふれたものになるだろう。国境はすでに、踏みならされた小道のごとく頻繁に――過剰にさえ――利用されている。私たちは国境の両側で立ち往生する移民や難民の家族がますます増えていくのを、世界中で目にすることになるだろう。

「狂乱」は必ずしも「事実」を踏まえないものではなかったが、それよりもむしろ、競合する将来像を色濃く反映したものだった（事実も重要ではあるが）。ある者は国境を必要不可欠なものと見なすだろうが、別の者は人種や植民地主義的な境界にこだわらない正義と連帯の形を求める。「ブラック・ライブズ・マター」は、収奪や侵害、抑圧に対抗する、より広範な闘争の一部なのだ。あらゆる種類の境界は、先住民保留地やレッドライニング（金融機関が老朽化やスラム化の進んだ地区などを、融資や保険引き受けの対象外とすること）、国境の閉鎖、アパルトヘイト、ジム・クロウ（黒人差別）法といった、様々な収奪の作業に不可欠だった。ヴァージニア・ウルフの記述を借りれば、それらは「習慣の骨組み」として機能してきたのだ。その裏面もまた真であり、境界は土地の所有や国家主権にも不可欠である。

「国境紛争」の4つの類型

来《きた》る数十年の間に、4つの類型の国境紛争が、より顕著になるだろう。1つ目は、アイデンティティ政治に根ざしていると言えるものだ。米国の作家グロリア・アンサルドゥアは、名著*Borderlands/La Frontera：The New Mestiza*（1987年）の中で、次のように論じた。

国境は安全な場所とそうでない場所を定義し、自分たちを他者から区別するために設けられる。国境とは分割線であり、急峻な縁に沿った細長い土地である。国境地帯とは、不自然な境界線の感情的な残滓から生み出される漠然とした不明瞭な場所である。それは絶えず移り変わる状態にある。

チカーナ（メキシコにルーツを持つ女性）を自称するアンサルドゥアは、新世代の読者に、国境で体験する日々の現実を紹介した。彼女は国境地帯を「開いた傷口」と表現したが、それは国境地帯の悪徳にとらわれた人々が体験していることを、より適切に描写しているように思われた。

こうした「傷を負っている」という感覚は、次第に悪化しつつある。というのも、国境のコミュニティが、「不法移民」に対処し、国境を守ろうとする米国の捜査機関の攻勢を受け止めているためだ。国境警備で語られる言葉は、越境を望んでいる人々にも、日常生活をひっくり返されてしまった人々にも関心を向けない。ドローンはメキシコとの国境沿いや米国側の一帯を、ほとんど休みなく飛んでいる。市民が自分たちの所有地に監視カメラを「発見」する一方で、ワシントンの政治家たちは国土の安全を守ると約束する。だが、どんな壁や柵やドローンや顔認証技術をもってしても、他者が越境を願う気持ちを押しとどめられはしないのだ。

今後も残る国境紛争の2つ目の類型は、宿年の対立とその遺恨に根ざしたものだ。本書の読者の中にも、アイルランド島や南アジア、中東などの世界各地の国境紛争を、長年注視したり、経験したりしてきた方がいることだろう。アイルランドの人々（南北を問わず）にとって、ブレグジット（英国のEU離脱）は最悪の場合、国境をまたいだ生活を引き裂き、監視とパトロールをまたぞろ増強させかねないものだ。南アジアでは、インドとパキスタンが新たな国境技術への投資を続行し、また数々の国境侵犯や治安の侵害をめぐって互いを延々と非難し合っている。中国は、その状況の混乱要因となるだろう。なぜなら山岳地帯での彼らの紛争が、水の供給や広大な国境地帯への戦略的アクセスといった本源的な問題に触れるものであることを、この3カ国のいずれもが認識しているからである。

世界には、そうした負の遺産をさほど歴史から受け継いでいないにもかかわらず、国境対立が激化の一途をたどっていく地域も数多い。1991年のソ連の崩壊後、中央アジアの各共和国は、新たな隣国である中国との間に、未解決の国境紛争を数多く抱える立場となった。ソ連軍の庇護を失ったそれらの小国は、領土の割譲を余儀なくされることも多く、時にそれは何千平方キロメートルもの土地と水域に及んだ。たとえばタジキスタンは、2011年に、水の豊富なパミール高原内のおよそ1000平方キロメートルを正式に手放している。

このような「譲歩」を政治的にさらに危険なものにしているのは、その同じ国々が激しい反中感情にとらわれ、中国からの移民や、企業の所有、農業への関心などに抵抗を示していることである。中央アジアの国々の多くは負債を抱え、中国の投資と貿易に依存している。中国の気前の良さから頻繁に恩恵を受けている各政府には、中国嫌悪を抑え込む強力なインセンティブがある。今後はそれが、より強化されていくかもしれない。中国とタジキスタンは、不安定なアフガニスタンから〝あふれ出してくる〟影響を恐れて、「国境警備」プロジェクトで緊密な協力を行ってきた。中国軍は国境沿いをパトロールし、タジキスタン国内では同国の部隊と一緒に活動している。中国は分離主義や、自分たちが宗教的過激主義と見なすものが、中国の影響圏の内外で足がかりを築かないようにすることに躍起なのである。本書の第1章で述べたように、国境問題はアイデンティティ政治や、公的な文化、国民の教育に欠かせないのだ。

国境紛争の3つ目の類型は、新たな一連の囲い込みと私有化に起因するものである。国境は、深海底や公海、月などの新たな地域にまで広がっていくだろう。なぜなら各国がそれらの領域に対する主権を主張したり、排他的なアクセス協定を結ぼうとしたりするだろうからだ。資源の逼迫が、そうした行動に拍車をかけるに違いない。気候変動の現実が世界をさいなみ続ける中、人類の未来が危ぶまれるほど地球の管理がおろそかにされるようになったなら、主権国の国境を廃止せよという声すら上がるかもしれない。海洋の広大な領域で漁業が成り立たなくなり、陸地では開発可能な資源が枯渇するため、グローバルな資源の取り決めが新たに必要になるだろう。人が住み続けることのできる地球上の各所が、将来の争いの元になりそうだ。

2019年8月、米国の学者スティーブン・ウォルトは、ブラジルのような国々がアマゾン地域の効果的な管理を怠った場合、米国などがそれらの国々に介入する可能性があるのではないかと、『フォーリン・ポリシー』誌に寄稿した。彼が想像したのは、2025年中のある時期に、米国の大統領（イバンカ・トランプ大統領ならぬ、現カリフォルニア州知事のギャビン・ニューサム）がブラジルに対し、「森林破壊を止めるために適切な行動を取るか、軍事介入に直面するか」という最後通牒を突きつける未来だ。興味深いことに、ウォルトはその逆のシナリオは想定していない。地球を最も汚染している国々が、その軽減を真剣に考えないからという理由で、ほかの国々から行動を起こされるということはないのだろうか。

ウォルトが言わんとしたのは、気候変動が進む中で、個別の国々が現在のような無思慮な行いを続けるなら、国際社会はより強圧的な形の介入や国境侵犯を考えざるをえなくなるかもしれないということだ。怒りの矛先を向けられるのはブラジルだけではないだろう。地球を最も汚染している国々はどうなのか。かつての帝国による影響は——彼らは、今でこそクリーンかつグリーンだと世界に向けて熱心にアピールしているかもしれないが——いつ、どこで算定され始めるのか。

水中の通信ケーブルの脆弱さは、中国や米国などの主要国を含む国際社会に、地球は重要なインフラの単なる無料の置き場所ではないという事実を考えさせるもう1つのポイントかもしれない。たとえば悪天候で海底ケーブルが破損する事態はすでに発生しており、気候変動が激化すれば、より一層そうしたことが起こりやすくなるだろう。

国境紛争の最後の類型は、〝収容所群島〟としての国境に対する反動だろう。ジャーナリストのトッド・ミラーは、2019年の著書*Empire of Borders*で、勾留、投獄、追放の衝撃的な暴露を行っている。メキシコとの国境で家族を引き離すという2018年の米国の政策は、狙いの不正確なラッパ銃にも似た国境の性格を白日の下にさらした。ミラーは国境での手続きが、越境を望む人々の人生をできるだけ不快なものにするために使われている実情を記録する。19年だけで、約5万7000人の移民がメキシコに送り返され、そこで亡命申請が審理されるのを待つように言われた。彼らは安全とは思えない町や都市で、何カ月も待つはめになるかもしれなかった。閉鎖的な国境や大量の追放、広範な勾留を受け入れまいとする国内のコミュニティの支援を受けて、大勢の移民が国境のインフラを埋め尽くす世界を想像することは、決して不可能なことではない。

世界には、比較的豊かな地域を中心に、何千カ所もの移民勾留施設がある。「国境警備—勾留—軍事」の複合体は実に巨大で、年間予算は数十億ドル規模だ。勾留施設からドローン技術までを駆使する戦争は、「違法」「非正規」「歓迎されない」「望まれない」などと判定された人々に対して、現に遂行されている。国境と国境管理は、慎重でもなければ繊細でもない。国境のパトロールと管理に従事する人々にとって、何より責任を持つべきは国民国家と国土の安全保障なのだ。

国境防備はますます広域化しつつある。米国の税関・国境警備局は、フィリピンやケニアを含む世界中の米国大使館に職員を置いている。その目的は、トッド・ミラーが記したように、国境がグローバルに守られるようにすることだ。防備の作業は、米国の物理的な国境から何千キロメートルも離れた場所で開始される。米国は軍事訓練と技術移転を介して近隣諸国を激励・支援し、グローバルな国境システムを運用している。結果的に、米国の南北の国境に到達する人数よりもずっと大勢の人々が、旅立ちを思いとどまらせられたり、別の場所で待たされたりしているのである。

迫られる厳しい選択

一方で、そんなものをすべてかき消してしまうような別の圧力が高まる可能性もある。国境のない国家は、私たちが――あるいは、少なくとも私たちの一部が――生き残る唯一の道かもしれない。2050年を迎える頃には十中八九、数十億人の人々が、水不足や海面の上昇、度を越した暑さに直面しているだろう。大規模な人口の移動が発生しそうだ。分断と買いだめの新時代が私たちを待つのだとしたら、国境とその管理を一層強化したいという衝動が湧きあがることは避けられまい。

そうこうするうちに、国家は新型コロナウイルスのパンデミックに与えられた機会を利して、市民や住民をますますプライベートな部分まで捜索・追跡するようになっていくだろう。すべての市民が携帯アプリの使用を義務づけられ、それによって健康状態を診断されたり、動きを監視されたり、人前での行動を左右されたりするSF作品まがいの状況も、決して想像できないことではなくなった。社会契約が結び直され、スマートフォンが可能にする緊密な監視が、ある種の「正常な生活」に戻るための代償になるのである。中国が自国の少数民族に対して広く行っている監視行為は、何が可能になるのかを示す恐るべき実例だ。それは私たちの多くにとって、国境地帯などの戦略的な地域にあるものだった監視インフラが、日常の空間に際限なく近づいてくることを意味している。

私たちは、このばらばらに分断された国際システムの将来について、また、惑星規模の大変動の中でも、そのシステムに抜本的な改革を施す価値があるのかどうかについて、いくつかの根本的な決断を下す必要に迫られるだろう。気候変動は憎しみのエスカレートを引き起こす可能性が高い。ポピュリストの政治家たちは、ますます高く、堅固な国境を要求し続けるだろう。環境や資源をめぐる紛争への不安につけ込む形で、より敵意に満ちた反移民政策や、優生思想のイデオロギー、緊急統治の導入などが正当化され、分断と買いだめは長期的な社会規範となっていくのだろう。

だが、それを防ぐ手立てがないわけではない。環境や資源に対する人間の飽くなき攻撃を遅らせるための計画や施策も存在する。新たなグリーンディール（環境政策）から生物多様性に関する国際条約に至るまで、希望を持てそうなものは非常に多い。はっきりと（そして何度でも）主張されねばならないのは、国境が人々にもっと開かれ、大地や空気、水の根源的な変化にもっと敏感に反応したなら、世界はもっとずっと暮らしやすくなるのではないかということだ。国境をより温暖で湿潤な世界に適合させていくことは、緊急性を増し続ける最優先の課題だろう。なぜなら、数多くの標高の低い島々や無防備な海岸線が、水没の危機に直面しているからだ。食用魚の資源は移動したり、姿を消したり、また現れたりしており、その割り当てや分配に関わるグローバルな合意の多くは、意味を失う恐れがある。

国境を強化すべきか、せざるべきかは、数年内にも再検討を要する焦眉の課題だ。検討を加える際には、国内外の移動性の不平等さに、しっかり注意を払う必要があるだろう。人々の大量移動が起これば、他国の国境により一層の不平等がもたらされるはずだ。環境保護論者が50年前に警告したように、私たちの地球はただ1つしかない。生物圏との人類全体としての関わり方について、私たちはいくつかの厳しい選択を迫られている。

謝辞

本書は、私と編集者のロビン・ドルーリーがメールで交わした思弁的な会話から生まれた。彼女の信念と、編集者としての傑出した力量に感謝する。ポール・マーフィーとハワード・ワトソンは私の原稿整理係として働き、すべての著者が期待することをしてくれた。すなわち——人気司会者の故ニコラス・パーソンズ風に言えば——脱線、躊躇、反復を遠ざけたのだ。草稿の各部に専門的なコメントをくれたマイケル・バイヤーズ、ダン・デュードニー、イアン・クリンケ、チ・ユアン・ウンの各教授に感謝する。ジェニ・コール博士からは、地政学と健康に関する極めて有用な識見を提供してもらえた。イアン・アレンは誠実に校正作業をこなしてくれた。ただし、事実と解釈の誤りはすべて私の責任である。サイモン・ダルビー教授はインスピレーションの源であり続ける。彼と人新世《アントロポセン》の地政学や、惑星面の国境についての会話ができたことに感謝したい。

本書は『ジオグラフィカル・マガジン』誌が私を買ってくれなければ、誕生しなかった。同誌の歴代の編集者たちは、10年以上にわたって、毎月私に「地政学的危険地帯《ホットスポット》」についてのコラムを書かせてくれたのだ。それを読んだ人々は、ありがたいことに手紙や電子メールやソーシャルメディアで、または直接、私に反応を返してくれた。振り返れば、私は本書に持ち込んだ執筆のスタイルを、同誌で実験していたのだと気づく。だからジョーディ・トーア、ポール・プレスリー、ケイティ・バートンに礼を言う。ロイヤル・ホロウェイ校では、過去から現在に至るまで、国境や地政学への関心を同じくする同僚や大勢の大学院生たちに恵まれてきた。中でも有用な調査の手伝いをしてくれた上に、変わった国境紛争の話を見つけてくるのにも長けていたニコラ・ウェントには、特別に感謝したい。

私が個人的に出会った場所やコミュニティについての記述が、本書には数多く含まれている。世界各地の友人たちや同僚たちが企画した学術的ワークショップや野外調査、個人旅行などによって、私は約20年間に及ぶ経験と洞察を得ることができた。1998年と2014年に実施した東エルサレムとヨルダン川西岸での現地調査などは、特に思い出深い。その他のチャンスに恵まれたのは、主として専門家とのネットワーク作りの機会が豊富だったおかげだ。キプロスの緩衝地帯やアリゾナ州の国境地帯、インド―パキスタン間の高地の国境、さらには北極、南大西洋、南極などの極寒の海域で、数多くの軍人や外交官、国境警備隊員、国連平和維持要員などから、各人の職業生活についての考え方を聞いた。また、国境警備産業や鉱業、海洋漁業、環境保護団体、専門的な国際機関（国連の大陸棚限界委員会や国際海底機構など）で働く大勢の人々との非公式かつオフレコによる会話やインタビューも、大変に役に立った。土産品や見本市、専門誌、大衆文化などの雑多な物品や機会もまた、国境問題のさらなる理解を助けてくれた。

最後に家族にも感謝しよう。国境や地政学に対する情熱と一体になった海外旅行を、彼らは容認してくれている。アルメニア系レバノン人である妻の家族からは、国境の永続的な人的コストに関する忘れがたい証言を聞いた。ベイルートで妻の（今は亡き）祖父と会い、ジェノサイドや追放、国境での危難、終わりなき異境生活などの思い出話に耳を傾けたことは、何にも勝る体験だ。

本書があの遠い日に聞いた話に、幾分かでも報いるものになっていることを願う。

参考文献

世界各地の国境紛争についての文献は、学術的なものから一般向けのものまで、数多く出版されている。現代の学者の研究の中では、Reece Jonesの*Border Walls：Security and the War on Terror in the United States, India, and Israel*（Zed Books, 2012）と*Violent Borders：Refugees and the Right to Move*（Verso, 2017）の2冊が、国境が人間社会に与える影響についての優れた入門書となっている。国境と「敏感な空間」との関係については、Jason Consの*Sensitive Space：Fragmented Territory at the India-Bangladesh Border*（University of Washington Press, 2016）を読むといい。国境の概念については、Thomas Nailの*Theory of the Border*（Oxford University Press, 2016）が良きガイドブックになる。国境が作り出す「仕事」については、Madeleine Reevesの*Border Work：Spatial Lives of the State in Rural Central Asia*（Cornell University Press, 2014）と、Nick Megoranの*Nationalism in Central Asia：A Biography of the Uzbekistan–Kyrgyzstan Boundary*（University of Pittsburgh Press, 2017）を参照されたい。

批判的国境研究の分野は、様々な論文集の中で概説されてきた。たとえばNoel ParkerとNick Vaughan-Williams編 の*Critical Border Studies：Broadening and Deepening the "Line in the Sand" Agenda*（Routledge, 2014）や、Thomas WilsonとHastings Donnan編の*A Companion to Border Studies*（Wiley-Blackwell, 2016）などである。国境地帯研究協会（Association for Borderland Studies）などの専門機関は、*Journal of Borderland Studies*をはじめとする独自の学術誌を発行している。

初期の文献にはThomas Holdichの*Political Frontiers and Boundary Making*（Macmillan, 1916）や*Boundaries in Europe and the Near East*（Macmillan, 1918）、Victor Prescottの*The Geography of Frontiers and Boundaries*（Hutchinson University Library, 1965）などがある。Kapka Kassabovaの*Border：A Journey to the Edge to Europe*（Granta, 2017）は、国境の歴史的な、あるいは人の心に染みついて離れないものでさえある特質を、美しくすくい上げている。

よりジャーナリスティックな一般向け文献としては、次のようなものを挙げておこう。Tim Marshallの*The Age of Walls：How Barriers Between Nations Are Changing Our World*（Simon Schuster, 2019）、アレクサンダー・C・ディーナーとジョシ

ュア・ヘーガン『境界から世界を見る：ボーダースタディーズ入門』（川久保文紀訳、岩波書店、2015）、Ed Vulliamyの*Amexica：War Along the Borderline*（Vintage, 2010）。Ruben Anderssonは2020年2月18日付のウェブ記事“How Fear Infected the Border”（https://newint.org/features/2019/12/09/how-fear-infected-border）で、いわゆる「国境警備複合体」について論じている。

第１章　国境の問題

国境と国民国家の端との関係について

Alexander Murphy, *Geography：Why It Matters*（Polity Press, 2018）

Franck Billé (ed.), *Voluminous States：Sovereignty, Materiality, and the Territorial Imagination*（Duke University Press, 2020）

ロシアと日本との緊張した関係について

Paul Richardson, *At the Edge of the Nation：The Southern Kurils and the Search for Russia's National Identity*（University of Hawai'i Press, 2018）

国境や「美しい壁」を構築する心理的な必要性について

Wendy Brown, *Walled States, Waning Sovereignty*（MIT Press, 2010）

マシュー・ロンゴ『国境の思想：ビッグデータ時代の主権・セキュリティ・市民』（庄司克宏訳、岩波書店、2020）

Sandro Mezzadra and Brett Neilson, *Border as Method, or, the Multiplication of Labor*（Duke University Press, 2013）

米国とメキシコの間の国境地帯で不法移民の巡視・確保に従事する国境警備隊員がどのような身体的・感情的影響を受けるかについて

Francisco Cantú, *The Line Becomes a River*（Riverhead Books, 2018）

国境を越える人々の体験について

Hastings Donnan, Madeleine Hurd, and Carolin Leutloff-Grandits (eds.), *Migrating Borders and Moving Times*（Manchester University Press, 2019）

欧州における国境と移民の累積的な遺産について

Gabriele Proglio and Laura Odasso (eds.), *Border Lampedusa：Subjectivity, Visibility and Memory in Stories of Sea and Land*（Palgrave Macmillan, 2017）

米国的な国境文化が作り上げられる上で、国境の映画がどのような貢献を果たしたのかについて

Camilla Fojas, *Border Bandits：Hollywood on the Southern Frontier*（University of

Texas, 2008)

係争中の国境と地政学的文化との関連について

Gerard Toal, *Near Abroad：Putin, the West, and the Contest over Ukraine and the Caucasus* (Oxford University Press, 2016)

ジェンダーの視点から見た国境での暴力や紛争の影響について

Cynthia Cockburn, *The Line：Women, Partition and the Gender Order in Cyprus* (Zed Books, 2004)

Kavita Daiya, *Violent Belongings：Partition, Gender, and National Culture in Postcolonial India* (Temple University Press, 2011)

Paulomi Chakraborty, *The Refugee Woman：Partition of Bengal, Gender, and the Political* (Oxford University Press, 2018)

管理ラインについて

Happymon Jacob, *The Line of Control：Travelling with the Indian and Pakistani Armies* (Penguin, 2018)

係争対象の都市としてのベイルートについて

Sara Fregonese, *War and the City：Urban Geopolitics in Lebanon* (Bloomsbury, 2019)

Anne B. Shlay and Gillad Rosen, *Jerusalem：The Spatial Politics of a Divided Metropolis* (Wiley-Blackwell, 2015)

インドの分割について（本書でも一節を引用）

Aanchal Malhotra, *Remnants of Partition：21 Objects from a Continent Divided* (Hurst Publishers, 2019)

フォークランド諸島と南大西洋について

Graham Bound, *Fortress Falklands* (Pen and Sword Books, 2012)

「日々の国境」と、それに関連する「内在化された国境」の慣行について

Nira Yuval-Davis, Georgie Wemyss, and Kathryn Cassidy, *Bordering* (John Wiley, 2019)

Kathryn Cassidy, "'Where Can I Get Free?' Everyday Bordering, Everyday Incarceration," *Transactions of the Institute of British Geographers*, 44 (2019)：48–62.

第2章　動く国境

ヨーロッパアルプスの動く国境について

Marco Ferrari, Elisa Pasqual, and Andrea Bagnato, *A Moving Border：Alpine Cartographies of Climate Change*（Columbia University Press, 2019）

本章に関わる重要な小論

Peter Nyers, "Moving Borders：The Politics of Dirt," *Radical Philosophy*, 174（2012）

国境管理のような人為的計画を妨げる地球の生命力について

Jane Bennett, *Vibrant Matter：A Political Ecology of Things*（Duke University Press, 2010）

立体的な視点でとらえた領土や国境地帯について

Eyal Weizman, *Hollow Land：Israel's Architecture of Occupation*（Verso, 2012）

Stephen Graham, *Vertical：The City from Satellites to Bunkers*（Verso, 2016）

第３章　水の国境

国連海洋法条約について

Philip Steinberg, *Social Construction of Ocean*（Cambridge University Press, 2001）

Renisa Mawani, *Across Oceans of Law：The Komagata Maru and Jurisdiction in the Time of Empire*（Duke University Press, 2018）

国境をまたぐ帯水層の課題について

Gabriel Eckstein, *The International Law of Transboundary Groundwater Resources*（Earthscan, 2017）

Wolfgang Wagner, *Groundwater in the Arab Middle East*（Springer, 2011）

多様な課題をめぐる水戦争について

ヴァンダナ・シヴァ『ウォーター・ウォーズ：水の私有化、汚染、そして利益をめぐって』（神尾賢二訳、緑風出版、2003）

ダムに絡む政治について

Mark Everard, *The Hydropolitics of Dams*（Zed Books, 2013）

深海底について

John Hannigan, *The Geopolitics of the Deep Oceans*（Polity, 2016）

海底の通信ケーブルについて

Benjamin Bratton, *The Stack：On Software and Sovereignty*（MIT Press, 2015）

Nicole Starosielski, *The Undersea Network*（Duke University Press, 2015）

第４章　消えゆく国境

国際法と領土の消失との関係について

Jenny Grote Stoutenburg, *Disappearing Island States in International Law* (Brill, 2015)

島嶼国家について

Alejandra Torres Camprubi, *Statehood under Water : Challenges of Sea-level Rise to the Continuity of Pacific Island States* (Brill, 2016)

海面変動と、それにさらされた国家の未来について

Kregg Hetherington (ed.), *Infrastructure, Environment, and Life in the Anthropocene* (Duke University Press, 2019)

気候難民について

Jane McAdam, *Climate Change, Forced Migration, and International Law* (Oxford University Press, 2012)

海面変動への警告の書なら

Jeff Goodell, *The Water Will Come : Rising Seas, Sinking Cities, and the Remaking of the Civilized World* (Little, Brown, 2017)

第５章　ノーマンズランド

各所のノーマンズランドについて

James Ker-Lindsay, *The Cyprus Problem* (Oxford University Press, 2011)

David Day, *Antarctica* (Oxford University Press, 2019)

Justin V. Hastings, *No Man's Land : Globalization, Territory, and Clandestine Groups in Southeast Asia* (Cornell University Press, 2010)

ノーマンズランドの特性について

John Simpson, *News from No Man's Land : Reporting the World* (Pan Macmillan, 2002)

初期の研究書

William Martin Conway, *No Man's Land : A History of Spitsbergen from Its Discovery in 1596 to 1900* (Cambridge University Press, 1906)

分断都市について

Jon Calame and Esther Charlesworth, *Divided Cities : Belfast, Beirut, Jerusalem, Mostar, and Nicosia* (University of Pennsylvania Press, 2011)

南極について

Klaus Dodds, Alan Hemmings, and Peder Roberts (eds.), *Handbook on the Politics of Antarctica* (Edward Elgar, 2017)

第6章　承認されざる国境

承認されざる国家とその国境についての概論

Nick Middleton, *An Atlas of Countries that Don't Exist : A Compendium of Fifty Unrecognized and Largely Unnoticed States* (Chronicle Books, 2017)

Nina Caspersen, *Unrecognized States : The Struggle for Sovereignty in the Modern International System* (Polity Press, 2012)

承認されざる国境地帯での調査活動について

Bettina Bruns and Judith Miggelbrink (eds.), *Subverting Borders : Doing Research on Smuggling and Small-Scale Trade* (VS Verlag, 2011)

いわゆる「見えない国家」について

Joshua Keating, *Invisible Countries : Journeys to the Edge of Nationhood* (Yale University Press, 2018)

特定の地域についての研究なら

Erik Jensen, *Western Sahara : Anatomy of a Stalemate* (Lynne Rienner Publishers, 2011)

Steven Rosefielde, *The Kremlin Strikes Back : Russia and the West After Crimea's Annexation* (Cambridge University Press, 2016)

Helena Rytovuori-Apunen, *Power and Conflict in Russia's Borderlands* (I.B. Tauris, 2018)

第7章　スマートボーダー

9・11テロとスマートボーダーの伸張について

James J. F. Forest (ed.), *Homeland Security : Borders and Points of Entry* (Praeger, 2006)

Isidro Morales (ed.), *National Solutions to Trans-Border Problems? The Governance of Security and Risk in Post-NAFTA North America* (Routledge, 2016)

米国国境の拡張について

Todd Miller, *Empire of Borders : The Expansion of the US Border around the*

World (Verso, 2019)
欧州におけるスマートボーダー技術の使用について
Huub Dijstelbloem and Albert Meijer (eds.), *Migration and the New Technological Borders of Europe* (Palgrave, 2011)
世界の国境地帯やその先の場所で使われるスマートボーダー技術について
デイヴィッド・ライアン『9・11以後の監視』(田島泰彦監修／清水知子訳、明石書店、2004)
Mark Salter (ed.), *Politics at the Airport* (Minnesota University Press, 2008)
Louise Amoore, *The Politics of Possibility：Risk and Security Beyond Probability* (Duke University Press, 2013)

第8章　宇宙空間

宇宙の地政学についての古典的な所説なら
Everett Dolman, *Astropolitik：Classical Geopolitics in the Space Age* (Frank Cass, 2005)
現代的な概観なら
Bohumil Doboš, *Geopolitics of the Outer Spac*e (Springer, 2019)
アポロの遺産と月の将来について
Leonard David, *Moon Rush：The New Space Race* (National Geographic, 2019)
宇宙空間における中国の野心について
Stacey Solomone, *China's Strategy in Space* (Springer, 2013)
米国の戦略的計算について
Joan Johnson-Freese, *Space as a Strategic Asset* (Columbia University Press, 2007)
————, *Heavenly Ambitions：America's Quest to Dominate Space* (University of Pennsylvania Press, 2012)
宇宙空間と米国の辺境地政学について
Daniel Sage, *How Outer Space Made America：Geography, Organization and the Cosmic Sublime* (Ashgate, 2014)
月や火星に入植しようとする人々に警鐘を鳴らすのは
Daniel Deudney, *Dark Skies：Space Expansionism, Planetary Geopolitics, and the Ends of Humanity* (Oxford University Press, 2020)

イーロン・マスクの惑星改造構想について

Ashlee Vance, *Elon Musk: How the Billionaire CEO of SpaceX and Tesla Is Shaping Our Future* (Penguin, 2015)

第9章　ウイルスの国境

新型コロナウイルスのパンデミックと、その国境との関係に関する文献は、今まさに執筆が進められている段階にある。これまでのところは*The Atlantic*や*Vox*などの雑誌、*The Lancet*のような権威ある医学誌の社説に、優れた見解が発表されてきた。

歴史的な概観について

John Rhodes, *The End of Plagues: The Global Battle Against Infectious Disease* (Palgrave Macmillan, 2013)

スペイン風邪の世界的大流行（1918年）について

Laura Spinney, *Pale Rider: The Spanish Flu of 1918 and How it Changed the World* (Vintage, 2019)

新型コロナウイルス感染症以外の病気と、その国境や統治との関係について

Kevin Bardosh, *Locating Zika: Social Change and Governance in an Age of Mosquito Pandemics* (Routledge, 2019)

Institute of Medicine, *Infectious Disease Movement in a Borderless World* (National Academies Press, 2010)

William Summers, *The Great Manchurian Plague of 1910–11* (Yale University Press, 2012)

Frank Snowden, *Epidemics and Society: From the Black Death to the Present* (Yale University Press, 2019)

病原菌の危険を驚くべき先見性をもって記述した本

ローリー・ギャレット『カミング・プレイグ：迫りくる病原体の恐怖（上・下）』山内一也監訳／野中浩一・大西正夫訳（河出書房新社、2000）

エボラ危機から学ぶべきだったことについて

Reid Wilson, *Epidemic: Ebola and the Global Scramble to Prevent the Next Killer Outbreak* (Brookings Institution Press, 2018)

恐怖と病気と地政学との関係について

Rachel Pain and Susan Smith (eds.), *Fear, Critical Geopolitics and Everyday Life*

（Routledge, 2016）

終章　迫り来る「国境紛争」の４つの類型

Gloria Anzaldúa, *Borderlands/La Frontera：The New Mestiza*（University of Texas Press, 1987）

開かれた国境の擁護論なら

Joseph Carens, "Aliens and Citizens：The Case for Open Borders," *The Review of Politics*, 49（1987）：251–273

————, *The Ethics of Immigration*（Oxford University Press, 2013）

開かれた国境の哲学的な擁護論なら

Alex Sager, *Against Borders：Why the World Needs the Free Movement of People*（Rowman and Littlefield, 2020）

Stephen Walt, "Who will save the Amazon（and How?)," *Foreign Policy*, 5 August 2019

米国の「国境警備—勾留」複合体の拡張主義について

Todd Miller, *Empire of Borders：The Expansion of the US Border around the World*（Verso, 2019）

"U.S. Border Discussion is Frenzy over Facts," *Toronto Sun*, 20 June 2018.

Achille Mbembe, "The Universal Right to Breathe," 13 May 2020（translated by Carolyn Shread）, https://critinq.wordpress.com/2020/04/13/the-universal-right-to-breathe/

著者紹介

クラウス・ドッズ (Klaus Dodds)

ロンドン大学ロイヤル・ホロウェイ校教授。地政学研究に関する英国の第一人者の一人。グローバルな地政学と環境安全保障の専門家。国境問題をテーマにした講演やメディアでのパネルディスカッションにもしばしば招かれている。また、「すでに国際的な評価を得ており、将来のキャリアが非常に有望な傑出した研究者」に贈られるフィリップ・レバーホルム賞の受賞者でもある。邦訳書に『地政学とは何か』(NTT出版、2012年、原　題：*Geopolitics: A Very Short Introduction*, Oxford University Press, 2007) がある。

訳者紹介

町田 敦夫 (まちだ あつお)

翻訳家。訳書に『西洋の自死』『未来政府』『欧州解体』『20世紀最高の経済学者 ケインズ 投資の教訓』『金持ちは税率70%でもいいvsみんな10%課税がいい』(以上、東洋経済新報社)、『背番号10のファンタジスタ』(ベースボール・マガジン社)、『目で見る脳の働き』(さ・え・ら書房) など。『ナショナルジオグラフィック日本版』や『フォーブス ジャパン』で雑誌記事の翻訳も手がけるほか、映像メディアの翻訳も多数。

新しい国境　新しい地政学

2021年12月30日発行

著　者——クラウス・ドッズ
訳　者——町田敦夫
発行者——駒橋憲一
発行所——東洋経済新報社
〒103-8345　東京都中央区日本橋本石町1-2-1
電話＝東洋経済コールセンター　03(6386)1040
https://toyokeizai.net/

装　丁…………秦　浩司
D T P…………アイランドコレクション
印　刷…………東港出版印刷
製　本…………積信堂
編集協力………パプリカ商店
編集担当………渡辺智顕

Printed in Japan　ISBN 978-4-492-44464-1